마음 헤아리기 수업

마음 헤아리기 수업

우첸 지음 | 하진이 옮김

시그마북스
Sigma Books

마음 헤아리기 수업

발행일 2025년 5월 22일 초판 1쇄 발행
지은이 우첸
옮긴이 하진이
발행인 강학경
발행처 시그마북스
Sigma Books
마케팅 정제용
에디터 양수진, 최연정, 최윤정
디자인 김문배, 강경희, 정민애

등록번호 제10-965호
주소 서울특별시 영등포구 양평로 22길 21 선유도코오롱디지털타워 A402호
전자우편 sigmabooks@spress.co.kr
홈페이지 http://www.sigmabooks.co.kr
전화 (02) 2062-5288~9
팩시밀리 (02) 323-4197
ISBN 979-11-6862-351-4 (03180)

打开心智之门：与自己和他人更好地相处

ISBN: 9787115634610
This is an authorized translation from the SIMPLIFIED CHINESE language edition entitled
《打开心智之门：与自己和他人更好地相处》published by Posts & Telecom Press Co., Ltd., through
Anna-Mo Literary Agency, arrangement with EntersKorea Co., Ltd.

각계각층의 추천의 말

주위 사람들에게 이런 평가를 받아본 적이 있을 것이다: 인간관계를 잘 못 꾸린다, 지나치게 자기중심적이다, 처세술이 유치하다, 타인이 진정으로 원하는 것을 잘 이해하지 못한다, 타인들과의 소통에 서투르다 등등. 나는 일명 '투박한 공대' 출신으로 이러한 꼬리표에 공감하는 부분이 많다. 사실 학력이나 지능지수가 높다고 해서 이러한 꼬리표에서 벗어날 수는 없다. 그렇다면 심리학은 마음에 관한 과학으로 우리에게 이러한 꼬리표에서 벗어날 수 있는 합리적인 답안을 줄 수 있을까? 저자 우첸은 수년 간 심리상담가로 쌓은 경험과 심리학 이론을 결합하여 자기와 타인을 어떻게 이해해야 하는지에 대한 따뜻한 해답을 제시해주고 있다. 이 책을 읽은 모든 독자는 '마음 헤아리기 이론'과 실용적이고 친숙한 단련 방식에서 인간 교류의 새로운 비법을 얻을 수 있다고 확신한다.

웨이쿤린 魏坤琳

베이징대학 심리·인지과학대학 교수, 박사과정 지도교수

저자 우첸은 체계적인 전문 훈련을 받고 뜨거운 열정으로 심리상담 분야에 뛰어든 이래 꾸준히 학습하고, 연마하고, 사유했다. 이 책은 바로 우첸이 오랜 세월 쌓아온 이론 학습과 전문적인 경험, 심도 있는 사유 활동의 결정체이다. 우첸은 '어떻게 해야 타인과 잘 어우러질까'라는 질문에 초점을 맞추어 독자들이 자신과 타인을 깊이 있게 이해하고, 또 자아와 인간관계에서 부딪치는 문제들을 적절하게 해결할 수 있도록 도와주고 있다.

레이리 雷靂

중국 심리학회 이사, 중국인민대학 2급 교수, 박사과정 지도교수

광활한 우주처럼 사람의 마음도 깊이를 헤아릴 수 없을 만큼 깊고 오묘하다. 하지만 유용한 도구와 필수적인 도움을 통해 우리는 그 심연에 도달할 수 있다. 우첸의 이 책은 우리가 마음 깊은 곳을 헤아리는 데 매우 큰 힘이 되는 실용적인 도구라고 할 수 있다. 또한 그녀의 글은 진실하면서도 재미가 있다. 내면으로 떠나는 여행에서 그녀의 글을 글동무로 삼는다면 여정의 최종 목적지에 도달할 수 있을 것이다.

하오징팡 郝景芳

공상과학소설 작가, '휴고상' 수상자, '접힌 우주' 발기인, '통항서원(童行書院)' 창시자

'애착유형'은 심리학에서 대단히 중요한 개념이다. 하지만 기존의 대중적인 출판물 중에서는 주로 가정교육 분야에서만 다뤄졌을 뿐 성인에게 미치는 영향력은 도외시되었다. 저자 우첸의 이 책은 '마음 헤아리기'라는 손잡이를 통해 애착유형이 우리 모두에게 미치는 영향을 정확하게 해석해주고 있다. 더 중요한 점은, 저자는 이 책에서 마음 헤아리기 수준을 향상하는 3대 비결과 13가지의 마음 단련 방법을 소개하고 있다. 이 책은 우리가 자기와 타인을 이해하는 데 도움을 준다. 그뿐만 아니라, 이 책의 단련 내용을 꾸준히 따른다면 자기의 마음 헤아리기 수준을 향상하여 더욱 건강한 심리를 가꿔서 타인과 한층 즐겁게 어우러질 수 있을 것이다.

자오위쿤 趙昱鯤

칭화대학 사회과학학원 긍정심리학 연구센터 주임 조교

사람의 인성은 어떻게 이해해야 할까? 만일 지난 40여 년간 과학계에서 이룩한 가장 중요한 사상적 발전을 꼽으라면, 의심할 여지 없이 '마음 헤아리기'일 것이다. 이 개념이 생겨난 이래 마음 헤아리기는 우리의 인간관계, 개인 성장 등 여러 분야에 대한 견해를 크게 바꿔놓았다. 그리고 이제 나는 매우 기쁜 마음으로 우첸의 이 책을 펼쳐보았다. 이 책에서 저자는 독자들이 '마음 헤아리기'를 심도 있게 이해하는 동시에 응용하여 자기의 생활을 바꿔 더욱 선명하고 조화로운 인생을 살 수 있도록 이끌어주고 있다.

양즈핑 陽志平

안린심지과학기술유한공사 이사장,《마음 도구 상자》작가

서문

사람은 누구나 독특한 존재이다. 우리의 내면 세계는 마치 신비로운 검은 상자와 같다. 비록 훤히 들여다볼 수는 없지만, 그 안은 우리의 결정과 행동을 끌어내는 복잡한 감정과 생각으로 가득하다. 사람마다 내면의 복잡성과 독특성 때문에 우리가 감지하는 세계는 다채롭기만 하다. 나는 이러한 점에 깊이 매료되어 20여 년 전에 심리학의 세계에 발을 딛고 인성에 대한 탐색을 시작했다.

2003년부터 나는 심리학 강의와 심리상담 업무를 시작했고, 그 과정에서 애착 이론에 특별한 관심을 쏟게 되었다. 이 분야에서 나는 사람들이 어떻게 미묘하면서도 깊은 유대관계를 형성하는지를 볼 수 있었다. 때로는 단호히 거절하는 것처럼 보이는 행동이, 또 자기에게 상처를 주는 것처럼 보이는 행동이 실상은 전혀 뜻밖의 방향을 가리킨다: 즉 타인과 친근해지기를 갈망하고, 안전감을 얻기를 갈망한다. 이 분야에 종사하면서 내가 피부로 실감한 것이 있다. 즉 내면 세계라는 검은 상자가 우리의 무의식이라는 보따리로 꽁꽁 싸매여 자기의 내면 세계와는 정반대의 모습으로 표출될 때가 많고, 심지어 때로는 우리가 자기의 내면 세계에서 길을 잃는다는 것이었다.

어쩌면 당신도 이런 비슷한 관찰을 했을 것이다. 서너 살의 어린아이는 간단한 말 몇 마디로도 마음속의 생각을 곧잘 표현하지만, 정작 어른들은 자기의 감정과 소망을 표현하기 어려워한다.

이를 계기로 나는 여러 가지 생각을 하게 되었다. 어떤 사람들은 마음속의 생각을 명확하게 표현하는데, 왜 어떤 사람들은 자기 영혼의 검은 상자 속에서 길을 잃을까? 어떤 사람들은 좌절에 맞닥뜨렸을 때 굳세게 헤쳐나가는데, 왜 어떤 사람들은 내적 소모만 하는 걸까? 어떤 사람들은 중요한 순간에 침착하게 냉정함을 잃지 않는데, 왜 어떤 사람들은 일을 오히려 그르치는 걸까? 어떤 사람들은 순탄하게 사랑을 가꿔나가는데, 왜 어떤 사람들은 끝없는 고통 속에 빠지는 걸까?

예를 들면, 우리 주변의 친구 중에는 자기가 무엇을 원하는지도 모른 채 날마다 자기계발을 한다고 바삐 사는 이가 있다. 인터넷 카페나 블로그에서 추천하는 거라면 모조리 따라 하느라 수강하는 과목도 수시로 바뀐다. 그로 인해 비록 성실하지만 다양한 분야를 섭렵했다기보다는 오히려 방향을 잃은 것처럼 보인다. 때때로 결혼을 준비할 나이라며 여기저기 소개팅을 하러 다니더니, 이제는 갑자기 대학원 진학을 준비하기 시작한다. 그는 도대체 어디에 시간과 에너지를 쏟아야 할지 몰라서 항상 갈팡질

팡한다.

또 다른 예를 들면, 우리의 회사 동료 중에는 무슨 일이든 무조건 자기가 옳다고 생각하는 이가 있다. 그리고 이러한 맹목적인 자신감으로 업무에 지장을 초래할 때가 많다. 주변 동료들이 그에게 조언할 기회를 원천적으로 차단했기 때문이다. 문제가 생길 조짐이 보이면 즉시 확인하고 문제를 해결해야 하는데, 그는 항상 문제가 발생하고 나서야 허겁지겁 해결 방안을 찾는다.

또 이런 친구도 있다. 사람들과 교류할 때면 항상 누군가에게 괴롭힘을 당할까봐 경계심을 풀지 않는다. 또한 다른 사람들의 평가에도 대단히 예민하다. 그를 잘 아는 주변 사람들은 그가 악의가 없다는 것을 이해한다. 하지만 그렇지 못한 사람들은 그의 딱딱하고 가시 돋친 말투에 불만이 많다.

이 사례의 주인공들은 종종 타인에게 성숙하지 못하고, 사회성이 부족하며, 인간관계가 원만하지 못하고, 심지어 성격에 결함이 있다는 인상을 준다. 그래서 사교 기술을 배우라든가 혹은 사회성을 키우라는 말을 많이 듣는다.

하지만 이러한 평가는 진짜로 중요한 점을 놓치고 있다. 내가 보기에 이러한 모호한 평가는 그들에게 진정한 도움이 되지 않는다. 그들이 곤경에 빠지는 진짜 이유는 '마음 헤아리기' 능력이 결여되었기 때문이다. 좀 더 쉽게 말하면, 그들은 자기와 타인의 내면 세계를 이해하는 능력이 결여되어 있다. 그래서 자기 인생의 중요한 결정을 할 때도, 타인과 교류할 때도 항상 벽에 부딪히기 일쑤다.

마음 헤아리기라는 개념은 애착 이론에서 나왔다. 일반 사람들에게는 생소하기도 하고 심오하다는 느낌마저 드는 단어일 것이다. 그러나 실상 마음 헤아리기가 다루는 내용은 우리의 일상생활과 밀접한 관계가 있다. 마음 헤아리기는 자기와 타인의 행위를 이해하는 열쇠이자 우리가 이 세상을 헤쳐나가는 무기이다. 우리와 세계의 외적 상호작용과 관련이 있을 뿐만 아니라 우리의 내면 세계의 평안과 기쁨과도 관련되어 있다. 마음 헤아리기 능력이 없다는 것은 길을 가다 지도를 잃는 것과 똑같다.

사람의 내면은 매우 깊어서 측정하기가 힘들다. 그러나 관점을 달리하면, 우리가 일단 '마음 헤아리기'라는 열쇠를 갖게 되면 사람의 내면 세계는 더 이상 풀기 힘든 수수께끼가 아니다. '마음 헤아리기'라는 열쇠는 당신이 자아를 한층 심도 있게 인식하고, 또 타인의 세계에 들어가 좋은 인간관계를 맺을 수 있도록 도와준다.

하나의 능력으로서 집중적으로 단련을 한다면 마음 헤아리기 능력을 향상할 수 있다. 앞의 사례에 나온 주인공들이 만약에 자기의 마음 헤아리기 능력을 키울 기회를 얻는다면 그들의 인생은 180° 달라질 것이다.

이 책에서 나는 어떻게 '마음 헤아리기'라는 열쇠를 활용하여 사람들의 행동 뒤편에 있는 암호를 해독하는지 수많은 사례를 통해 설명했다. 나는 이 책을 통해 당신이 이론과 지식을 습득할 뿐만 아니라 실용적으로 활용할 수 있는 단련 방법을 통해 마음 헤아리기 능력을 키울 수 있기를 희망한다.

이 책에서 소개한 마음 헤아리기 능력을 향상하는 3대 비결은 내가 수 년간의 경험을 통해 얻은 결정체로서 마음 헤아리기 능력을 향상시키는 좋은 요령이 될 것이다.

그 밖에 이 책을 통해서 마음 헤아리기 능력을 어떻게 일상생활에 응용할 수 있는지, 친밀한 관계를 어떻게 더욱 돈독하게 할 수 있는지, 회사 생활에서 어떻게 한층 더 큰 성취를 이룰 수 있는지, 인간관계를 어떻게 좀 더 능숙하게 맺을 수 있는지를 배울 수 있을 것이다. 또한 우리는 어떻게 하면 자아에 협조하는 능력을 기를 수 있는지, 어떻게 하면 내면을 한층 선명하게 할 수 있는지를 함께 탐구할 것이다. 이 책의 내용이 당신이 세계와 조화롭게 살아가는 데 도움이 되었으면 하는 바람이다.

마찬가지로 이 책의 13개의 '마음 단련'에서는 마음 헤아리기를 함께 단련하여 당신의 지식을 실천으로 옮기도록 도울 것이다. 당신의 마음 헤아리기 '근육'을 한층 유연하고 강인하게 단련하여 삶의 난관과 변화에 잘 대처하며, 더욱 많은 심리적 자유를 얻을 수 있게 해줄 것이다. 당신은 이 책을 읽는 동시에 마음 단련을 익힐 수 있고, 또 책을 읽은 이후에도 꾸준히 연습하여 당신의 마음 헤아리기 능력을 향상할 수 있다.

이 책을 읽고 난 뒤에는 자기를 좀 더 깊이 있게 인식하여 한층 다채로운 인생을 살아갈 수 있기를 희망한다.

차례

제 2 장

성숙한 마음 헤아리기 능력은 어디서 나오는가?

제 3 장

인간관계를 업그레이드하는 3대 비결

제 4 장

마음 훈련: 더 만족스러운 삶을 위하여

제 5 장

마음 훈련: 내면의 성장을 위하여

제 1 장

좋은 인간관계를 만드는 기본 논리:
마음을 성숙하게 다듬어라

1. 마음 헤아리기: 타인의 '마음을 읽는' 가장 중요한 능력

● 마음 헤아리기는 마음의 세계를 이해하는 능력이다

주변 사람들을 유심히 관찰하다 보면 이런 현상을 발견할 수 있다. 가령 누군가가 어떤 행동을 했을 때, 그 뒤에 숨은 마음 상태를 잘 이해하는 이들이 있다. 반면에 오롯이 행동 자체만 신경을 쓸 뿐 상대방의 생각이나 감정은 전혀 살피지 못하는 이들도 있다. 그렇다면 사람마다 타인을 대하는 태도에 이처럼 큰 차이가 나는 이유는 뭘까?

1980년대부터 영국의 유명한 정신분석가이자 심리학 박사였던 피터 포나기는 유니버시티칼리지 런던의 현대 정신분석과 발달학 교수로 재직하면서 이 문제를 깊이 있게 연구하기 시작했다. 피터 포나기 박사는 신경과학자를 포함한 여러 전문가와 공동 연구를 하며 한 가지 사실을 발견했는데, 사람마다 그러한 차이를 불러오는 가장 큰 관건이 되는 것은 바로 타인의 행동 뒤에 숨은 마음을 이해하는 능력이라는 점이었다. 포나기 박사는 이러한 능력을 '마음 헤아리기(정신화, mentalization 혹은 mentalizing)'라는 용어로 정의했다. 오늘날 심리학의 여러 분과에서 수많은 학자가 마음 헤아리기의 중요성에 주목하며 활발하게 연구하고 있다.

그러나 마음 헤아리기라는 용어를 하나의 개념으로 설명하기에는 다소 복잡한 면이 있다. 왜냐하면 우리는 종종 두 가지 측면에서 마음 헤아리기라는 용어를 사용하기 때문이다. 마음 헤아리기는 때로는 일종의 '능력'을 가리키고, 때로는 '심리적 과정'을 가리킨다. "나는 지금 너의 마음을 헤아렸어"라고 말한다고 가정해보자. 이때 마음 헤아리기는 첫 번째 측면에서는 상대방의 마음을 이해하는 능력을 가리킨다. 그리고 두 번째 측면에서는 상대방의 마음을 이해하려는 과정을 가리킨다(이제부터 마음 헤아리기의 두 가지 개념을 구분하기 위해 상대방의 마음 상태를 이해하는 능력을 '마음 헤아리기 능력'이라고 표현하겠다).

사물을 이해한다는 것은 바로 그 사물에 의미를 부여하는 것이다. 이는 인류의 보편적인 필요성에 의한 것이다. 가령 말을 못하는 어린 아기도 때로는 엄마의 표정과 자신의 체험을 이해하려고 시도한다. 나는 우리가 마음 헤아리기의 관점에서 사물의 작동 논리와 사람의 행동을 이해하려고 한다면, 그것 자체가 바로 마음 헤아리기 능력을 발휘하여 타인의 마음을 헤아리는 과정이라고 생각한다. 그러나 마음 헤아리기 과정을 진행하는 것은 단순히 머리로 사물이나 행동을 분석하는 것을 의미하지 않는다. 열린 마음

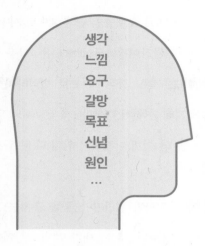

그림 1-1　사람의 마음의 세계

으로 상대방의 마음을 완전히 받아들였을 때 우리는 그의 행동 뒤에 숨은 생각이나 느낌, 요구, 갈망, 목표, 신념, 행동의 원인 등을 포함한 마음의 세계를 완전히 이해할 수 있다.

• '영리한 사람'이 '사리에 밝은 사람'은 아니다

우리가 흔히 하는 말 중에 "사리 분별을 하는 사람과 싸울지언정 어리석은 사람과는 말을 섞지 않는다"라는 표현이 있다. 여기서 '사리 분별을 하는 사람'과 '어리석은 사람'은 마음 헤아리기 능력이 뛰어난 사람과 그렇지 못한 사람이라고 할 수 있다.

하지만 '사리 분별을 하는 사람'을 지능지수가 높은 '영리한 사람'과 똑같이 여겨서는 안 된다. 비록 오랫동안 습관적으로 사용하여 멘탈리제이션(mentalization) 혹은 멘탈라이징(mentalizing)은 '마음 헤아리기'로, 마인드(mind)는 '마음(때로는 '영혼', '두뇌' 등)'으로 번역하여 사용하고 있지만, 사실 '지적 능력'과 '지혜'는 전혀 다르다.

그 이유는 뭘까? 좀 더 쉽게 이해하기 위해 다음 두 가지 사례를 살펴보기로 하자.

예컨대 다섯 살배기 꼬마가 엄마가 눈물을 훔치는 모습을 보고 물었다. "엄마, 왜 울어요? 마음이 아파요? 내가 엄마 속상하게 했어요?"

여기서 꼬마는 엄마가 눈물을 훔치는 행동을 관찰하고서 왜 엄마가 우는지를 궁금해한다. 또한 마음 헤아리기 관점에서 엄마를 이해하려고 노력하는 행동을 드러내고 있다. 엄마에게는 내면의 세계가 있고, 눈물은 어떤 감정 때문에 흘린다는 사실을 알고 있다. 더 나아가 그 감정이 생긴 데는 원인이 있으며, 그 원인이 자신과 관련 있는지 추측하며 살피고 있다. 여기서 볼 수 있듯이, 어린 꼬마는 어른들처럼 지혜롭지 못하다. 그럼에도 누군가가 보이는 행동의 뒤편에는 여러 가지 심리적 의미가 담겨 있다는 것을 잘 알고 있다.

또 다른 사례로 미국 드라마 〈빅뱅 이론〉에 나오는 천재 박사 셸던 쿠퍼를 살펴보자. 어느 날 평소 청소도 안 하고 지저분하게 사는 옆집의 페니를 보다 못한 셸던이 한밤중에 그녀의 집에 몰래 들어가 집 청소를 했다. 다음 날 아침 깜짝 놀란 페니는 잔뜩 화가 난 채 셸던에게 집 열쇠를 돌려달라고 요구했다. 그리고 셸던의 룸메이트인 래너드에게 이렇게 말한다. "이게 얼마나 무서운 일인 줄 알아요? 내가 잠자는 동안…" 그녀의 말이 채 끝나기도 전에 셸던이 끼어들며 말한다. "코까지 골면서 잤지." 그의 말인즉슨, 페니의 집에 몰래 숨어 들어갔을 때 그녀가 코를 골며 자고 있었다는 뜻이다. 순간 페니가 곤혹스러운 표정을 짓자 그녀의 행동을 살펴보던 셸던의 반응은 이랬다. "아마도 비염에 걸린 것 같아. 아니, 어쩌면 수면 무호흡 증세일 수도 있어. 이비인후과에 가봐야 할 것 같아요." 순간 페니는 어떻게 저런 말을 할 수 있는지 기가 막힌다는 듯 입을 쩍 벌리고 만다. 하지만 셸던은 그녀의 표정을 보고 또다시 이렇게 말한다. "내 말은 코와 목을 모두 진료하는 이비인후과 전문의를 찾아가라는 뜻이에요." 셸던은 페니가 '이비인후과 전문의'라는 단어를 이해하지 못해 입을 쩍 벌린 표정을 지었다고 여긴 것이다. 여기서 보듯이, 셸던은 상대방의 행동을 관찰하면서도 정작 마음 헤아리기의 관점에서 그 사람의 행동(표정이나 태도) 뒤에 숨은 마음 상태를 살필 줄 모른다. 결국 셸던의 말에 화가 머리끝까지 치민 페니는 날카로운 어조로 쏘아붙인다. "궁둥이에 찰싹 붙은 신발을 떼어내주는 의사는 없어요?" 잔뜩 성이 난 페니의 말투에서 우리는 당장이라도 셸던의 엉덩이를 발로 걷어차고 싶은 그녀의 분노를 엿볼 수 있다. 하지만 셸던은 페니의 말을 곧이곧대로 받아들여 이렇게 대꾸한다. "글쎄요, 아마 항문외과나 일반 외과 의사를 찾아가면 되겠죠?"

지능 면에서 천재적인 지능지수를 지닌 셸던과 다섯 살배기 꼬마는 비교할 수조차 없다. 지식 수준 역시 비교 자체가 불가능할 정도이다. 하지만 만약에 두 사례의 주인공들과 대화를 나눠야 한다면 당신은 누구를 선택하겠는가? 누가 당신의 감정을 잘 이해해줄 것 같은가? 말 서너 마디만 나눠도 난감하거나 우울해질 것만 같은 사람은 누구인가?

　물론 셸던은 귀여운 남성으로 나 역시 좋아하는 캐릭터이다. 하지만 마음 헤아리기 차원에서 봤을 때 그의 능력은 확실히 수준 이하이다. 셸던은 비록 '영리한 사람'일지라도 결코 '사리 분별을 하는 사람'이 아니기 때문이다. 셸던은 평소 타인의 마음 세계에 관심이 없다. 때로는 물리학적 명제를 계산하는 방식으로 타인의 마음을 추론한다. 그의 추론은 얼핏 보기에는 '과학적'이지만 지나치게 기계적이고 인간성이 없다. 마음 헤아리기 능력은 일종의 인간미를 갖춘 능력이다. 과학적인 계산이 아니기 때문에 마음 헤아리기를 진행할 때는 반드시 감정이 내재되어야 한다. 감정이 없는 이성적 추론은 진정한 마음 헤아리기가 아니다.

　때문에 '사리 분별을 하는 사람'이 타인의 행동을 이해하려고 할 때는 앞의 그림 1-1처럼 상대방을 하나의 종합적인 인격체로 보고 열린 마음으로 받아들인다. 그들은 타인을 복잡한 내면 세계를 가진 하나의 인간으로 바라보고, 그 마음 세계 속의 생각이나 감정 등을 깊이 있게 헤아린다. 상대방의 마음을 차원별로 나누거나 혹은 감정이 배제된 채 분석하지 않는다.

　마음 헤아리기 능력이 부족한 사람과 대화를 나눌 때는, 상대방이 매우 뛰어난 능력자거나 혹은 마음이 선량할지라도(앞의 사례에서 셸던이 페니에게 의사의 진료를 받으라고 권유한 말도 선의에서 나온 것이다) 그들과 소통하는 데는 매우 큰 어려움이 있다. 심지어 더 이상 대화를 이어나갈 수 없다는 절망감을 주기도 한다. 따라서 마음 헤아리기 방면에서 '어리석은 사람'은 인간관계에서도 종종 곤경에 빠진다. 게다가 현대 사회의 직장 생활은 대부분 협력이 필요하다. 설령 셸던 같은 이론물리학자일지라도 독불장군처럼 혼자서 모든 일을 떠맡아 처리할 수 없기에 인간관계로 직장 생활에서 큰 어려움을 겪을 가능성이 매우 크다.

물론 마음 헤아리기 능력이 좋다고 해서 사람들과 갈등이나 충돌이 없는 것은 아니다. 다만 그들은 갈등이 생겼을 때 소통을 통해 상대방의 이해를 구한다. 이것이 바로 '사리 분별을 하는 사람과는 싸움도 마다하지 않는' 이유이기도 하다.

• 마음은 항상 보이지 않는 뒤편에서 움직인다

어떤 일이 생겼을 때 그걸 알아채는 순간 우리의 마음은 빛의 속도로 움직이기 시작한다. 도대체 무슨 일이 생긴 거지? 왜 이렇게 됐지? 이런 느낌은 뭘까? 어떻게 대처해야 할까? 그냥 무시해버릴까?

이는 지극히 기본적인 심리 활동이다. 그리고 이러한 심리 활동에 기반하여 그 일에 대처하는 우리의 행동이 결정된다. 그런데 이처럼 빛의 속도로 부산하게 움직이는 내면의 심리 활동을 우리가 전부 자각할 수 있는 것은 아니다. 이러한 심리 활동은 컴퓨터 내부에 설치되어 소리 없이 컴퓨터 하드웨어를 작동시키는 소프트웨어와 같다.

다시 말해서, 우리의 행동 뒤에는 항상 일련의 마음의 활동이 따라다
닌다. 행동은 무대 위에서 활약하고, 마음은 무대 뒤에서 활약하고 있다.
앞에서도 언급했듯이(그림 1-1 참고) 사람의 마음 세계는 생각, 느낌, 요구,
갈망, 목표, 신념, 행동의 원인 등을 다차원적으로 포함하고 있다. 만일 우
리의 마음과 행동을 부피로 측정할 수 있다고 가정한다면, 볼 수도 만질
수도 없는 마음이 우리가 직접 눈으로 확인할 수 있는 행동보다 훨씬 방
대하다.

우리는 마음을 직접 눈으로 볼 수는 없지만 때때로 겉으로 드러나는
행동으로 그 마음 상태를 엿볼 수 있다. 예컨대 "아마도 내가 이 일에 엄
청 화가 난 것 같아. 오죽했으면 손바닥에 땀이 맺힐 만큼 주먹을 꽉 쥐었
겠니?"라는 말을 했을 때다. 손바닥에 땀이 났다는 것은 마음속에 내재
한 분노의 감정이 반영된 것이다. 때로는 일이 발생한 당시에는 자신의 마
음 상태를 곧바로 알아채지 못하고, 한참이 지나 그 일을 되새기는 과정
에서 깨닫기도 한다. 가령 "지금 와서 생각해보니 손바닥에 땀이 난 것은
내가 너무 화가 치밀어서 그랬던 것 같아"라고 말했을 때다. 반면에 마음
을 외면할 때도 있다. 가령 "갑자기 손에서 왜 땀이 나는지 모르겠어. 아
마도 몸이 허약해진 것 같아"라고 말했을 때다. 이런 경우 우리는 손에 땀
이 나는 것을 마음 세계와 연결하지 못하고 그저 허약해진 건강 탓으로
돌린다.

우리가 마음의 눈으로 사물을 이해하려고 시도할 때 마음 헤아리기 과정이 시작된다. 그 과정에서 우리는 자신과 타인의 행동을 이해하려고 노력하는 가운데 그 행동 뒤편에 숨은 동기, 감정, 신념 등을 찾아낼 수 있다. 만일 타인의 행동과 감정을 정확하게 이해하지 못한다면 인간관계에서 숱한 갈등에 직면할 수 있다. 예컨대 앞의 사례에서 등장했던 셸던은 페니의 두려움과 분노를 이해하지 못했다. 그뿐만 아니라 셸던의 말에 기가 막힌 페니의 감정을 의학 용어를 제대로 이해하지 못했기 때문이라고 잘못 판단하기도 했다. 이러한 셸던의 반응은 결국 페니의 화만 돋우고 말았다. 또 다른 예를 들어보자. 인간관계에서 항상 자신은 피해자라고 여기는 사람이 있다. 그는 걸핏하면 남을 탓하며 원망을 쏟기 일쑤고, 심지어 문자 메시지의 회신이 조금만 늦어도 상대방 탓을 한다. 이것만 봐도 그가 인간관계에서 여러 가지 문제에 부딪힐 거라는 사실을 짐작할 수 있다. 그는 아마 현재뿐만 아니라 미래에도 계속해서 타인과의 소통에서 크나큰 곤란을 겪을 것이다.

그래서 나는 인간관계에서 가장 기본적인 논리는 마음 헤아리기 능력이라고 생각한다. 우리가 알아채든 알아채지 못하든, 마음 헤아리기 능력은 모든 관계의 주춧돌 역할을 한다. 그래서 타인과의 상호작용 중에 우리의 마음은 끊임없이 상대방의 행동을 해석하기 마련이다.

우리는 종종 타인의 행동을 굉장히 빠른 속도로 해석하는 동시에 곧바로 그 행동에 대한 특정한 느낌이 들고 그에 따른 반응을 하게 된다. 이러한 우리의 반응은 또다시 상대방의 마음에 빠르게 전달되어 일련의 심리적 활동을 불러일으킨다. 이처럼 사람과 사람의 상호작용은 사슬처럼 한데 맞물려 있다. 마음 헤아리기 능력은 그 속에서 우리의 이해, 느낌, 반응을 끌어내는 데 가장 중요한 역할을 담당하고 있다.

나는 이 책에서 '인간 상호작용 사슬'이라는 용어를 사용하여 다른 사례들을 계속해서 해석하고자 한다. 좀 더 명확하게 이해할 수 있도록 나는 마음의 활동을 다음 6가지 단계로 나눴다.

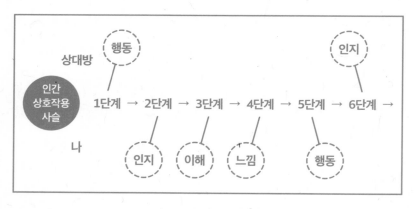

그림 1-2　인간 상호작용 사슬

1단계: (상대방의) 행동

2단계: 인지. 상대방이 보여주는 행동을 인지한다.

3단계: 이해. 상대방 행동 뒤편의 생각, 동기, 느낌, 소망 등을 포함한 그의 마음 세계를 추측한다.

4단계: 느낌. 추측한 상대방의 마음 세계에 대한 나의 느낌

5단계: (나의) 행동

6단계: 인지. 상대방의 행동에 대응해서 보여주는 나의 행동을 상대방
이 인지한다.

......

이러한 인간 상호작용 사슬은 굉장히 빠른 속도로 진행된다. 때로는 상호작용하는 그 즉시 일부 단계를 알아채지만, 때로는 시간이 지나고 되돌아보면서 비로소 알아채기도 한다. 이러한 인간 상호작용 사슬에서 '행동'을 제외한 나머지 단계는 대부분 내재된 마음 세계이기에 눈으로 관찰할 수 없다. 만일 상호작용하는 두 사람 모두 마음 헤아리기 능력이 좋다면 서로를 쉽게 이해할 수 있고, 인간 상호작용 사슬도 훨씬 순조롭게 지속될 수 있다.

• 마음 헤아리기 능력 업그레이드하기

마음 헤아리기 능력은 인간 상호작용의 가장 기본 원리로서 항상 우리의 행동 뒤편에서 작동하고 있다. 일상적인 교류에서 마음 헤아리기 능력이 부족해서 생기는 인간관계의 어려움은 사실 삶에 큰 지장을 주지는 않는다. 하지만 만일 이런 일이 자주 일어난다면 어떻게 될까? 예컨대 직장에서 상사와 중요한 대화를 나누거나, 혹은 가족이나 친구를 위로해줘야 하

는 등의 중요한 자리에서 이런 일이 생긴다면 말이다. 아마도 상당히 심각한 결과를 초래하고 심지어는 인간관계마저 파탄이 날 것이다.

다음 사례를 한번 살펴보자.

샤오쑤는 업무 능력이 대단히 뛰어난 사람이었다. 그는 자신의 업무에 능통했을 뿐만 아니라 그만의 독창적인 업무 관리 방안을 고안해냈다. 그는 흔히 볼 수 없는 특별한 소프트웨어를 이용하여 업무 프로젝트를 관리하는 프로그램을 만들었는데, 이것으로 각 프로젝트의 구체적인 진척 현황을 한눈에 파악할 수 있었다. 스스로 고안해낸 창의적인 프로그램 덕분에 그는 사장에게 큰 칭찬을 받았지만, 실제로 업무에 적용하는 과정에서 문제가 생기기 시작했다.

사연인즉슨 이랬다. 샤오쑤는 다른 부서의 직원들을 포함한 모든 프로젝트 담당자에게 자신이 고안한 프로그램을 다운받아 업무 진척 사항을 수시로 기록할 것을 요구했다. 그리고 담당자들이 제때 업무 현황을 업그레이드하지 않으면 불같이 화를 냈다. 자신이 만든 프로그램이 매우 효율적일지라도 담당자들이 정보를 업그레이드하지 않으면 그 기능을 발휘하지 못한다고 여겼기 때문이다. 샤오쑤는 직원들이 능장을 부리는 원인조차 파악하지 못한 채 자신의 프로그램을 고집하며 요구 사항을 따라주기를 강요했다.

그뿐만 아니라 샤오쑤는 다른 동료들에게도 열정적으로 자신의 프로그램을 소개했다. 동료들도 자기처럼 업무 효율성이 향상되기를 바랐던 것이다. 그럴 때마다 동료들은 "좋아, 나도 다음에 한번 사용해보겠네"라고 형식적인 대답을 했다. 하지만 예의상의 대답이라는 사실을 전혀 눈치채지 못한 샤오쑤는 그저 동료들도 자신의 프로그램을 높게 평가한다고만 여겼다. 그러다 한 달이 지나도록 동료들이 그 프로그램을 사용하지 않자 이내 화가 치밀었다. 심지어 자신을 속였다는 배신감마저 들었다.

여기서 보듯이 샤오쑤는 사람들의 말 속에 숨은 뜻을 간파하지 못했다. 다른 사람들이 자신과는 다른 내면의 세계를 갖고 있다는 사실을 간과했다. 사람마다 견해가 다르고, 또 저마다 익숙한 업무 처리 방식이 있다는 사실을 전혀 고려하지 않았다. 그 때문에 비록 샤오쑤의 업무 능력이 뛰어나고 또 그가 고안해낸 프로그램이 매우 효율적(비록 유일하게 효율적인 방식은 아니었지만)이었음에도 다른 프로젝트 담당자들과의 협력은 불유쾌한 결과를 낳았다. 왜냐하면 샤오쑤는 자신의 프로그램을 독단적으로 추진하며 다른 담당자들에게 자신의 요구대로 따를 것을 강요했기 때문이다. 이는 곧 모두에게 불편감을 가져다주었으며, 샤오쑤가 진행하는 프로젝트에 협력하지 않고 피하는 결과를 초래했다. 심지어 남몰래 사장에게 샤오쑤 때문에 생기는 고충을 토로하는 동료들도 많았다.

샤오쑤는 업무 능력이 뛰어나고, 열정적이며, 적극적이고, 성실했다. 게다가 남을 해치거나 손해를 끼치려는 마음도 전혀 없었다. 그런데도 그는 직장 생활에서 심각한 위기에 처하고 말았다. 샤오쑤 같은 사람은 우리 주변에서도 쉽게 찾아볼 수 있다. 어쩌면 우리 자신도 샤오쑤와 비슷한 경험을 했을 것이다. 이러한 사람들을 두고 "인간관계가 안 좋다", "사람들과 관계를 유지하는 데 서투르다", "소통 기술이 부족하다"라고 말하는 이도 있고, 혹은 "능력을 펼칠 환경을 만나지 못했다"라고 말하는 이도 있을 것이다. 하지만 그러한 평가들은 본질적인 문제를 정확하게 짚어내지 못하고 있다. 따지고 보면, 샤오쑤는 직장 생활에서 성공할 조건들을 두루 갖추고 있었지만, 유일하게 한 가지가 빠졌다. 바로 마음 헤아리기 능력이었다. 만일 샤오쑤가 자신의 마음 헤아리기 능력을 '업그레이드'한다면 그는 아마도 일상생활에서든 사회생활에서든 큰 성공을 거둘 수 있을 것이다.

　마음 헤아리기의 업그레이드는 일반 소프트웨어처럼 구버전을 새로운 버전으로 갈아치우는 것이 아니다. 이는 마치 우리가 컴퓨터 게임에서 자신의 캐릭터를 정하고 경험치를 쌓으며 레벨업이 되는 것과 같다. 가령 게임에서 99레벨을 달성했을 때, 우리는 99레벨을 달성한 고수들만이 사용할 수 있는 아이템을 획득한다. 그렇다고 하위 레벨의 아이템을 사용할 능력을 잃는 것이 아니다. 마음 헤아리기 능력도 이와 같다. 나의 능력이 향상될수록 더욱 성숙한 마음 헤아리기 버전을 소유하게 된다. 동시에 그 이전의 미숙했던 버전은 삭제되거나 덮어씌워지지 않고 새 버전과 그대로 공존한다. 따라서 마음 헤아리기 능력을 제대로 발휘하지 못하거나 혹은 기분이 엉망이거나 뜻밖의 사고를 당했을 때, 또는 술이나 약물에 취하는 등 특수한 상황에 부닥치게 되면 그 능력이 퇴보하여 미숙한 마음 헤아리기 버전을 다시 사용하게 된다.

그렇다면 마음 헤아리기 능력에 관한 4개의 주요 버전을 살펴보자.

1. 가장 미숙한 버전: 동일하다.
2. 성숙하기 시작하는 버전 1: 내면 세계와 외부 세계를 잇는 연결고리
   가 없다.
3. 성숙하기 시작하는 버전 2: 사유를 거부한다.
4. 성숙한 버전의 마음 헤아리기 능력

2. 동일하다: 마음이 곧 현실이다

• 옷장에 호랑이가 있다

유명한 정신분석가 크리스토퍼 볼라스는 어느 강연회에서 생동감 넘치는 사례를 들려준 적이 있다. 그가 어렸을 때 그의 동생은 방 안의 옷장을 무서워했다. 걸핏하면 옷장 속에 호랑이가 있다면서 울어댔다. 가족들이 옷장 안에는 호랑이가 없다며 제아무리 설명해도 도통 소용이 없었다. 옷장 안에 호랑이가 있다고 철석같이 믿는 동생을 그 누구도 설득할 재간이 없어서 그야말로 속수무책이었다. 그러던 어느 날, 볼라스의 아버지가 사냥총을 들고 갑자기 아이들 방으로 들어가서 작은아들에게 물었다.

"아빠에게 알려줘. 호랑이가 지금 어디 있지? 여기 옷장 안에 있어? 이

안에 있는 거 맞니?"

그러고는 옷장을 향해 총을 겨누더니 입으로 요란한 총소리를 흉내 내며 "탕! 탕! 탕!" 소리쳤다. 그리고 뿌듯한 모습으로 아들을 향해 말했다.

"됐다. 아빠가 그 못된 호랑이를 없애버렸으니 이젠 무서워할 필요 없단다."

그날 이후로 볼라스의 동생은 옷장 안의 호랑이를 더 이상 무서워하지 않게 되었다. 이 일화를 들려주며 볼라스는 유머러스한 농담으로 강연을 끝맺었다.

"반대로 이젠 내가 옷장 속의 호랑이를 무서워하게 되었죠."

어린아이들은 환상(마음 세계의 산물)과 현실을 구별하지 못한다. 어린아이의 체험 속에서, 마음속에서 발생하는 모종의 상상력과 외부의 현실 세계에서 발생하는 모종의 사건은 동일하다. 바꿔 말하면, 어린아이의 관점에서 마음 세계는 현실 세계와 동일하다.

볼라스의 동생은 마음속의 세계와 외부 세계를 동일시하는 단계에 있었다. 따라서 가족들이 "옷장 속의 호랑이는 너의 상상이야. 실제로는 아무것도 없어"라고 제아무리 설명을 해줘도 소용이 없었다. 왜냐하면 그의 체험 속에서 "저 안에 호랑이가 있는 것 같아"는 곧 "저 안에 실제로 호랑이가 있다"라는 것과 같기 때문이다. 그 이유는 뭘까? 내면 세계와 외부 세계가 동일한 상태인 사람에게는 설령 그가 어린아이든 혹은 마음 헤아리기 버전을 다시 시작한 어른이든 "괜찮으니 무서워하지 마"라고 제아무리 설명하고 위로해도 소용이 없다. 그들에게는 너무나 현실적이기 때문에 진실로 두려움을 느낀다.

그런 사람들을 맞닥뜨렸을 때 우리는 종종 이런 말을 한다. "아이고, 정말 마구 흔들어서 깨워주고 싶네. 눈 똑바로 뜨고 쳐다봐. 현실은 상상과 달라!" 하지만 이러한 말들은 우리가 그런 상황에 놓인 사람을 돕기에는 너무 무능력하다는 점을 오히려 드러내고 있다. 왜냐하면 그들은 상상이라고 여기지 않기 때문이다. 그들에게는 그것이 바로 현실이다. 그들이 보는 현실은 정말 옷장 안에 호랑이가 있는 것이다. 그래서 그들을 일깨워주려는 우리의 노력은 결과적으로 그들에게 아무도 자신을 이해해주지 않는다는 소외감을 안겨주어 상황이 더욱 나빠지기 쉽다.

볼라스의 아버지는 얼핏 보기에도 마음 헤아리기 능력이 아주 뛰어난 사람이었다. 그는 어린 아들의 마음 세계 수준을 정확하게 판단하고 아이가 느끼는 '공포'라는 행동을 인지(인간 상호작용 사슬의 2단계)할 수 있었다. 이어서 아들의 행동 뒤편에 숨은 내면의 심리 상태를 이해(사슬 3단계)했다. 사슬 5단계의 '자신의 행동'에서는, 아들의 느낌과 상상을 부정하지 않고 오히려 그 수준에 맞는 방식으로 창조적인 행동을 보여줬다. 그는 아들의 마음 수준을 억지로 높이거나 상상의 세계를 무너뜨리는 대신 그 상상의 세계로 자신이 직접 들어갔다.

사실 우리의 마음 헤아리기 수준은 억지로 향상할 수가 없다. 볼라스의 아버지처럼 자신의 마음 수준을 아이의 수준으로 맞추는 것이 오히려 문제를 해결하는 현명한 방법이다. 덕분에 볼라스의 동생은 마음 세계 수준이 한층 발전할 수 있었다.

• 내면의 마음 세계와 외부 현실 세계의 경계선이 모호하다

어린아이가 내면의 마음 세계와 현실 세계를 구분하지 못하는 것은 매우 정상적이다. 그렇다면 성인이 구분하지 못한다면 비정상인 걸까?

그렇지 않다. 성인도 특별한 상황에서는 정신이 혼미해져서 마음 세계와 현실 세계의 경계선이 모호해질 수 있다.

예컨대 당신이 매일 꿈을 꾼다고 가정해보자. 아마 아침마다 잠깐씩 꿈과 현실이 뒤섞여 혼란스러울 것이다. 특히 현실처럼 생생한 꿈을 꾸고, 그 꿈속에서 강렬한 느낌을 체험한다면 꿈속의 내용이 현실처럼 느껴질 것이다. 그럴 때는 꿈에서 깨어나도 정신을 차려서 꿈과 현실을 구분하는 데 적잖은 시간이 필요하다.

그런데 만일 잠에서 깨어난 지 한참이 지나도 여전히 꿈속에서 느꼈던 감정에 휩싸인 채 꿈속의 일들이 자꾸 뇌리에 맴돈다면 어떨까? 그럴 때는 설령 잠에서 깨어났어도 꿈과 현실의 경계선이 모호해지기 쉽다. 샤오우의 사례를 살펴보자. 샤오우는 간밤에 자신이 먹지 않고 아껴뒀던 케이크를 동료가 빼앗아 먹는 꿈을 꿨다. 아침에 일어나서도 꿈속에서 느꼈던 분노가 쉽사리 가라앉지 않았다. 심지어 회사에 출근해서 그 동료를 보는 순간 주먹으로 한 대 치고 싶을 만큼 화가 치밀었다. 아침에 잠에서 깨어

나 회사에 출근하기까지 상당한 시간이 있었지만, 샤오우는 여전히 꿈속에서 일어난 일을 현실과 연계시켰다. 내면 세계와 외부 현실 세계의 경계가 모호하다는 것을 알 수 있다. 아마도 그는 이런 미성숙한 마음 헤아리기 버전을 사용하여 자신의 견해, 느낌, 신념 등과 외부 현실 세계를 동일하게 대하는 데 습관이 되었을 것이다.

이러한 마음 헤아리기 버전 상태에 있는 성년은 자신의 생각과 감정이 외부 현실 세계와 일치한다고 여긴다. 예컨대 친구가 자신에게 편견을 가지고 있다고 느낄 때는 그러한 느낌을 곧장 실제로도 그렇다고 확신한다. 이런 사람들은 일단 상대방이 자신에게 편견을 가지고 있다고 굳게 믿게 되면 외부 현실에서 그 단서를 '찾기' 시작한다. 사람과 사람 사이에는 필연적으로 갈등이나 충돌이 생기기 마련이지만, 그런 확신에 사로잡히게 되면 자신에 대한 상대방의 긍정적인 평가나 칭찬도 선택적으로 외면하게 된다. 마치 여과망처럼 친구가 자신에게 보이는 편견의 정보를 걸러서 찾는다. 또한 친구의 행동(사슬 1단계)을 편견이 있는 행동으로 이해(사슬 3단계)하고 받아들인다.

특히 강렬한 느낌에 사로잡힐 때(사슬 4단계), 가령 창피함, 외면당할지도 모른다는 두려움이나 수치심이 들면 미성숙한 마음 헤아리기 버전에 완전히 몰입되고 만다. 상대방이 어떤 행동을 하든, 어떤 설명을 하든 그의 신념을 바꿀 수 없게 된다. 왜냐하면 상대방의 모든 말과 행동에는 자신에 대한 편견이 담겨 있다고 여기기 때문이다.

이러한 상황에서는 자신의 생각과 느낌을 외부 현실 세계와 동일시하기 때문에 자신의 이해 방식만이 유일하게 정확한 이해 방식이 된다. 이 때는 다른 관점에서 다시 생각해볼 여지조차 없다. 그래서 타인의 눈에는 외부 현실의 정확한 정보를 아예 거부하는 고집불통으로 보이기 십상이다. 볼라스의 동생이 현실의 옷장에는 호랑이가 없다는 사실을 인정하지도 않았을뿐더러 받아들이지도 못했던 것과 마찬가지이다. 왜냐하면 자신의 내면 세계에서 체험한 감정이 너무나 사실적이므로 객관적인 현실과 분리해서 생각하지 못하기 때문이다.

• 자아와 타인의 경계선이 모호하다

경계선의 모호함은 내면 세계와 현실 세계의 경계선뿐만 아니라, 자아와 타인의 경계선에서도 나타난다. 이러한 마음 헤아리기 버전에 빠져 있을 때는 자신과 타인을 동일선상에 놓기 일쑤다. 그들은 다른 사람들의 마음도 자신의 마음과 똑같다고 여긴다. 남들도 자신과 똑같이 생각하고, 느끼며, 자신과 같은 것을 원하고 필요로 한다고 생각하는 것이다.

우리가 일상생활에서 자주 사용하는 '춥다'는 표현을 사례로 들어보자. 엄마가 아이에게 "너 춥겠다"라고 말했을 때를 가정해보자. 마음 헤아리기 관점에서 보면, 그 말 속에는 다음과 같은 논리가 깔려 있다.

"엄마가 보기에 네가 추워 보이는데, 추운 게 확실해."(엄마는 아이의 느낌을 완전히 파악하고 있다고 굳게 믿는다.)

"너는 네가 춥다는 걸 미처 깨닫지 못하는 거야. 네가 춥다는 걸 엄마가 너보다 더 잘 알고 있어."(엄마가 아이를 아이 자신보다 더 잘 파악하고 있다.)

"엄마도 춥다고 느끼는데, 네가 안 추울 리가 없어."(추위에 대한 엄마의 느낌이야말로 추위를 가늠하는 유일한 기준이다.)

이러한 상황에서는 두 사람 사이의 경계선이 모호해져서 둘 다 독립적인 개체가 될 수가 없다. 이는 두 사람이 반드시 일치를 이뤄야 하며, 사람과 사람 사이의 차이를 부정하는 것과 같다.

앞에서 사례로 들었던 샤오쑤를 다시 한번 살펴보자. 그는 업무 능력이 출중한데도 불구하고 직장 생활에서 위기에 처하지 않았던가? 샤오쑤는 자신이 효율적이라고 여기는 업무 관리 방식이 어디에도 적용되는 보편적인 진리라고 여겼다. 그래서 동료들도 효율적인 방법으로 받아들일 것이라고 믿어 의심치 않았다. 때문에 모두의 업무 성과가 향상되기를 바라는 마음에서 동료들에게도 그 방법을 적극적으로 권유했던 것이다. 하지만 샤오쑤가 진심 어린 선의로 권유했더라도 그것이 동료들에게는 참을 수 없는 간섭이 되고 말았다. 당시 샤오쑤의 마음 헤아리기 버전을 살펴보면 그는 타인과 자신을 '동일시'했다. 자신에게 적합한 방식은 다른 이들에게도 더할 나위 없이 적합한 방식이라고 동일시했던 것이다. 샤오쑤는 자기의 방식을 다른 사람들이 싫어할 수도 있다는 점을 생각조차 못 했다. 그래서 왜 동료들이 그처럼 완벽하게 보이는 업무 관리 방식을 사용하지 않는지 이해를 못 했다. 어쩌면 그는 고심 끝에 이런 결론을 내렸을 것이다. "동료들이 일부러 나에게 맞서는 게 분명해!" 엄마가 추워 보인다고 말을 하는데도 한사코 옷을 따뜻하게 챙겨 입지 않는 아이의 행동도 마찬가지이다. 그러한 행동에 엄마는 아이가 춥지 않다는 사실을 인정하기는커녕 오히려 엄마 말을 듣지 않고 반항한다며 화를 내기 십상이다.

앞의 사례로 어쩌면 우리가 자신의 느낌만으로 타인을 이해하는 것은 불가능하다고 오해할 수도 있는데, 그건 결코 아니다. 사실상 우리가 느낌으로 타인을 이해하는 것은 인간관계의 가장 기본적인 방식이다. 만일 우리가 자신의 느낌을 통해 타인의 마음을 헤아리지 않는다면 우리는 영원히 서로를 이해할 수 없다. 인류에게 느낌은 대단히 중요한 교류 수단이다. 이 느낌을 통해 우리는 타인의 마음 세계를 체험하고 추측할 수 있다.

그렇다면 업그레이드되고 성숙한 마음 헤아리기 버전과 이처럼 성숙하지 못한 마음 헤아리기 버전은 어떤 차이점이 있을까? 관건은 '동일'이라는 단어에 있다. 다시 말해서, 나의 느낌으로 미루어보아 상대방의 느낌을 추측할 수 있다는 것이지, 상대방의 느낌을 나의 느낌과 직접 동일시하는 게 아니라는 것이다.

만일 사례의 '샤오쑤'나 '엄마'가 자신의 마음 상태를 조정하고 내면의 언어를 표현하는 방식을 바꾼다면 어떨까? "나는 그 업무 관리 방식을 매우 유용하게 사용하고 있는데, 어쩌면 너에게도 매우 도움이 될지도 몰라", "엄마는 추운데, 너도 많이 추울 것 같다"라고 말이다. 그럼 그들의 마음 헤아리기 버전은 바로 업그레이드될 수 있다.

3. 내면 세계와 외부 세계를 잇는 연결고리가 없다: 이분법적으로 생각한다

• 발전의 필수 단계: 내면과 외부 세계의 분리

볼라스의 유년 시절 추억 속에서 우리는 또 다른 흥미로운 점을 발견할 수 있다. 바로 볼라스가 마지막에 내뱉은 "반대로 이젠 내가 옷장 속의 호랑이를 무서워하게 되었죠"라는 말이다. 형인 볼라스는 어린 동생이 말하는 옷장 속의 호랑이가 상상이라는 사실을 잘 알고 있었다. 하지만 이제막 마음 헤아리기 버전이 업그레이드되어 안정적이지 못한 상태였다. 때문에 아버지가 동생의 장단에 맞춰 옷장 속의 호랑이를 해치웠을 때, 아직 어린 볼라스는 순간 아버지가 연극을 하고 있다는 사실을 제대로 이해하기 힘들었을 것이다.

점점 나이를 먹고 사고 활동이 활발해지면서 어린아이는 점차 내면의 마음 세계와 외부의 현실 세계를 동일하게 생각하는 단계에서 벗어나서 일종의 '거짓으로 꾸밀 수 있는' 버전으로 업그레이드된다. 이러한 업그레이드 버전에서 아이는 옷장에 호랑이가 있는 척 꾸밀 수 있다. 하지만 여기에는 하나의 전제가 필요하다. 바로 상상의 세계와 현실의 세계를 반드시 명확하게 분리해야 한다는 것이다.

아마 어린 시절 친구들과 이런 경험을 많이 했을 것이다. 대여섯 살의 또래 친구가 당신에게 "우리 울트라맨 놀이 하자. 내가 울트라맨 할 테니까 너는 괴수 역할을 맡아"라고 말한다. 당신은 곧장 고개를 끄덕이고는 곧장 괴수처럼 변신해서 놀이를 시작하려는데, 갑자기 친구가 당신을 막아선다. "아직 시작 안 했어! 내가 '하나, 둘, 셋!'을 세면 그때 시작하는 거야!"

이때 이 아이의 마음 헤아리기 버전은 이렇다. 즉, 환상 세계는 반드시 객관적인 세계와 분리되어야 하며, 감독이 영화를 촬영할 때처럼 '시작'의 신호가 있어야만 상상 속의 세계로 전환되는 것이다.

이러한 마음 헤아리기 버전에서는 상상과 현실의 세계를 유연하게 드나들 수가 없다. 바꿔 말하면, 내면 세계와 외부 세계를 이어주는 연결고리가 없는 상태이며, 이 상태에서 자칫 두 세계가 뒤섞여버리면 혼돈에 빠질 수 있다. 볼라스의 아버지는 훨씬 성숙한 마음 헤아리기 버전 상태에 있었다. 그래서 자신이 어린 아들을 위해 연극을 하고 있다는 사실을 잘 알고 있었고, 또 "시작!"이라는 신호가 필요 없이 자유자재로 상상의 세계로 들어가 호랑이를 해치우는 연극을 보여줬다. 이 때문에 볼라스는 '정말 호랑이가 있는 걸까?'라는 혼돈 상태에 빠지고 말았다. 아빠의 상상력이 볼라스가 애써 분리시킨 상상과 현실의 두 세계를 흩뜨려놓고 만 것이다.

"시작!"이라는 신호를 외쳐야만 상상의 세계로 들어간다. 이는 바꿔 말하면 "시작!"이라는 신호를 외친 이상 현실의 요소가 상상의 세계 속으로 섞여 들어가서는 안 된다는 것을 의미한다. 그렇지 않으면 그 연극이 '들통나기' 때문이다. 그 이유가 뭘까? 가령 아이들이 울트라맨 놀이를 할 때 현실의 요소가 놀이 속으로 들어간다고 가정해보자. 예컨대 울트라맨 놀이를 하면서 누군가가 현실의 이름을 그 상상의 이야기 속에 집어넣어 사용한다면 아이들은 놀이를 멈추고 이렇게 외칠 것이다. "우리 지금 놀이를 하는 거잖아. 이건 가짜 놀이야!" 이는 우리가 시대극 드라마에 한창 몰입해서 보다가 옥에 티를 발견하는 순간 흥이 깨지는 것과 같다. 현실의 요소가 조금이라도 상상의 세계 속으로 섞여 들어가면 상상은 더 이상 지속될 수가 없다.

이러한 마음 헤아리기 버전에서는 상상력이 대단히 풍부하지만 동시에 매우 취약하다. 상상의 세계는 흥미롭지만 기계적인 색채를 띠고 있다. 그래서 진지하게 "시작!"이라고 외치는 신호가 있어야 하는 것이다.

• 사고와 현실의 분리

성인들 중에는 내면 세계와 외부 세계를 잇는 연결고리가 없는 마음 헤아리기 버전을 사용하는 이들이 많다. 하지만 아이들처럼 상상의 세계 속에서 영웅이 되는 모습은 찾아볼 수 없다. 안타깝게도 성인들의 마음 세계는 아이들처럼 상상력이 풍부하지도 흥미롭지도 못하다.

상대적으로 무미건조하고 엄숙한 성인들이 타인에 대한 마음 헤아리기를 할 때 '내면과 외부 세계를 잇는 연결고리가 결여된' 현상은 주로 사고와 현실 상황이 심각하게 분리되어 있는 형태로 나타난다.

우리는 타인의 마음을 직접적으로 관찰할 수 없기 때문에, 상대방에 대해 마음 헤아리기를 할 때는 반드시 일련의 사고 활동과 추측, 상상력이 필요하다. '연결고리가 결여된' 사람은 자신을 타인과 '동일시'하여 자기의 주관적인 견해를 강요하는 이들과는 사뭇 다르다. 이들은 종종 객관적이고, 이성적이며, 과학적인 도구로 상대방의 행동을 분석한다. 그들이 사용하는 도구는 항상 '교과서'이다. 요즘은 포털 사이트의 정보나 동영상이 그 교과서의 역할을 대신하고 있다. 이러한 정보들을 바탕으로 타인의 행동을 분석하고, 그에 대한 대응 전략과 기술을 학습할 뿐만 아니라, 인간 상호작용의 준칙으로 삼는다.

하지만 사실상 사람은 저마다 다르고 개성적이며, 심지어 한 사람이 여러 가지 다양한 모습을 보이기도 한다. 물론 정보 관련 전문가들은 사람 혹은 사람의 행동을 분류하고 뚜렷한 관점을 정리하여 대중이 좀 더 쉽고 빠르게 이해할 수 있도록 도와줄 필요가 있을 것이다. 분류는 우리가 무언가를 인지하고 유사한 일을 신속하게 처리하는 데 많은 도움이 된다. 하지만 그러한 분류는 그저 가이드라인 역할을 하는 원칙일 뿐 실제 사람들의 복잡하고 다양한 상호작용을 대체할 수 없다. 만일 그렇지 않다면 우리의 삶은 무미건조하여 활기라고는 찾아볼 수 없게 될 것이다.

만일 우리가 '교과서'적으로 타인을 이해하고 대응한다면, 이른바 '거짓으로 꾸미는' 상태에 놓이게 된다. 다시 말해서 타인과 상호작용하는 척 흉내만 낼 뿐 진실로 상호작용을 하지 못하는 것이다. 이런 상황에서 우리는 타인의 현실 세계와 분리되고, 자신의 진정한 감정 체험과도 분리된다. 즉 자기 내면의 현실과도 분리되는 것이다.

어린아이가 영웅 놀이를 하며 영웅 역할을 할 때는 진심이다. 그들은 진심으로 영웅을 숭배하고, 영웅과 똑같이 행동하며 세상을 괴수들로부터 구하려고 한다. 이러한 아이들의 진심은 존중하고 높게 평가할 만하다. 그러나 진심 어린 마음으로 연기하는 것으로는 진정한 영웅이 될 수 없다. 이와 마찬가지로 성인이 사람들과 상호작용하는 척 거짓으로 꾸미고 타인의 마음을 이해하는 연기를 할 때도 그들의 진심 역시 존중하고 높게 평가할 만하다. 하지만 그들에게 중요한 것은, 마음 헤아리기 능력을 업그레이드하여 연결고리가 없는 분리 상태를 뛰어넘어 진정으로 타인을 잘 이해하는 사람이 되어야 한다는 점이다.

• 통찰력과 몰이해의 양극단

만일 마음 헤아리기 능력을 업그레이드할 수 없다면, 그래서 앞에서 언급한 미성숙한 마음 헤아리기 버전을 여전히 이용한다면, 그런 이들은 주변 사람에게 대개 이런 인상을 남겨준다: 예컨대 당신이 그들과 교류한다고 가정해보자. 교류 기간이 비교적 짧아서 상대방을 깊이 있게 이해하지 못할 때는, 그들이 당신을 이해하려 노력하고, 또 자신의 인간관계를 되돌아보고 잘못된 점을 고치려고 노력한다는 인상을 받는다(그들이 인간관계를 잘 유지하기 위해 상당한 노력을 기울이는 것은 사실이다!). 뿐만 아니라 평소 대화를 나눌 때도 매우 통찰력 있는 말들을 쏟아내기에 그들과 친하게 지내면서 본받고 싶은 마음마저 들게 한다. 그러나 사물에 대한 그들의 인식은 현실에 맞지 않는 지극히 주관적인 사고에 기반을 두고 있다. 때문에 그들과의 교류가 깊어질수록 무미건조함을 느끼게 된다. 때로는 함께 어울리는 것조차 귀찮다는 느낌마저 들게 된다.

에이미의 상황도 마찬가지였다. 그녀는 많은 책을 읽으면서 사람들과 어울리는 방법을 배우려고 노력을 기울였다. 친구가 고민에 빠졌을 때는 (인간 상호작용 사슬 2단계, 인지) 자신이 터득한 지식에 근거하여 친구에게 어떤 일이 생겼는지를 분석했다(3단계, 이해). 친구가 처한 상황이 비교적 단순할 때는 책에서 배운 내용대로 친구의 마음을 분석한 결과가 잘 맞아떨어졌다. 그럴 때는 역시 책에서 터득한 방법대로 대응했다(5단계, 행동). 예컨대 '누군가 이러이러한 일을 당했을 때는 저러저러한 말들로 위로하라'는 식의 책 구절을 그대로 따라 했던 것이다. 에이미가 인용한 말들은 대인관계 전문가들이 오랜 경험과 연구를 통해 정리한 내용이었기에 문장 자체는 아무 문제가 없었다. 상대방으로부터 쉽게 공감을 이끌어낼 수 있고, 또 도움을 줄 수 있는 검증된 내용이었다.

그러나 정작 문제는 인간 상호작용 사슬 4단계(느낌)에서 일어났다. 에이미는 친구가 맞닥뜨린 상황에 공감하지 못했고, 친구를 진심으로 이해하지 못했다. 나는 에이미에게 이런 조언을 했다. 친구가 처한 상황을 서둘러 분석하기보다는 친구의 우울한 마음을 어떻게 이해하고 받아들여야 하는지 생각해보라고. 그러자 에이미는 대뜸 이렇게 대답했다. "사실 친구를 이해하기가 힘들었어요. 왜 그처럼 사소한 일에 오랫동안 고민하는지 이해할 수가 없었어요." 이것이 바로 에이미의 솔직한 내면 세계였다. 하지만 에이미는 사람의 생각이나 느낌은 저마다 다르다는 사실을 책에서 배워서 잘 알고 있었다. 그래서 역시 책에서 터득한 방식대로 친구를 이해하려는 시늉을 했던 것이다.

그래서 교류 관계에서 에이미의 대응 방식은 현실과 동떨어질 수밖에 없었다. 그녀는 그저 겉으로만 상대방을 잘 이해하는 친구의 역할을 충실히 수행했고, 그녀 스스로도 자신이 연기를 하고 있다는 사실을 미처 깨닫지 못했다. 이런 상황에서 상대방은 생생하게 살아 있는 하나의 인간이 아니라 그저 그녀가 배운 지식으로 추리해낸 일종의 기호적 존재에 불과할 뿐이었다.

여기서 내가 여전히 강조하고 싶은 것은 에이미의 대응 방식이 선의에서 출발했다는 점이다. 그녀는 상대방의 속마음을 잘 이해하는 친구가 되기를 갈망했다. 다만 능력이 부족했던 그녀는 그저 잘 이해하는 척 연기를 할 수밖에 없었던 것이다. 그렇다면 그녀에게 부족한 것은 어떤 능력이었을까? 바로 마음 헤아리기 능력이다. 내가 마음 헤아리기 능력을 업그레이드해야 한다고 거듭해서 강조하는 이유이기도 하다. 왜냐하면 미성숙한 마음 헤아리기 버전에 머물러 있는 사람들은 설령 선한 마음으로 최선을 다해 노력하더라도 종종 그들이 기대한 것처럼 인간관계가 순조롭게 풀리지 않기 때문이다. 참으로 안타까운 일이다.

이런 부류의 사람들은 인간관계에서 갈등이 생길 때 두 가지 모습을 보인다. 하나는 에이미처럼 솔직한 감정 체험을 분리해서 순수한 사유 활동으로 추리를 한 끝에 마지막에는 객관적이고 비교적 통찰력 있는 결론을 이끌어낸다. 또 하나는 강렬한 정서적 반응을 분리하지 못해서 사유 활동 자체를 진행하지 못해 3단계(이해)의 추리 분석 능력을 잃고 만다. 이런 상황에서는 도대체 무슨 일이 일어났는지조차도 이해하지 못하는 모습을 보인다.

그래서 이런 부류의 사람과 처음 교류를 시작할 때는 사람의 마음을 잘 헤아리고 이해해준다는 느낌을 줘서 인기가 많다. 그러나 점차 시간이 지나면서 솔직한 감정 교류가 제대로 이뤄지지 않는 탓에 그들과의 교류에서 쉽게 지치거나 귀찮거나 무미건조함을 느끼게 된다.

에이미의 경우 그녀 자신도 매우 곤혹스럽고 억울함을 느꼈을 것이다. 인간관계를 잘 유지하기 위해 많은 노력을 기울이는데도 영문도 모른 채 주변 사람들로부터 외면을 받게 되니 말이다.

4. 사유를 거부한다: 내면의 세계에 무관심하다

• 외부의 현실적인 요소에만 관심을 둔다

그 외에도 흔히 볼 수 있는 미성숙한 마음 헤아리기 버전이 있는데, 나는 아예 '마음 헤아리지 않기'라고도 부른다. 왜냐하면 이 마음 헤아리기 버전을 사용하는 사람들은 내면의 세계 자체에 관심을 두지 않기 때문이다. 그들은 행동 뒤편의 마음 세계를 무시하고, 그 어떤 사유 활동조차 거부한다.

그렇다면 이들이 보이는 행동의 원인은 무엇일까? 한마디로 정의할 수는 없지만, 나는 크게 두 가지 부류로 나눈다.

하나는, 모든 일에 건성인 사람들이다. 그들은 상대방의 행동 뒤편에 숨은 원인 따위에는 관심조차 두지 않고 소홀하다. 자신은 물론이거니와 타인의 행동을 그저 자연 발생적으로 여기며 좀체 진지하게 생각하지 않는다. 이는 다음 장에서 좀 더 살펴보자.

또 하나는 행동 뒤에 원인이 있다는 걸 알지만 모든 행동의 원인을 외재화시키는 사람들이다. 그들은 마음 헤아리기는 그저 인간의 내면 세계를 탐구하는 것이라고만 여긴다. 이처럼 행동의 원인을 외재화하는 것은 진정한 마음 헤아리기와는 정반대의 상황이기도 하다. 이는 내가 '마음 헤아리지 않기'라고 부르는 이유이기도 하다.

이러한 마음 헤아리지 않기 상태에서는 외부 요소에만 관심을 가진다. 자신 혹은 타인의 행동을 외부 원인의 결과라고만 여긴다. 이러한 원인은 신체적 요소 혹은 환경적 요소를 포함하고 있으며, 심지어 불가항력적인 운명을 원인으로 돌리기도 한다.

예컨대 불면증에 걸렸다고 가정했을 때 내면의 세계에서 그 원인을 찾는다면 다음과 같다.

- 어쩌면 지금 작업하는 책의 진도가 잘 나가지 않아서 마음이 초조한 탓인가 봐. (느낌)

- 나의 초조감은 이 책을 하루라도 빨리 완성해서 세상에 내놓고 싶은 바람 때문이야. (갈망)

- 독자들이 내 책을 싫어하면 어떡할까 걱정된다. (느낌, 견해)

반면에 외부 환경에서 원인을 찾는다면 다음과 같다.

- 너무 피곤해서 / 갱년기가 시작돼서 / 너무 살이 쪄서 잠이 안 오는 거야. (신체)

- 베개를 새로 바꿨더니 적응이 안 돼서 / 날씨가 너무 춥기 때문이야. (환경)

- 요즘 운이 안 좋아 되는 일이 없어서 / 내가 사는 것이 항상 이렇지 / 조상님 들게 향 피우고 빌어야 할까봐. (운명, 신비로운 힘)

외부 요소에서 원인을 찾는다고 무조건 잘못된 것은 아니다. 어떤 일들은 종종 내면의 문제와 외부의 요인이 한데 뒤엉켜서 발생하기 때문이다. 그러나 우리가 마음 헤아리기를 논할 때 중점을 두는 것은, 내재된 마음 세계와 외재된 객관적 세계에 동시에 관심을 가지느냐의 여부이다. 상술한 부류의 사람들은 종종 내재된 요소에는 소홀한 반면에 외재된 요소는 지나치게 강조한다.

● 쓰밍의 숨은 욕망

루쉰의 단편소설 〈비누〉의 주인공 쓰밍이 바로 마음 헤아리지 않기 버전을 이용하는 사람이다.

어느 날 주인공 쓰밍이 아내에게 샤워할 때 쓰라고 고급스러운 외제 비누를 사 온다. 비록 보잘것없는 비누 하나지만, 유교와 전통문화를 숭상하며 신문물을 무시하던 쓰밍의 평소 태도에 비춰봤을 때 상상할 수도 없는 의외의 행동이었다.

하지만 이야기의 줄거리를 따라가다 보면 쓰밍의 아내나 다른 식구는 물론이거니와 독자들까지 쓰밍이 왜 갑자기 외제 비누를 사 들고 왔는지 그 속내를 파악할 수 있다. 쓰밍이 비누를 사 들고 온 이유는 길거리에서 구걸을 하던 소녀 때문이었다. 사실 쓰밍은 신사의 탈을 쓴 위선자였다. 그는 눈먼 할머니를 위해 구걸을 하던 소녀를 요즘 젊은이들과는 달리 훌륭한 효녀라고 칭찬하면서도 정작 동전 한 푼도 건네지 않았다. 그러다 거지 소녀도 비누로 씻기만 하면 예쁠 거라는 주변 건달들의 농지거리에 소녀의 외모를 다시금 쳐다보고는 무심코 비누 가게로 향했다. 그의 마음속에 감춰진 성적 욕망이 비누 가게로 발걸음을 이끌었던 것이다.

하지만 정작 쓰밍은 그러한 자신의 욕망을 전혀 눈치채지 못했다. 무의식 속에서 그의 내면 세계에 깃들어 있던 모든 성적 욕망과 상상력이 외제 비누를 사 오는 행동에 농축되었는데 말이다. 우리는 쓰밍의 행동에서 그의 내면 세계에서 공연되고 있는 환상즉흥곡을 명확하게 바라볼 수 있지만 정작 환상즉흥곡의 연출가인 쓰밍은 전혀 자각하지 못한다. 그는 자신의 내면 상태를 완전히 외면한 채 이렇게 말한다. "갑자기 당신에게 비누가 없다는 게 떠올라서 그냥 사 온 것뿐이오."

쓰밍은 자신의 내면 세계를 무시한 채 행동의 원인을 전부 외재화시켰다. 그는 자신의 행동의 원인을 그저 객관적인 외재적 사실, 즉 집에 비누가 없다는 것으로 돌렸다. 만일 그의 행동이 다른 사람이 하는 "비누 두 개만 사 와"라는 말과 그 어떤 관계라도 있다면, 그는 자신의 행동을 완전히 우연이라고 생각할 것이다(때때로 외재적 요소는 딱 꼬집어서 정의할 수 없는 신비로운 힘을 발휘하기도 한다).

이러한 마음 헤아리지 않기 사고방식은 자신의 내면 세계로부터 분리가 되고, 또 타인과의 교류 능력에도 제약이 된다. 만일 건달들의 농지거리를 듣고 비누를 사 왔다는 말에 아내가 잔뜩 화를 냈다면, 쓰밍은 어떻게 받아들일까? 당연히 그는 자신의 마음속에 감춰둔 성적 욕망을 아내에게 들켰다고는 상상조차 못 할 것이다. 또한 아내가 남편의 위선적인 모습에 반감을 느끼고 화를 낸 것 역시 깨닫지 못할 것이다.

내면의 세계를 무시하기 때문에 쓰밍은 그저 외재화 방식으로 아내의 분노를 이해할 수밖에 없다. 그는 어쩌면 아내가 그날따라 뭔가에 씌어서 밑도 끝도 없이 화를 내는 거라며 신비로운 힘에 원인을 돌릴지도 모른다. 혹은 그날따라 날씨가 우중충해서 아내가 기분이 나쁜 거라고 외재적 원인을 탓할지도 모른다. 설령 아내의 행동이 그녀의 컨디션과 관련이 있다고 여길지라도, 심리 상태를 살피기보다는 외재적인 건강 상태에서 원인을 찾을 것이다. 가령 아내가 공복이거나 저혈당 상태라서 신경이 예민해진 것일 뿐이며 밥을 먹고 나면 모든 일이 해결될 거라고 말이다.

• 이른바 '건성건성 산다'는 것

여기서 좀 더 살펴볼 필요가 있는 또 다른 부류의 사람이 있다. 그들은 매사에 건성이기 일쑤며, 무슨 일이든 그 뒤편에 숨은 원인을 굳이 찾으려고 하지 않는다. 본질적인 면에서는 쓰밍과 똑같은 부류로서 내재된 마음의 세계를 거부한다.

우리는 그런 사람들을 흔히 '건성건성 산다'고 표현한다. 그들은 항상 상대방이 어떤 느낌을 가지는지, 무엇을 필요로 하는지, 혹은 그 일을 하는 동기가 무엇인지 좀체 관심이 없다. 뿐만 아니라 자기 자신조차도 제대로 파악하지 못한다. 그들은 내재된 감정이나 요구에 둔감한 채 마치 자동 모드 방식으로 살아가는 듯하다. 때로는 그러한 모습이 뭇사람들의 부러움을 사기도 한다. 왜냐하면 매우 단순하면서도 활기차게 살아가기 때문이다. 잡다한 일이나 감정에 얽매이지 않아서 일상생활의 긴장감이나 정서적 변화엔 여간해서 영향을 받지 않으니 말이다.

다음 사례를 통해 좀 더 자세히 살펴보도록 하자.

다페이는 친구들 사이에서 지각 왕으로 유명하다. 이번 친구들과의 모임에도 그는 역시 늦게 도착했다. 하지만 다페이는 전혀 개의치 않은 채 껄껄거리며 웃고는 테이블에 놓인 다과를 주워 먹으며 말했다.

"음, 맛이 좋은데? 누구 솜씨야?"

한참 동안 그를 기다렸던 친구들이 불만을 터트렸다.

"인마, 우리는 너를 30분이나 기다렸는데, 어째 눈곱만큼도 미안한 기색이 없냐?"

"하하하, 내가 오늘 또 지각 신기록을 갈아치웠구나!"

다페이는 자신을 기다린 친구들의 감정은 전혀 아랑곳하지 않은 채 껄껄거리며 말했다.

"에이, 그래도 어지간한 일은 그냥 넘어가는 너희들이 최고야. 우리 회사 동료들은 말도 마라. 내가 조금만 지각해도 엄청난 일이라도 벌어진 것 마냥 난리도 아니다. 회의에 내가 늦으면 먼저 다른 일들을 논의하면 되잖아? 게다가 좀 기다리면 뭐 어때? 사람 목숨이 달린 문제도 아니잖아? 그러고선 나 때문에 업무에 차질이 생긴다고 야단법석이지 뭐야. 정말 동료들과는 말이 안 통한다니까."

다페이의 말에 눈치 빠른 친구 하나가 말했다. "뭐라고? 그럼 이번에 새로 들어간 회사도 그만두는 거야?"

"누가 아니래? 넌 어째 그리도 눈치가 빠르냐?"

다페이가 한숨을 내쉬며 말을 이었다.

"나처럼 능력이 뛰어나면 뭐 하나? 나를 알아주는 회사가 없는데."

건성건성 사는 사람이 뭇사람의 부러움을 사는 경우가 바로 다페이 같은 예이다. 그는 항상 낙관적인 태도를 유지하고 있는 것처럼 보인다. 설령 약속 시간에 늦더라도 초조하기는커녕 태연하기만 하다. 때문에 남들의 불만이나 비평에도 전혀 영향을 받지 않는다. 우리는 이렇게 생각할 수도 있다. 일련의 상황에서는 매사 건성인 사람이 뚜렷한 이점을 갖고 있는 것은 사실이다. 돌발사건이 일어나도 비교적 차분하게 대처하기 때문이다. 특히 주변 사람이 그의 됨됨이를 속속들이 파악하고 또 적응하면서 그의 행동 방식을 포용하는 상태라면, 설령 매사에 건성이더라도 친구들과 조화롭게 교류하는 방식을 찾을 수 있다.

그러나 다페이의 사례 마지막에 암시된 내용처럼, 그가 사소하게 여기는 행동들은 자신에게 위기를 가져다줄 수 있다. 자신의 내면 세계에 무관심하기 때문에 타인의 감정이나 요구에도 무관심하다. 그들은 타인의 감정을 깊이 있게 이해하지 못한다. 그로 말미암아 소통의 어려움을 겪게 되고, 인간관계에서 문제가 발생하기 쉽다. 더 나아가서는 자신의 인생에서 성취를 이루는 데에도 큰 지장이 생긴다.

5. 성숙한 버전: 상대방이 보이는 행동의 이유를 이해한다

• 이해하지 못하는 것이야말로 정상이다

앞에서 우리는 동일시하는 마음 헤아리기, 내면 세계와 외부 세계를 잇는 연결고리가 없는 마음 헤아리기, 그리고 사고를 거부하는 마음 헤아리기 버전을 각각 살펴봤다. 그렇다면 이제 성숙한 마음 헤아리기 버전은 어떤 것인지 살펴보기로 하자.

아마 당신은 성숙한 마음 헤아리기 버전은 타인의 마음을 잘 읽어내는 것, 다시 말해서 상대방이 어떤 생각을 하고 있는지 완벽하게 이해하는 것을 의미한다고 여길 것이다. 하지만 유감스럽게도 그것이야말로 마음 헤아리기가 부족하다는 걸 의미한다.

성숙한 마음 헤아리기 버전을 이용한다면 우리는 당연히 타인의 행동 뒤편에 감춰진 마음 상태를 최선을 다해 추측하고 상상하고 이해하려고 노력할 것이다. 하지만 그렇다고 상대방의 마음을 완전하게 이해하려고 애쓰지는 않는다. 왜냐하면 성숙한 마음 헤아리기는, 인간의 마음 상태는 투명하지 않고 지극히 개인적이기 때문에 제아무리 노력을 해도 이해할 수 없는 부분이 있다는 인식을 기반으로 하고 있기 때문이다. 상대방의 행동 하나를 해석하는 데도 내가 이해하는 것과 다른 관점이 반드시 있기 마련이다.

사람은 저마다 독특하고 다채롭다. 얼핏 보기에 비슷한 행동일지라도 그 뒤편에는 하늘과 땅만큼의 차이가 나는 동기가 숨어 있다. 바꿔 말하면, 내재된 감정이 비슷하더라도 전혀 다른 행동으로 각각 표출될 수 있다. 그래서 우리는 수학 공식처럼 단순하게 일반화할 수가 없다. 예컨대 '어떤 사람이 A 행동을 보이는 것은 바로 B의 마음 상태이므로, 이때는 C

의 반응을 해야 한다'라는 식으로 말이다.

당나라 시인 유종원의 글에 이런 문구가 있다. "웃음을 띤 분노는 눈을 부라리고 수염을 흩날리며 터뜨리는 분노보다 크고, 노래로 드러내는 슬픔은 대성통곡보다 더 크다." 여기서 볼 수 있듯이 누군가 미소를 짓고 있지만 실제로 마음속은 분노로 가득 차 있는 경우가 있다. 아마도 그의 마음속에는 노발대발하며 화를 터트리는 것보다 더 큰 분노가 자리 잡고 있을 것이다. 혹은 슬픔에 가득 차 있으면서도 노래를 부르는 사람이 있다. 어쩌면 당신은 '저렇게 슬픈 일이 생겼는데 어떻게 노래를 부를 수 있을까'라며, 정말 감정이 없는 차가운 사람이라고 생각할지도 모른다. 하지만 막상 그의 노랫소리를 듣고 나면 엉엉 울부짖는 것보다 더 큰 비통함에 휩싸여 있다는 사실을 알 수 있을 것이다.

인간의 내면 세계에는 미묘하면서도 독특한 감정, 복잡한 동기와 깊이 감춰진 생각들이 뒤섞여 있다. 바로 그 때문에 우리는 상대방을 도저히 이해할 수 없는 순간을 소중하게 여겨야 한다. 바로 그때야말로 인간의 다양성을 체험하는 순간이기도 하다. 그러므로 우리는 저마다 다른 관점, 행동, 감정의 표현 방식을 존중해야 한다.

• 의구심을 가지되 그 의구심에 파묻혀서는 안 된다

앞에서 살펴봤던 여러 형태의 미성숙한 마음 헤아리기 버전은 공통된 특징이 하나 있다. 바로 자신의 이해를 유일하면서도 확실한 결론으로 여긴다는 점이다. 이와 반대로 성숙한 마음 헤아리기 버전은 항상 의구심을 갖고서 불확실성을 용납할 수 있는 충분한 공간을 남겨둔다. 똑같은 사물을 이해하는 데서도 다양한 가능성이 있다고 믿기 때문이다.

성숙한 마음 헤아리기 버전을 이용하는 사람들은 자신의 이해에 대해 항상 의구심을 가지면서도 결코 그 의구심에 파묻히지는 않는다. 왜냐하면 일단 불확실성은 필연적이라는 사실을 인정하면 설령 자신의 이해가 '착오'라는 것을 깨달아도 그저 그 착오를 바로잡으면 그만이기 때문이다. 그래서 자신의 착오를 용서할 수 없거나 혹은 돌이킬 수 없는 크나큰 잘못으로 여기지 않는다. 그렇기 때문에 성숙한 마음 헤아리기 버전의 사람들은 타인의 행동을 이해할 수 있으며, 자신의 이해가 절대적으로 정확하지 않더라도 상대방이 왜 그러한 행동을 하는지 대체로 이해할 수 있다.

정확한 해답에 연연하지 않으면 우리는 좀 더 많은 자유를 누릴 수 있다. 만일 우리가 인간 상호작용을 자세하게 관찰해본다면 한 가지 사실을 발견할 수 있다. 성숙한 마음 헤아리기 버전의 사람은 '이해' 단계(3단계)에서 상대방의 입장에 서서 그의 생각과 느낌을 이해한다. 동시에 그들은 자신의 이해가 여러 가지 가능성 중의 하나라는 사실도 잘 알고 있다. 때문에 그들은 후속적으로 수집하여 인지하게 되는 새로운 정보를 근거로 상대방에 대한 자신의 이해를 조정한다. '느낌' 단계(4단계)에서는 상대방과 자신의 체험을 한데 연계시켜 타인이 느끼는 실제 감정을 충분히 체감한다. 또한 그 감정을 충분히 헤아리고 이해한다. 그리하여 '행동' 단계(5단계)에

이르면 충동적인 반응이 아니라 신중하고 선택적인 반응을 보인다.

이처럼 성숙한 마음 헤아리기 버전의 사람은 마음의 내면 세계와 외부 세계의 차이점을 잘 알고, 또 이를 유기적으로 결합시킨다. 상대방의 내면 세계에 관심을 기울이며 자신의 느낌을 통합시켜서 어떤 행동을 보여야 하는지를 신중하게 선택한다.

• 지나치게 경계할 필요는 없다

물론 자신의 인간 상호작용이 어떤가를 순간순간 주의하며 매번 경계할 필요는 없다. 이는 심리적으로 큰 부담이 될 수 있고, 많은 에너지와 집중력을 소모하게 되기 때문이다. 기억해야 할 점은, 대다수의 경우 마음 헤아리기는 의식적으로 배후에서 조종하듯 작동하는 것이 아니다. 스스로 깨닫지 못하는 사이 자신의 마음 헤아리기 능력으로 외부 사물을 자동적으로 이해하고 대응하게 된다.

그래서 우리가 정서적으로 나쁜 상태일 때, 예컨대 감정적으로 격앙되거나, 분노가 치밀거나 혹은 초조하거나 우울할 때는 자동적으로 훨씬 미성숙한 버전의 마음 헤아리기를 하게 된다. 특히 성숙한 마음 헤아리기 버전의 마음 헤아리기 능력이 견고하지 않을 때는 더더욱 그러하다. 하지만 가끔 낮은 버전의 마음 헤아리기 능력으로 인간관계에 대처한다고 해서 큰 문제가 되지는 않는다. 설령 그 인간관계가 단절된다고 해도 그 실수를 되돌아보고 반성하며 성장의 기회로 삼으면 된다. 사실 이처럼 끊임없는 시행착오와 반성은 우리의 마음 헤아리기 능력을 향상하는 데 도움이 된다.

그러나 만일 우리가 미성숙한 버전의 마음 헤아리기를 습관적으로 사용하며 자기반성을 하지 않는다면 심각한 오해, 갈등, 긴장 상태를 초래하여 인간관계가 크게 나빠질 수 있다.

종합적으로 말하자면, 만일 자신의 마음 헤아리기 능력을 향상시킬 수 있다면 우리는 타인을 잘 이해할 수 있을 뿐만 아니라 자기 자신도 잘 파악할 수 있다. 이는 우리가 결정이나 선택을 지혜롭게 할 수 있게 도와주며, 더 나아가서는 건강하고 의미 있는 인간관계를 구축할 수 있게 해준다. 특히 가장 관건이 되는 순간에 성숙한 마음 헤아리기 능력은 크나큰 조력자 역할을 한다. 여기서 말하는 관건이 되는 순간이란 회사의 중요한 회의, 가정 문제 해결, 인간관계의 갈등 해소, 혹은 인생의 가장 중요한 결정 등을 포함한다. 이처럼 중요한 순간에, 성숙한 마음 헤아리기 능력은 타인은 물론 자기 자신이 무엇을 필요로 하는지 혹은 어떤 기대를 갖고 있는지를 잘 이해할 수 있도록 도와준다. 또한 자신의 정서를 잘 파악하고 효율적으로 관리하며 인생의 목표를 수월하게 달성할 수 있도록 도와준다.

그러므로 우리는 순간순간 주의하며 경계할 필요가 없다. 물론 평상시에 자신을 일깨우면서 마음 헤아리기 능력을 향상시키는 연습을 하는 것은 좋다. 이는 우리가 사업에서 성공을 거두거나 혹은 돈독한 친분을 형성하거나 혹은 행복을 얻는 데 중요한 요소 중의 하나가 될 것이다.

표 1-1에서 우리가 살펴본 몇 가지 마음 헤아리기 능력의 버전을 정리

했다. 이는 각 버전의 특징과 차이점을 한눈에 파악하는 데 도움이 될 것이다.

표 1-1 마음 헤아리기 능력의 버전

성숙/미성숙	버전	특징 1	특징 2
미성숙한 마음 헤아리기 능력	동일하다.	내면 세계와 외부 세계가 일치하여, 마음이 곧 현실이다.	자신의 이해를 유일하면서도 확정적인 결론으로 여긴다.
	내면 세계와 외부 세계를 잇는 연결고리가 없다.	내면과 외부 세계가 분리되어 있다.	
	사유를 거부한다.	내면 세계에 관심이 없다.	
성숙한 마음 헤아리기 능력	성숙한 버전	행동 뒤편의 마음 상태를 추측하고, 상상하고, 이해하려고 노력한다.	항상 의구심을 가지면서 정확한 해답을 강요하지 않는다.

제 2 장

성숙한 마음 헤아리기 능력은
어디서 나오는가?

1. 마음으로 마음을 성장시키다

• 영혼은 영혼을 갈망한다

마음 헤아리기는 행동 뒤편의 마음 세계를 이해하는 과정과 능력을 가리킨다. 즉 마음 헤아리기는 바로 자기 마음속에 또 다른 마음을 담는 것이기도 하다. 여기서 '또 다른 마음'이란 일반적으로 다른 사람의 마음을 가리킨다(즉 나의 마음으로 다른 사람의 마음을 이해하는 것이다). 때로는 자신의 내면 상태를 이해하고자 하는 대상으로 삼을 때는 자기의 마음을 가리키기도 한다(즉 나의 마음으로 나 자신의 마음을 이해하는 것이다).

그러나 자신의 마음에 또 다른 마음을 담는 것은 태어날 때부터 지니는 능력이 아니다. 이런 능력은 여러 가지 요인의 영향을 받으며 발전시킬 수 있는데, 그중에는 인지 능력의 향상 수준도 포함한다. 영향을 미치는 여러 가지 요인 중에서 매우 중요한 것이 하나 있다. 바로 나의 마음속에 다른 사람의 마음을 담으려면 반드시 다른 사람의 마음속에 들어갈 수 있어야 한다는 것이다.

자신의 영혼이 타인의 영혼 속에 깃들기를 갈망하는 것은 인류의 가장 기본적인 심리적 욕구이자 간절한 내재적 갈망이다. 이는 우리의 신체 기관이 정상적으로 작동하기 위해서는 음식물의 섭취가 필요한 것과 마찬가지이다. 영국 정신분석학회 회장 이르마 브렌먼 픽(Irma Brenman Pick)은 이런 말을 한 적이 있다. "만일 갓난아기가 입으로 엄마의 젖꼭지를 찾는 행위가 선천적으로 타고난 본능이라면, 나는 이러한 행위에 일종의 심리 작용도 존재한다고 믿는다. 즉 하나의 심리 상태가 또 다른 심리 상태를 찾아 헤매는 것이다." 신체적인 측면에서 봤을 때, 갓난아기는 엄마의 젖이나 영양분을 섭취해야만 살 수 있고, 또 성장한다. 이와 마찬가지로 인간은 또 다른 심리를 자신의 마음속에 담아야만 정신적으로 살아갈 수 있고 또 성장할 수 있다. 신체적 발달과 생존을 위해 음식물 섭취를 갈망하는 것이나, 우리의 심리적 생존을 위해 다른 마음을 필요로 하는 것은 모든 인간의 자연적 본능이다.

이러한 갈망은 이론상의 개념일 뿐만 아니라 영유아기 시절의 인간 삶에서 대단히 중요한 역할을 한다. 영유아기 때 아기는 필수적으로 양육자의 마음속에 들어가야 한다.

가령, 젖을 먹일 때 대부분의 엄마는 처음으로 젖을 물리는 순간부터 가장 품질 좋은 상태의 영양분을 아기에게 주기 위해 노력한다. 온라인의 육아 카페를 들여다보면 모유와 분유에 관한 토론 내용을 자주 볼 수 있다. 사실 심리적인 측면에서 볼 때 모유가 좋은지, 분유가 좋은지는 중요한 문제가 아니다. 그보다 더 중요한 것은 수유하는 과정에서의 친밀한 상호작용이다. 아기가 젖을 먹는 것은 영양분을 섭취하는 것뿐만 아니라, 타인과의 깊이 있는 상호작용 시간을 보내는 것이다. 다시 말해서 수유는 아기와 양육자에게 진실한 교류의 기회를 준다. 그래서 많은 사람들이 모유를 직접적으로 수유하며 키우라고 권유하는 이유도 그 과정에서 엄마와 아기가 신체적인 접촉을 많이 할 수 있기 때문이다. 그러나 사실 모유든 분유든 상관없이 수유하는 과정에서 우리는 편안하게 아기를 안고 아기의 피부를 만지고, 눈 맞춤을 하며, 이야기를 나누고, 콧노래를 흥얼거리며 상호작용을 할 수 있다.

보통 수유하는 데는 적잖은 시간이 걸린다. 그 시간은 엄마에게 때로는 행복한 시간이기도 하고 때로는 대단히 고되고 무료한 시간이기도 하다. 때문에 일부 엄마는 아기에게 수유를 하는 동안 휴대폰을 들여다보며 무료함을 달래기도 한다. 만일 엄마가 수유 시간에 완전히 휴대폰에 몰입해 있다면 엄마의 마음속에 아기의 마음이 담겨 있다고 할 수 없다. 아기 역시 엄마 젖을 먹고 배는 부를지언정 영혼의 허기는 채우지 못할 것이다.

• 디지털 시대의 도전

최근 수년 동안 많은 사람들이 수많은 문제의 원인을 휴대폰의 과도한 사용 탓으로 돌린다. 의심할 여지 없이 각종 비즈니스 활동은 다양한 방식으로 사람들에게 휴대폰 사용 시간을 늘리라고 장려하고 있는데, 이는 확실히 많은 사회적 문제를 불러일으키고 있다.

하지만 내가 말하고 싶은 것은, 만일 우리가 수많은 사회적 문제의 원인을 오로지 휴대폰 탓으로 돌린다면 그 해결 방법은 간단하다. 예컨대 아기와 함께 시간을 보낼 때 휴대폰에 정신을 팔려서는 안 되며, 휴대폰을 들여다보는 것은 나쁜 행동이고, 들여다보지 않는 것이 좋은 행동일 것이다. 하지만 이러한 절대화된 견해는 사실 마음 헤아리지 않기이다. 또한 이는 우리가 진짜 중요한 점을 소홀히 하게 만든다. 아기와 함께 있을 때 주변에 휴대폰은 물론 TV나 라디오 등 그 어떤 물건도 없더라도, 엄마는 머릿속으로는 엉뚱한 생각에 빠질 수 있다. 그렇다면 이것 역시 엄마가 자기의 마음속에 아기를 담고 있지 않는 것이다.

수유하는 과정을 다시 한번 살펴보자. 만일 엄마가 휴대폰을 들여다보는 동시에 아기에게도 주의를 기울이며 이따금 아기와 상호작용을 한다면 어떨까? 그렇다면 엄마의 마음속에 자기 자신은 물론 아기까지 함께 담고 있다고 말할 수 있다. 이 과정에서 엄마는 자신의 현재 느낌을 아기에게 설명할 수 있다. "어머나, 오늘은 젖을 힘차게 먹네? 너 배가 많이 고팠구나?" 혹은 자기의 마음 상태를 설명할 수도 있다. 가령 휴대폰으로 개그 동영상을 봤다면 한바탕 웃음을 터트리고는 아기에게 이렇게 말할 것이다. "엄마 웃음소리에 깜짝 놀랐구나. 엄마가 너무 재미있는 것을 보고는 웃음이 터져 나왔지 뭐야?"

수없이 반복되는 이러한 상호작용을 통해 우리는 타인의 마음을 자신의 마음 속에 담을 수 있다. 설령 타인의 마음을 직접적으로 들여다볼 수 없더라도 이러한 상호작용으로 아기는 마음 상태는 서로 교류가 가능하다는 것을 체험하게 된다. 타인이 자기의 마음 상태를 이해할 수 있고, 혹은 최소한 타인이 자기를 이해하려고 시도한다는 것을 알 수 있다. 아기는 이렇게 엄마가 자기의 마음을 헤아려주는 과정을 직접 경험하게 된다. 이른바 마음으로 마음을 성장시킨다는 것은, 엄마가 아기의 마음을 헤아려주는 과정을 통해 타인의 마음을 헤아리는 법을 아기에게 자연스레 가르쳐주는 것을 가리킨다.

성장 과정에서 '주변 사람들의 마음속에 내가 담겨 있는' 경험을 많이 한다면, 당신은 비교적 높은 수준의 마음 헤아리기 능력을 기를 수 있을 것이다.

2. 세대 간 전달

• 타인의 마음에 들어가본 부모, 그렇지 않은 부모

나는 육아를 하는 부모들과의 교류 속에서 이러한 현상을 관찰할 수 있었다. 부모들 중에는 별다른 노력 없이도 자기 마음에 아기 마음을 수월하게 잘 담아내는 이들이 있다. 여기서 '마음에 담기'는 그들이 아기에게 관심을 갖고 항상 주의를 기울이는 것을 가리킬 뿐만 아니라, 아기의 심리 상태를 잘 헤아리는 것을 의미한다. 다시 말해서 아기의 행동 뒤편에 있는 마음 상태를 잘 읽어내는 것이다. 반면에 자기 마음에 아기를 잘 담아내지 못하는 부모도 있었다. 그들은 자기의 상태로 아기의 상태를 '결정' 짓기도 했다(동일하게 여김). "내가 춥다고 느끼니 너도 분명 추울 거야"라는 상황이 나타난 것이다. 또 그중에는 영유아 성장 발육에 관한 지식과 정보를 습득하는 데 최선을 다하면서도 정작 자기가 아기를 양육하는 데는 전혀 응용하지 못하는 이들도 있었다(연결고리가 결여됨). 심지어 '아기가 알면 뭘 알겠어?'라는 생각으로 아예 아기의 마음 상태에 관심을 기울이지 않는 부모도 있었다(사유 거부).

다시 말해서 아기를 키우는 양육자의 마음 헤아리기 능력은 저마다 다르다. 그렇다면 이렇게 부모마다 차이가 나는 이유는 도대체 무엇일까? 가장 중요한 원인은 바로 부모 자신이 '다른 사람의 마음속에 들어간' 경험을 했느냐에 있다.

영혼은 영혼을 갈망한다. 영혼은 다른 이의 영혼 속에 들어가야만 타인의 영혼을 자기 마음속에 담아낼 수 있다. 따라서 만일 부모가 그러한 경험을 못 했거나 혹은 그런 경험이 매우 드물었다면 아기를 자신의 마음속에 담기가 힘들다. 이것은 의지의 문제가 아니라 능력에 관한 문제이다. 그들이 타인의 영혼 속에 들어가기를 원하지 않은 것이 아니라, 그럴 필요성을 못 느끼거나 혹은 어떻게 해야 하는지를 모르는 것이다.

- 타인을 마음에 담을 수 있느냐는 교육 수준과 상관없다

세대 간 전달에 관한 화제를 논하다 보면 종종 이런 말을 하는 이들이 있다. "우리 부모님 세대는 그처럼 좋은 교육을 받지 못했어요. 부모님은 그러한 심리적인 문제를 이해하지 못합니다." 그러나 나는 타인을 내 마음속에 담는 것은 어떤 교육을 얼마나 많이 받았는지의 여부와는 아무런 상관이 없다고 생각한다. 앞에서 내가 언급했던 것과 마찬가지이다. 설령 수많은 육아책을 뒤지고 온갖 육아 정보를 습득한다고 해서 부모가 아이를 자신의 마음에 담고 마음 헤아리기를 진행할 수 있는 것은 아니다.

타인을 자신의 마음에 담는 것은 교육 수준과 관련이 없으며, 또한 정확한 기술이 필요한 것도 아니다. 그것은 우리 일상생활의 사소한 것들을 통해 이뤄진다. 구시대의 부모들 역시 다음과 같은 방식으로 자기 아이를 마음속에 담고 마음 헤아리기를 진행했다.

- 아이를 품에 안고 두 마음이 아주 가까이 맞닿아 있다는 것을 느낀다.
- 포대기에 아이를 업고 집안일을 할 때도 등 뒤에 아이가 있다는 사실을 잊지 않는다. 그래서 산더미같이 쌓인 집안일을 하는 중에도 동요를 흥얼거리며 아이를 달랜다.
- 말 못하는 아이가 우리는 이해하지 못할 옹알이를 할 때도 엄마는 아이가 오줌 마려워한다는 사실을 금세 눈치챈다.
- 아직 학교에서 귀가하지 않은 아이를 위해 화로 속에 따끈하게 구운 고구마

하나를 남겨둔다.

이처럼 사소한 일상생활의 조각 속에서 부모는 아이를 자신의 마음에 담고 마음 헤아리기를 진행하며 아이를 이해한다. 이는 부모의 교육 수준과는 아무런 상관이 없을뿐더러 신세대의 사고방식이나 새로운 정보를 습득하는 것과도 아무런 관련이 없다. 설령 기본적인 교육조차 받지 못한 어머니일지라도 훌륭한 마음 헤아리기 능력을 발휘하여 아이를 자신의 마음에 담아낼 수 있다.

● 전통적인 방식을 깨고 마음을 쇄신하다

만일 당신의 부모님이 타인의 마음속에 들어간 경험이 있다면, 그들은 그러한 경험을 당신에게도 전달했을 가능성이 크다. 그래서 성장 과정에서 당신은 다른 사람의 마음속에 들어가는 체험을 하며 매우 좋은 마음 헤아리기 능력을 기르게 됐을 것이다.

그러나 만일 당신의 부모님이 타인으로부터 마음 헤아리기를 겪어보지 못했다면 어떨까?

부모가 자식 세대에게, 또 자식 세대는 손자 세대에게 이러한 경험을 전달한다면 대대손손 끝없이 이어지면서 불변의 형식으로 고착되는 걸까? 결코 그렇지 않다. 세대 간 전달은 우리에게 대대손손 이어지는 전승의 힘에 주의를 기울일 필요가 있다는 점을 일깨워주고 있다. 만일 우리가 바꾸려고 노력하지 않는다면, 세대 간의 전승 속에는 새롭게 거듭날 수 있는 우리의 자유를 가로막는 거대한 장애물이 존재하게 된다. 사실 우리는 누구나 새로운 시작을 만들어내는 '창시자'가 될 수 있다. 자신이 세대 간 전달의 장애물에 가로막혀 있다는 사실을 인정하고, 그 장애물을 건너뛸 방법을 찾기 위해 노력하면 된다. 그렇게 한다면 세대 간 전달을 통해 고착된 방식에서 벗어나 나의 세대에서 새로운 변화를 만들어낼 수 있다.

세대 간 전승이 당신의 마음 헤아리기 능력을 가로막고 있다는 사실을 깨달았다면, 사람은 누구나 내면의 마음 상태가 있다는 사실을 이해하기 시작했다면, 타인과 자기의 마음 상태를 자신의 마음에 담을 수 있다는 사실을 이해했다면, 변화는 이미 시작되었다. 이것이야말로 마음의 혁신이다.

대대손손 이어지며 타인의 마음속에 들어간 경험을 많이 한 사람은 실로 행운아라고 할 수 있다. 하지만 안타깝게도 대다수 사람은 그러한 행운을 얻지 못했다. 우리는 자신의 노력으로 마음 헤아리기 능력의 혁신을 이뤄야 한다. 나는 한동안 그런 혁신을 위해 몸부림쳤으며, 또한 수많은 사람들이 그런 혁신에 동참하도록 장려해왔다. 그 과정에서 적잖은 경험과 깨달음을 얻었다. 그래서 마음의 혁신을 도와주는 방법을 정리했다. 여러분이 각 장 말미의 연습 방법을 읽고 새로운 '창시자'가 되어 전통적으로 전해져오던 고착된 방식에서 벗어나기를 바라는 마음이다. 이 책은 여러분의 새로운 이야기나 다름없다.

3. 애착유형

• 네 가지 애착유형 중, 당신의 교류 방식은?

생애 초기 단계에서 우리는 엄마, 아빠, 할머니, 할아버지, 산후도우미 등의 양육자들로부터 타인의 마음에 담기는 경험을 체험한다. 그리고 점차 시간이 흐르면서 나와 양육자 사이에 유대감이 형성되고 감정적으로 애착 관계가 형성된다. 더불어 애착하는 양육자와의 사이에 하나의 상호작용 방식이 만들어진다. 이러한 상호작용 방식은 내면화를 거쳐 나만의 독특한 인간관계 방식으로 자리 잡게 된다. 이것이 바로 애착형이다.

만일 나와 양육자가 서로 친밀하고 신뢰하는 상호작용 방식을 만들어 냈다면, 내가 위험에 처할 때는 항상 그가 나타나서 나를 도와주리라 굳게 믿게 된다. 또 정서적인 지지가 필요할 때는 그로부터 위안을 받고 싶고, 또 평소에도 그로부터 많은 위로를 받는다면, 나는 '안정형'으로 발전할 수 있다.

반면에 어릴 때부터 양육자로부터 걸핏하면 외면당하거나 거부당하는 경험을 했다면, 점차 누군가에게 더 이상 요구를 하지 않게 되고, 사람들과도 항상 거리감을 두게 된다. 심지어 자신의 감정조차도 외면하게 되어 나중에는 '회피형'으로 발전하게 된다. 성년이 되어서는 '소외형'이라고도 불린다.

만일 나와 양육자의 상호작용 속에서, 내가 정서적으로 안정되어 얌전하게 굴 때는 양육자가 별다른 관심을 보이지 않다가 내가 말썽을 피울 때만 집중적으로 관심을 보인다면 어떨까? 그렇다면 나는 양육자에게 모든 주의력을 집중하며 어떻게 해서든 그의 관심을 받을 수 있는 방법을 터득하게 될 것이다. 양육자에 대한 나의 주의력이 흩어지면 그의 관심을 잃게 될까봐 두렵기 때문이다. 만일 이러한 상호작용 속에서 성장하게 되면 '불안형'으로 발전하게 되고, 성년이 된 뒤에는 '집착형'으로도 불린다.

또 다른 한편으로 양육자가 항상 감정 기복이 심해서 그의 반응을 도무지 예측하기 힘든 경우에는 '혼란형'으로 발전할 수 있다. 하지만 이런 유형은 상대적으로 매우 드문 편이다.

• 사람을 무너뜨리는 것은 부정적인 느낌 자체가 아니라
그 부정적인 느낌을 거울에 비추지 못하는 것이다

그렇다면 우리는 자기 자신에 대한 마음 헤아리기, 다시 말해서 나 자신에 대한 이해를 어떻게 할 수 있을까? 이는 나와 양육자의 상호작용에서부터 시작된다. 우리의 양육자는 거울 역할을 한다. 우리는 그 거울에서 자신의 기쁨, 분노, 사랑, 즐거움을 볼 수 있다.

다음 사례는 훌륭한 양육자가 어떻게 거울 역할을 하는지 설명해주고 있다.

아기가 얼굴을 찌푸리고 울기 시작하자 엄마는 자연스레 아기의 표정을 흉내 낸다. 눈살을 찌푸리고 입을 삐죽거리며 이렇게 말한다. "이런, 이

런, 누가 우리 귀염둥이를 속상하게 했을까? 화가 나서 우는 거야?" 엄마의 말투는 매우 진지하면서도 약간 과장된 어조 속에서는 연극을 하는 듯한 느낌도 있다. 여기서 엄마는 아기의 거울 역할을 매우 성공적으로 하고 있는 셈이다. 아기는 엄마의 얼굴에서 자기의 표정을 읽고, 또 엄마의 말투에서 자신의 감정 상태를 듣는다. 조금은 과장된 엄마의 반응은 아기에게 '엄마는 거울 역할을 하며 너의 느낌을 고스란히 비춰주고 있고, 그 느낌은 엄마가 아닌 너의 느낌이다'라는 사실을 알려준다.

아기가 엄마의 반응에서 자기의 모습을 확인하면 자신에 대한 마음 헤아리기를 시작하게 된다. 아기의 내재적 감정이 부정적일지라도 자신과 타인의 마음 헤아리기를 할 수 있으며, 이는 아기에게 안전감을 가져다준다. 왜냐하면 자기의 내재적 감정을 타인과 공유하고 또 이해받을 수 있다는 사실을 발견했기 때문이다. 동시에 아기는 자신이 느끼는 불편한 감정을 타인이 고스란히 받아들여도 그 감정에 무너지지 않는다는 사실도 발견한다. 그 불편한 감정이 결코 무섭지 않다는 사실을 깨닫게 되는 것이다. 이는 아기를 한층 강인하게 만들어줘서 그러한 불편한 감정을 견딜 수 있게 해준다.

따라서 엄마가 거울처럼 아기의 부정적인 감정을 고스란히 비춰줘도 아기는 더 큰 불안에 휩싸이지 않고 오히려 점점 위안을 얻고 편안한 느낌을 갖게 된다. 그런 의미에서 부정적인 감정 역시 안전감을 가져다줄 수 있다고 말할 수 있다.

때로는 아기가 부정적인 감정에서 조금이라도 빨리 벗어나야만 안전감을 느낀다고 생각하는 양육자도 있다. 그래서 상술한 상황이 발생했을 때 엄마는 아기가 당장 울음을 그치도록 이런저런 방법으로 달래거나 혹은 기분이 좋아질 수 있게 주의력을 분산시키려고 애쓴다. 이럴 경우 양육자는 아기에게 거울 역할을 하지 못한다. 아기가 부정적인 감정에 휩싸일 때마다 엄마가 이러한 반응을 보인다면, 아기는 부정적인 감정에 대한 마음 헤아리기를 진행할 기회를 영영 잃게 된다. 아기의 인생에서 부정적인 감정은 영원히 사라지는 것이 아니라 오히려 통제할 수 없는 무시무시한 야수로 돌변하게 된다. 그리하여, 한 사람을 무너뜨리는 것은 부정적인 감정 자체 때문이 아니라, 그 부정적인 감정을 타인의 거울을 통해 제대로 직시하고 마음 헤아리기를 하지 못했기 때문이다.

이런 경우도 있다. 만일 아기가 울음을 터뜨렸을 때 양육자도 당황해서 어쩔 줄 모른다면 어떻게 될까? 그렇게 되면 다소 과장된 말투의 연극으로 아기에게 충분한 거울 역할을 해줄 방법이 없게 된다. 오히려 엄마가 느끼는 불안을 고스란히 아기에게 전달하거나 혹은 자신의 당황스러움을 감추는 데 급급하게 될 것이다. 그렇게 되면 아기는 타인을 통해 자신에 대한 마음 헤아리기를 할 수 없다. 뿐만 아니라 엄마의 불안감을 고스란히 전달받게 되는데, 이는 아기에게 이런 느낌을 준다. "엄마가 나 때문에 어쩔 줄 모르는구나! 지금 나의 이해할 수 없는 불안한 감정은 정말 무서운 것이구나!"

• 애착유형은 거울의 '굴절률'에 영향을 미친다

흥미로운 점은 양육자 자신이 애착형일 경우 아기의 거울 역할을 하는 데도 영향을 미친다는 점이다. 이는 마치 그들이 거울 역할을 할 때 그 거울의 '굴절률'이 '애착유형'이라는 형식의 영향을 받는 것과 같다.

토론토대학의 발달심리학자 카렌 밀리건 등은 자녀가 있는 애착형 여성 36명을 대상으로 연구를 진행했다. 연구진은 이 여성들이 아기에게 자장가를 불러줄 때 어떤 현상이 벌어지는지를 관찰했다. 그 결과, 아기가 고통스러워할 때 안정형 애착의 엄마가 불러주는 자장가는 아기의 고통스러움을 그대로 비춰주고 있었다. 동시에 엄마의 자장가 소리에는 다른 정서도 섞여 있었다. 사실 고통스러워하는 것은 아기이지 엄마는 아니기 때문이다. 그렇게 엄마와 아기 사이에는 일정한 거리가 있었고, 두 사람의 감정은 완전히 중첩되지 않았다. 그럴 경우 오히려 엄마는 더욱 훌륭한 거울 역할을 하고 있는 셈이다. 이는 거울에 바짝 붙어 있을 때 온전한 내 모습이 거울에 비치지 않는 것과도 같은 이치이다. 거울과 일정한 거리가 있어야 온전하게 내 모습이 비치지 않는가? 감정을 비춰주는 것도 마찬가지이다. 엄마의 노래 속에 다른 정서가 섞여 있는 경우, 엄마는 감정적으로 자기와 아기 사이에 약간의 거리감을 두고 있는 셈이다. 그렇게 두 사람 사이에 공간이 생기고, 아기의 감정은 엄마라는 거울을 통해 제대로 비친다. 이런 상황에서 아기는 타인이 자신의 마음을 헤아려주는 경험을 하게 된다. 또한 거울을 통해 자기 자신에 대한 마음 헤아리기도 진행할 수 있다.

반면, 집착형 애착의 엄마의 경우 아기가 고통스러워할 때 불러주는 자장가 소리에 아기를 위한 과장된 연극의 흔적이라고는 찾아볼 수 없었다. 엄마의 자장가 소리에는 오로지 고통만 담겨 있을 뿐 그 어떤 다른 정서도 발견할 수 없었다. 이는 마치 엄마가 아기의 고통에 완전히 매몰된 것과 같았다. 이때 엄마는 아기와 완전한 중첩을 이뤄서 혼연일체가 되는 셈이다. 엄마 스스로 아기의 고통에 깊이 침몰되어 빠져나오지 못하는 것이다. 그런 상황에서 아기는 엄마라는 거울을 통해 자기의 고통에 대한 마음 헤아리기를 진행할 수가 없다.

아기가 고통스러워할 때 집착형 애착의 엄마는 아기와 일정한 거리를 유지하지 못한다. 이에 비해 회피형 애착의 엄마는 완전히 그 반대이다. 회피형 애착의 엄마는 아기의 고통스러운 감정에서 멀찌감치 떨어져 있다. 아기가 고통을 느끼더라도 이러한 유형의 엄마는 아기의 정서로부터 아무런 영향을 받지 않는다. 이때 엄마가 자장가를 불러주더라도 그 노랫소리는 아기의 고통스러운 감정을 제대로 비춰주지 못한다. 당연히 아기도 그러한 엄마를 거울로 삼아 자신의 감정에 대한 마음 헤아리기를 진행할 수가 없다.

만일 당신이 깨끗한 거울 역할을 해주는 좋은 양육자의 보살핌 속에서 성장했다면, 그래서 그 거울을 통해 당신의 내재적 감정들을 충분히 비춰보는 경험을 했다면, 당신의 마음 헤아리기 능력은 잘 발달했을 것이다.

이러한 경험은 당신이 자아를 좀 더 깊이 있게 이해하고, 더 나아가 타인을 이해하는 능력을 부여해줄 것이다. 동시에 당신을 한층 강인하게 다듬어 일상생활의 도전과 난관을 잘 헤쳐나갈 수 있게 해줄 것이다.

하지만 그러한 경험을 하지 못했다면, 만일 성장 과정에서 그러한 거울을 얻지 못하거나 혹은 거울이 그저 당신의 일부만을 비춰줘서 풍부한 경험을 하지 못했다면, 당신은 좋은 마음 헤아리기 능력을 얻지 못했을 것이다. 그러나 그건 크게 문제가 되지 않는다. 지금 당신은 이미 성년이고, 스스로 자기의 거울이 될 수 있다. 자신의 다양한 감정을 직시하도록 노력해보라. 설령 부정적인 감정일지라도 왜곡하지 말고 그대로 비춰보라. 물론 단번에 자신 스스로 거울이 되어야 한다고 서두를 필요는 없다. 다양한 방법을 응용하면서 스스로를 맑은 거울로 다듬어낼 수 있다. 나는 이 책이 당신 자신의 마음 헤아리기 능력을 발전시켜 원하는 목표를 달성하는 데 동반자가 되고, 또 거울의 역할을 할 수 있기를 희망한다.

4. 감정 돌보기

● 소홀히 하는 감정 돌보기

수년 전에 양육과 마음 헤아리기 능력에 관한 세미나에서 누군가 이런 말을 한 적이 있다. 중국인은 어릴 때부터 '삼십육계'라는 표현을 자연스레 들었고, 《삼국지》의 수많은 이야기도 귀에 못이 박히도록 들으며 자랐다. 그래서 설령 지략가는 못 되더라도 최소한 사람들 간의 암투를 벌이는 데는 나름 일가견이 있다. 그런데 왜 특출난 마음 헤아리기 능력은 갖추지 못한 걸까? 대부분의 사람이 학교에서 배우는 《삼국지》의 내용은 줄줄 외울 정도면서, 정작 자신의 감정과 일상생활에서 부딪치는 타인의 행동에 대해서는 좀체 이해를 못 하고 곤혹스러움을 느끼는 이유는 뭘까?

당시 베이징대학 심리·인지과학대학 교수 쑤옌제는 그들의 연구를 토대로 이런 답변을 내놓았다. "우리의 양육자는 일반적으로 지식을 전수하는 데만 집중할 뿐 감정을 돌보는 데는 소홀하다."

엄마와 아기가 함께 그림책을 읽는 경우를 예로 들어보자. 대다수의 부모는 아이에게 그림책을 읽어줄 때 아이가 책 속의 지식을 습득하는 데만 주의를 기울인다. 혹은 아이가 그림책에서 교훈을 얻고 정확한 판단을 할 수 있도록 이끈다. 이는 모두 인지의 범주에 속한다. 예컨대 이런 것이다. "백설공주가 먹은 이건 뭐야? 이건 무슨 색깔이지? 일곱 난쟁이들은 뭘 하고 있지? 왕비가 백설공주에게 이렇게 하는 건 좋은 거야, 나쁜 거야?" 심지어는 우리가 초등학교에서 국어를 배우는 것처럼 아이를 위해 이야기의 주제를 요약해서 설명해주기도 한다.

반면에 상대적으로 부모는 그림책 속에 담긴 감정에 대해서는 무시하기 일쑤다. 예컨대 이런 것들이다. "이때 백설공주는 어떤 느낌을 받았을까? 이때는 공주가 아주 기뻤을까? 여기서는 공주가 슬펐을까, 무서웠을까? 왜 공주는 저런 느낌을 받았을까? 백설공주 이야기 듣고 나니까 느낌이 어때? 엄마는 백설공주가 독이 든 사과를 먹었을 때 공주가 죽을까봐 마음이 너무 초조했어." 여기서 마지막 말은 엄마가 아이와 함께 자신의 느낌을 공유하고 있는 것이다. 다시 말해서 아이에게 어떻게 자기의 감정에 대한 마음 헤아리기를 진행하는지 시범을 보여주는 대목이다.

이러한 엄마와 아이의 상호작용 속에서 아이는 객관적인 세계에 대해 많은 지식을 얻는다. 하지만 타인의 내재된 마음 세계가 어떻게 작동하는지에 대해서는 배울 기회가 매우 드물다.

우리의 어린 시절을 되돌아보자. 아마 대다수의 사람은 학생 시절 학생의 본분은 공부를 열심히 하는 것이라는 말을 귀가 닳도록 들었을 것이다. 공부만 열심히 하면 그만일 뿐 어른들의 일에는 끼어들 필요가 없고, 학업 성적과 관련 없는 오락이나 게임은 가까이하지 말라는 당부 말이다. 사실 감정이나 나와 타인의 마음을 이해하는 것은 학업 지식과는 전혀 관련이 없다. 그래서 이런 일들이 학업 성적을 올리는 데 방해물 취급을 받은 것이다.

그리하여 우리는 대부분의 성장 과정에서 마음 헤아리기 능력을 중시하며 그 능력을 발전시키는 데 관심을 기울일 기회를 얻지 못했다.

• 물질적인 돌보기와 감정 돌보기는 똑같이 중요하다
많은 부모들이 최선을 다해 자녀를 보살피고 기르는 것은 의심할 여지가 없다. 우리는 대개 물질적인 측면에서 부족함 없는 보살핌을 받는다. 먹고 입는 것을 걱정할 필요가 없고, 가정 경제에 대한 부담을 질 필요도 없다. 그런데 대부분의 부모는 물질적으로 풍족한 환경에서 아이를 양육하는 데 많은 신경을 쓰면서도 정작 자녀의 감정 돌보기는 소홀히 한다. 이는 아마도 부모들의 경험, 사회적 환경, 전통적인 교육 방식 등 여러 가지 원인에서 기인할 것이다.

"사랑의 매는 약이다"라는 말을 많이 들어봤을 것이다. 우리가 비교적 높은 수준의 마음 헤아리기 수준에 도달하고 나면, 이 말에 담긴 자녀에 대한 각별한 마음 씀씀이를 이해할 수 있다. 그러나 우리가 아직 철없는 아이일 때는 이 말을 직관적으로만 이해할 수 있고, 또 이 말 속에서 고통과 사랑의 혼동을 느낀다. 왜냐하면 매로 맞거나 꾸지람을 듣는 것은 가장 자연적인 체험(인간 상호작용 사슬 4단계, '느낌')에서는 일종의 고통이자 상처, 공포다. 그런데 부모는 그런 고통스러운 체험을 주면서도 말로는 사랑이라고 한다. 그 결과 우리의 내면 상태는 혼란에 빠지고 만다. 사실 이는 마음 헤아리기 상태의 부정적인 면이라고 할 수 있다. 마음 헤아리기가 나와 타인의 내면 세계를 정확하게 이해하는 데 도움을 주기는커녕, 오히려 내면 세계의 이해를 더욱 혼란스럽게 만들어주니 말이다.

이러한 혼란은 클 수도 있고 작을 수도 있다. 만일 성장 과정에서 언어 혹은 행동의 불일치를 반복적으로 경험하게 되면 내면 세계에 심각한 혼란을 불러일으킬 수 있다. 예를 들면, 심리상담을 할 때 이런 부류의 내담자들이 있었다. 이들은 항상 고통스럽고 또 언젠가는 자신에게 상처를 줄 연애 대상만을 좇았다. 본시 고통과 사랑은 서로 독립적이며 아무런 상관이 없는 감정으로서 필연적인 인과관계도 없다. 그럼에도 이들의 내면 세계에서는 고통과 사랑이 하나로 뒤섞여 있다. 장기간의 심리상담을 통해 내면 상태가 한층 성숙해지고 명확해진 내담자가 있었다. 그는 보다 나은 마음 헤아리기 능력을 터득하면서 훨씬 건강한 연애 대상을 찾아내는 데 성공했다. 하지만 그는 여전히 곤혹스러움을 느끼며 상담 과정에서 이런 질문을 던졌다. "이번에 새로 사귄 사람에게서는 왜 이전에 느꼈던 고통스러운 느낌이 안 들죠? 이것도 사랑인가요?"

물질적인 돌보기는 상대적으로 쉽게 판별이 된다. 포만감을 예로 들어보자. 우리는 아이가 몇 g을 먹었는지를 통해 객관적인 방식으로 포만감을 측정할 수 있다. 동시에 내재적 느낌, 즉 아직도 허기를 느끼는지의 여부를 통해서도 포만감을 측정할 수 있다. 내재적 느낌과 객관적 기준은 비교적 쉽게 서로 인증할 수 있다. 그러나 감정 돌보기는 그처럼 쉽게 판별할 수가 없다. 우리는 그 사람이 감정적으로 포만감을 느끼는지의 여부를 객관적인 기준으로 측정할 수는 없다. 그래서 감정 돌보기는 좀 더 명확한 표현 전달이 필요하다. 설명을 안 해도 아이가 이해하고 느끼기를 바라서는 안 된다.

마음 헤아리기는 직접적으로 관측할 수 없는 내면 세계를 이해하는 것이고, 그중에서도 감정은 매우 중요한 내용이다. 따라서 한 사람의 인생에서 그의 감정이 중시를 받았는지, 감정을 이해하는 방법을 배웠는지의 여부는 마음 헤아리기 능력에 중요한 영향을 미치는 요소이다.

5. 상호작용의 진실성

• 진실한 삶과 허구적인 삶은 다르다

마음 헤아리기 능력을 발전시키려면 우리는 반복적인 인간 상호작용을 통해 배워야 한다. 타인이 보내는 신호를 감지하고, 이해하고, 느끼고, 행동을 취하고, 또 타인의 반응에 근거하여 자신의 이해를 조정하는 과정을 지속적으로 반복해야 한다. 이러한 진실된 상호작용 속에서 우리는 나와 타인의 내면 세계에 대해 '마음 헤아리기' 하는 방법을 차츰 터득할 수 있다.

그렇다면 만일 성장 과정에서 옆에서 보살펴주는 사람이 없거나 부족할 경우 어떤 일이 생길까? 예컨대 부모가 타지에서 직장 생활을 하느라 연로한 조부모와 함께 사는 아이들, 혹은 부모나 조부모 등 양육자와 한 집에서 살지만 모두들 바쁜 나머지 대부분의 시간을 혼자 지내는 아이들이 있다. 혹은 요즘처럼 IT 산업이 발달한 환경에서 TV나 컴퓨터, 스마트폰, 인공지능 스피커에 빠져 지내는 아이들도 많다.

구소련의 인지심리학자 레프 비고츠키를 시작으로 수많은 인지발달 심리학자들이 강조해온 '관계'는 인간의 초기 사유 구조와 이해 능력에 지대한 영향을 미친다. 사유, 이해력, 언어 등 인류의 인지발달은 모두 타인과의 관계에서 발전한다. 따라서 아이에게 혼자 연령에 맞는 학습 교재를 주고 학습시킨다고 해서 인지발달을 이루는 것이 결코 아니다.

워싱턴대 학습과 뇌과학 연구소의 패트리샤 쿨 교수 연구팀은 정교한 실험을 진행했다. 연구팀은 영어만을 할 줄 아는 6~8개월 영유아를 대상으로 두 달 동안 12회에 걸쳐서 중국어 학습을 진행했다. 연구팀은 영유아를 3개 그룹으로 나눴는데, 제1그룹의 영유아는 강사가 직접 언어를 가르쳤다. 제2그룹의 영유아는 강사의 학습 동영상을 보며 언어를 학습했다. 그리고 제3그룹의 영유아는 테디베어 동영상을 보며 강사의 목소리가 담긴 녹음 파일을 들으며 학습했다. 영유아의 중국어 강사는 단 한 명뿐이었고, 학습 내용도 동일했다. 두 달 뒤 실험의 결과가 나왔다. 영어를 모국어로 사용하는 영유아 중에서 강사가 직접 언어를 가르친 그룹의 영유아는 중국어가 모국어인 같은 연령의 아이들과 똑같은 학습 수준을 보였다. 반면에 동영상과 녹음 파일로 학습한 영유아는 서로 동일했는데, 이들은 한 번도 중국어를 배워본 적이 없는 여느 영유아들과 똑같았다. 중국어가 전혀 늘지 않은 것이다. 이 실험은 영유아들은 옆에 실재하는 사람과의 교류를 통해서만 학습이 가능하다는 점을 알려줬다.

연령이 낮은 어린아이에게 옆에 실재하는 사람의 존재는 대단히 중요하다. 50여 년 전 영유아 인지 연구에서 이미 밝혀진 내용이 있다. 생후 2

개월의 영유아가 사물을 바라볼 때 공통적으로 나타나는 순서가 있다. 아기는 먼저 물체의 전체 외형을 한 바퀴 쓱 훑어본 뒤에야 본격적으로 물체의 중심부를 집중해서 바라본다. 그런데 특이한 점은, 아기가 사람의 얼굴을 볼 때는 이러한 공통적인 순서에 변화가 생긴다. 특히 눈에 보이는 사람의 얼굴이 말을 하거나 혹은 표정이 활발할 때는 2개월 미만의 영유아일지라도 곧장 그 얼굴로 시선이 집중된다. 다시 말해서 갓 태어난 아기도 실재하는 사람과 사물을 대하는 반응이 다르다는 뜻이다.

이 실험의 연구는 매우 엄격하고 객관적으로 일련의 추론을 도출했는데, 평소 나의 예상과는 달라서 종종 놀라곤 한다. 왜냐하면 우리가 일상생활에서 느끼고 생각했던 것과는 너무도 달라서다.

대부분의 사람들은 아기가 직관적인 체험으로 엄마 아빠와 깊이 있는 상호작용을 할 수 없다고 느낀다. 따라서 월령이 낮은 아기와 상호작용을 하려고 애쓰는 것은 시간 낭비이고 체력 소모라고 생각한다. 그래서 많은 부모가, 아이가 어릴 때는 자유롭게 놀게 방임했다가 어렴풋이 말귀를 알아듣는 세 살 무렵 혹은 초등학교에 진학할 즈음부터 본격적으로 많은 시간을 아이에게 쏟아부어도 된다고 생각한다.

하지만 그러한 생각은 자칫 낭패를 불러올 수 있다. 영유아에게 양육자와의 실재적인 상호작용은 그들이 세상을 이해하는 데 없어서는 안 될 중요한 단계이다. 만일 이러한 상호작용이 결여되면 인지발달이 원활하게 이뤄지지 않으며, 성장하면서 얻는 학습 효과도 크게 줄어든다. 심지어 마음 헤아리기 능력을 발전시키기도 어려워진다.

• 실수에 대한 두려움으로 진실한 느낌을 외면하지 말라

나는 심리상담에서 또 다른 상황을 관찰한 적이 있다. 부모들 가운데는 아이를 위해 너무 많은 생각을 하는 이들이 있다. 그들은 아이의 자연적인 반응에 영향을 미칠까봐 알게 모르게 자기의 진실한 반응을 억압한다.

사실 이러한 부모들은 아이를 최상의 상태에서 보살펴주기 위해 대단히 많은 노력을 기울인다. 그래서 수많은 육아책을 읽거나 여러 유아 학습 관련 교육에 참여하며 과학적으로 아이를 기르려고 애쓴다. 그러나 이러한 것들은 양날의 검이 될 수 있다. 만일 아이와의 상호작용에서 부모가 나타내는 반응이 '옳다' 혹은 '그르다'에 지나치게 집착할 경우 진실한 반응을 이끌어낼 수가 없다. 다시 말해서, 인간 상호작용 사슬에서 아이가 보내는 정보를 인지한 이후 3단계(이해)와 4단계(느낌)에서 나타나는 이해와 자신의 진실한 느낌을 포기하는 셈이다. 대신 외부에서 습득한 육아 정보에 따라 어떻게 말을 하고, 또 과학적인 방법에 따라 '마땅히' 어떻게 대응해야 하는지에만 집착하게 된다. 이렇게 되면 사실상 인간 상호작용 사슬에서 진실한 상호작용이 이뤄질 수 없다. 극단적으로 표현하자면, 이때의 부모는 정보 데이터베이스에서 해답을 검색하는 인공지능과도 같다. 그래서 인간과 인간 사이의 진실한 상호작용이 인간과 인공지능의 상호작용으로 변질되고 만다. 이는 우리가 앞에서 설명했던 이론적인 측면의 지식과 실제적인

체험의 부조화에 속한다.

이런 경우도 있다. 아이와의 인간 상호작용 사슬에서, 부모는 4단계(느낌)에서 자신의 느낌을 깨닫지만 곧장 하나의 판단을 추가한다. "이런 느낌은 잘못된 거야. 이런 느낌을 가져서는 안 돼." 그래서 그 느낌을 억압하고 자신의 마음 세계를 숨긴다. 그러고는 5단계(행동)에서 '마땅히' 나타내야 할 반응을 선택한다.

이러한 상호작용은 '인공적인' 상호작용으로 변질하여 이론 지식과 실제 체험의 부조화를 불러온다. 그뿐만 아니라 새로운 문제를 가져온다. 즉 아이가 자신의 진실한 느낌을 억압하는 부모와의 인공적인 상호작용에서 혼란스러운 정보를 인지하게 된다는 점이다. 미국 발달정신병학자이자 정신분석가인 다니엘 N. 스턴은 엄마와 아기 간의 미묘한 상호작용을 연구한 전문가로서 이런 지적을 했다. 대부분의 경우 우리는 정서(기쁨, 분노, 격정, 슬픔, 두려움, 놀라움)뿐만 아니라 그 정서의 활력 강도까지도 인지한다는 사실이다. 예를 들면 우리가 극장에서 공연을 관람한다고 가정해보자. 극장 3층의 먼 좌석에서 무대 위에 있는 배우의 표정을 전혀 볼 수 없고, 그 캐릭터의 정서 상태를 해석할 수 있는 대사나 노래 가사 등의 언어도 없는 상황이다. 하지만 우리는 배우의 신체적 언어를 통해 그의 정서 강도를 느낄 수 있다. 사실상 우리는 인간 상호작용에서 자신의 언어와 표정은 어느 정도 통제가 가능하지만 전체적인 신체적 표현, 미묘한 동작, 정서적 분위기는 통제하기가 매우 어렵다.

때문에 우리가 비록 '인공적'인 방식으로 아이를 대하며 자기의 진실한 감정을 억제한 채 마땅한 혹은 최상의 언어와 표정으로 대응할지라도, 아이는 우리의 언어와 표정을 인지하는 동시에 그 사이의 모순된 정보까지 인지한다. 이는 아이의 마음 헤아리기 능력 발전에 방해가 된다. 왜냐하면 아이는 이처럼 서로 모순된 정보를 어떻게 처리해야 하는지를 몰라서 타인의 마음 세계를 이해할 수 없기 때문이다.

그런 의미에서 보면, 때로는 걸핏하면 화를 내는 부모가 정서적으로 안정됐지만 진실한 감정을 감추는 부모에 비해 아이의 마음 헤아리기 능력 향상에 큰 도움이 될 수 있다.

종합해보자면, 표 2-1에서 보듯이 만일 당신이 타인의 마음속에 담기는 경험을 많이 했다면, 당신의 부모 역시 그들의 부모 마음속에 항상 들어 있었다면, 당신과 양육자 간의 애착유형은 안정형에 속할 것이다. 또한 당신의 부모가 양육 과정에서 감정 돌보기를 중시하며 아기 때부터 진실한 인간 상호작용을 이뤘다면, 당신은 아마도 매우 높은 수준의 마음 헤아리기 능력을 보유하고 있을 것이다.

이처럼 우리의 마음 헤아리기 능력은 생애 초기부터 싹이 튼다. 상술한 여러 원인들로 말미암아 비교적 높은 수준의 마음 헤아리기 능력을 발전시키지 못하게 되고, 더 나아가서 우리의 인간관계 혹은 일상생활에서 여러 가지 어려움과 위기를 겪는다. 하지만 걱정할 필요는 없다. 언제 어느 때든 그 문제점을 깨닫는 순간 바로 변화가 시작될 테니 말이다.

표 2-1 마음 헤아리기 능력 향상에 유리한 요인과 불리한 요인

마음 헤아리기 능력 향상에 유리한 요인	마음 헤아리기 능력 향상에 불리한 요인
양육자가 항상 마음속에 아이를 담고 있다.	양육자의 마음속에 담긴 경험이 드물다.
부모 역시 그들의 부모 마음속에 들어간 경험이 있다.	부모가 그들의 부모 마음속에 들어간 경험이 매우 적다.
부모, 기타 양육자와의 애착유형이 안정형에 속한다.	부모, 기타 양육자와의 애착유형이 불안형에 속한다.
양육자가 양육 과정에서 감정 돌보기에 주의를 기울인다.	양육자가 양육 과정에서 지식을 전수하는 데만 집중하여 감정 돌보기에 소홀하다.
성장 과정에서 타인과의 진실한 상호작용의 경험이 많다.	성장 과정에서 타인과의 진실한 상호작용의 경험이 부족하다.

이 책과 더불어 우리의 마음 헤아리기 능력을 향상시키고, 인생의 중요한 순간들에 잘 대처할 수 있도록 하자.

제 3 장

인간관계를 업그레이드하는
3대 비결

1. 소통을 단절시키는 사례:
인간 상호작용의 마음 헤아리기 해석

• 친밀감 뒤편의 오해

한 가지 사례를 살펴보자.

공휴일을 맞이하여 자원은 여자친구 샤오난과 기대고 앉아 동영상을 보고 있었다. 동영상 속에서 가녀리고 마른 몸매의 여성이 등장하자 자원이 샤오난의 뱃살을 쿡쿡 찌르며 귀엽다는 듯 말했다. "역시 우리처럼 부들부들하고 푹신한 살집이 있어야 기대기도 편하지. 넌 다이어트 꿈도 꾸지 마. 만약에 저렇게 깡마르게 변한다면 난 절대 사절이다."

이 말을 들은 샤오난이 벌떡 일어나서 자원에게 따졌다. "그게 무슨 뜻이야?"

사실 샤오난은 자원이 뱃살을 쿡쿡 찌를 때부터 부아가 치민 상태였다. 그녀는 속으로 이런 생각을 했다. '분명 진즉부터 내 몸매가 못마땅했던 게 분명해. 그러니까 저런 말을 하지. 빙빙 에둘러 말하지만 속내는 내가 뚱뚱한 게 싫어서 헤어질 생각인 거잖아!'

발끈해서 따지듯 묻는 샤오난의 말에 자원은 얼떨떨한 표정으로 물었다. "어? 무슨 뜻이라니? 그냥 한 말이야."

자원은 그저 어리둥절하기만 했다. 방금 전까지도 상냥하던 샤오난이 갑작스레 자신을 뿌리치고 떨어져 앉은 데다 말소리에는 잔뜩 가시가 돋아 있으니 말이다.

샤오난은 뾰로통한 어조로 말했다. "너 되게 재미없는 거 알아?"

이어지는 샤오난의 말 한마디 한마디가 자원의 신경을 긁기 시작하자 그도 짜증이 치밀었다. 자원은 도무지 이해가 되지 않았다. 왜 갑작스레 화기애애한 분위기가 깨졌는지, 자기가 무슨 잘못을 한 것도 없는데. 자원이 짜증 난 듯 말했다. "넌 항상 이런 식이야. 하루도 편하게 보내는 날이 없어!"

그렇게 두 사람은 말다툼을 벌이기 시작했다. 자원의 반응은 샤오난의 생각을 더욱 확고히 해주었다. '그래, 분명 내가 못마땅했던 거야. 그래서 헤어질 기회만 엿보고 있었어. 좋아, 그렇다면 내가 먼저 너를 뻥 차줄게!'

이렇게 신체적으로나 정신적으로 친밀한 관계 속에서 달달한 사랑을 속삭이던 두 연인은 순식간에 격렬한 충돌을 벌이면서 몸과 마음의 거리가 급속도로 멀어졌다. 뿐만 아니라 이별을 고려하는 지경까지 치닫고 말았다.

• 인간 상호작용 해석하기

그렇다면 인간 상호작용 사슬을 응용하여 이 커플에게 일어난 일을 살펴보자(그림 3-1). 여기서 우리는 여러 개의 상호작용 사슬이 지속적으로 이어진 것을 볼 수 있다.

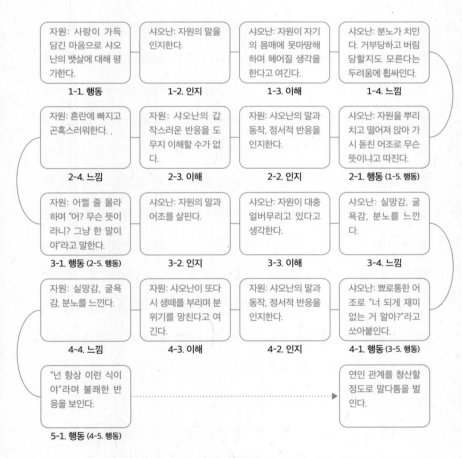

그림 3-1 인간 상호작용 사슬: 자원과 샤오난의 소통의 어려움

여기서 주의할 점이 있다. 우리는 두 사람의 다툼 이후 인간 상호작용 사슬을 이용하여 도대체 그들에게 무슨 일이 일어났는지를 분석할 수 있지만, 당시 두 사람은 대부분의 내용을 전혀 의식하지 못했다. 심지어 둘 다 극히 짧은 시간에 전광석화처럼 거의 본능적인 반응을 폭발시켰다.

먼저 첫 번째 상호작용 사슬을 살펴보자. 1단계(상대방의 행동, 사슬 1-1)에서 자원이 연인의 뱃살에 대해 평가를 한다. 2단계(인지, 사슬 1-2)에서는 샤오난이 자원의 말을 듣지만 그 말 속의 진심을 제대로 인지하지 못했다. 예컨대 자원의 어조, 동작, 태도 등에 담긴 샤오난에 대한 사랑을 말이다. 어쩌면 샤오난은 자원의 속마음을 제대로 인지하지 못한 게 아니라 아예 무시하고 그저 그의 말 표현에만 초점을 맞췄을 것이다. 그래서 그녀에 대한 '사랑이 가득 담긴' 자원의 속마음에 대한 중요한 정보를 놓치고 만다. 3단계(이해, 사슬 1-3)에서 샤오난은 자원의 말을 자기의 몸매에 대한 불만으로 이해하고, 심지어 그가 헤어질 생각을 하고 있다고 여긴다. 때문에 4단계(느낌, 사슬 1-4)에서 샤오난은 분노를 느끼게 된다. 하지만 남자친구에게 거부당하거나 버림받을지도 모른다는 두려움이 자기 마음속에 있다는 것까지는 미처 깨닫지 못할 수도 있다. 5단계(행동)에서 샤오난은 신속한 행동을 보인다. 곧바로 자원을 뿌리치고 멀찌감치 떨어져 앉는다. 그리고 가시 돋친 말로 자신의 분노를 전달한다.

이러한 인간 상호작용 사슬은 계속해서 이어진다. 5단계는 다음 사슬의 1단계(샤오난의 행동, 사슬 2-1)에 해당한다. 제2사슬을 끌어들이는 2단계

(인지, 사슬 2-2)에서 자원은 느닷없는 샤오난의 가시 돋친 말들을 듣고 더 이상 참기 힘든 지경에 이른다. 이어서 3단계(이해, 사슬 2-3)와 4단계(느낌, 사슬 2-4)에서 자원은 샤오난으로부터 쏟아지는 말들이 도대체 무슨 일인지 어리둥절하기만 하고 샤오난의 갑작스러운 태도 변화를 도무지 이해하기 힘들다. 그래서 5단계(행동)에서 그는 난감한 듯 "그냥 한 말이야"라고 대답한다.

자원의 이러한 행동(제3사슬의 1단계, 3-1)은 샤오난의 분노를 가라앉히지 못한다. 그것은 샤오난이 기대했던 대답이 아니기 때문이다. 샤오난은 자원의 대답을 듣고(사슬 3-2) 자원의 말투에 변화가 생긴 것을 감지한다. 자신에 대한 사랑이 느껴지지 않았던 것이다. 때문에 그녀는 자원이 대충 얼버무린다고 이해(사슬 3-3)하게 되었고, 더 나아가 그녀는 실망과 굴욕감, 분노를 느끼게 된다(사슬 3-4). 때문에 5단계(행동, 사슬 4-1)에서 샤오난은 한층 분노가 치밀면서 뾰로통한 어조로 쏘아붙인다.

전체 이야기의 제1사슬에서 두 사람은 본래 매우 친밀하고 다정했다. 자원은 샤오난의 뱃살을 쿡쿡 찌르는 장난질로 친밀감을 표시했지만, 샤오난은 그러한 자원의 마음 상태를 오해하면서 최초의 충돌이 일어났다. 그리고 제2, 제3의 사슬들이 이어지면서 두 사람은 마음 헤아리기 상태를 회복하지 못하며 갈등으로 치닫고 만다. 결국 본래 친밀감을 돈독히 하려던 행동은 두 사람이 서로 반목하고 거리가 멀어지는 결과를 낳았다.

자원과 샤오난의 관계는 매우 친밀하고 다정했다. 본래의 의도에서 봤을 때 두 사람의 행동은 모두 좋은 마음에서 나왔다. 그렇게 상대방과 더욱 친근해지기를 갈망했지만, 유감스럽게도 두 사람 사이에 보이지 않는 커다란 장벽이 생겨버리면서 관계가 한층 멀어지고 말았다. 이러한 결과는 서로에 대한 사랑이나 바람이 부족해서가 아니다. 상대방에 대한 마음 헤아리기가 연쇄적으로 실패하면서 서로에 대한 오해의 진흙탕에 빠지고 만 것이다.

자원과 샤오난이 직면한 상황은 우리에게도 결코 낯선 광경이 아니다. 일상생활에서 우리도 이와 비슷한 위기에 처할 때가 많다. 상대방이 연인이든 가족이든, 친구든 혹은 직장동료든 말이다. 마음 헤아리기를 못하거나 혹은 상대방의 내면 세계를 잘못 헤아렸을 때, 한때는 매우 친밀하거나 편안했던 관계가 차갑게 변하거나 심지어 일촉즉발의 상황으로 치달을 수 있다. 이러한 위기는 정신적인 고통을 안겨줄 뿐만 아니라 우리 삶의 질을 떨어뜨려 그 무게감이 배로 느껴지기 마련이다.

하지만 이렇게 소원해진 관계를 예전처럼 되돌릴 수 없는 것은 아니다. 학습과 단련을 통해 마음 헤아리기 능력을 향상시킨다면, 즉 마음을 업그레이드한다면 나빠진 관계를 회복시켜 다시 새롭고 활기 넘치는 관계를 만들어갈 수 있다.

그렇다면 우리는 어디서부터 시작해야 마음 헤아리기 능력을 향상시킬 수 있을까? 지난 수년 동안 심리학자들은 연구를 통해 마음 헤아리기 능력을 향상시킬 수 있는 다음 세 가지 비결을 정리했다. 이는 우리가 마음 헤아리기 능력을 한층 수월하게 향상시키도록 길라잡이가 되어줄 것이다.

1. 일시정지하라, 벗어나라, 상대방이 왜 그러는지/나는 왜 그러는지 생각하라.
2. 다른 사람이 나를 이해하지 못하는 것은 지극히 정상적인 일이다.
3. '분명히'를 '어쩌면'으로 바꿔라.

예컨대 무술을 잘하려면 그 무술 문파의 비결을 익혀야 하는 것처럼, 이 3대 비결은 마음 헤아리기 능력이라는 무술을 단련하는 비결이라고 할 수 있다.

나는 당신이 평상시에도 이 비결을 항상 마음에 새기며 언제든지 응용할 수 있을 만큼 단련하기를 바란다. 그렇게 하면 가장 중요한 순간에 당신이 위기를 헤쳐나가는 데 든든한 조력자가 될 것이다. 또한 항상 마음속으로 이 비결을 되뇌며 자신의 마음 헤아리기 능력을 향상한다면 인간관계의 위기에 능숙하게 대처할 수 있을 것이다.

2. 첫 번째 비결: 일시정지하라, 벗어나라, 상대방이 왜 그러는지/나는 왜 그러는지 생각하라

• '일시정지 버튼'을 가지면 상호작용 방식을 바꿀 수 있다

앞의 사례에서 자원과 샤오난의 상호작용이 얼마나 안타까웠는지 당신도 보았을 것이다. 만일 우리의 삶이 한 편의 영화라면 나는 두 사람의 반응이 급발진을 할 때 "잠깐 멈춰!"라고 크게 외치며 일시정지 버튼을 누를 것이다. 그러고선 되감기를 해서 두 사람에게 방금 전까지의 줄거리를 다시금 보고 상대방과 자기의 내면 마음 상태를 살펴보라고 권할 것이다. 그렇게 할 수 있다면 두 사람의 상호작용은 다른 결말을 가져왔을 것이다.

다시 말해서, 인간 상호작용 제2사슬에서 상대방의 신호를 인지한 뒤에 의식적으로 마음속에서 일시정지 버튼을 누르는 것이다. 성급하게 반응을 나타내지 않고(5단계, 행동) 일단은 그 상황에서 벗어나보자. 제3자의 관점에서 그 화면을 되돌아보며 상대방이 왜 그러는지, 도대체 무엇 때문에 그런 행동을 보였는지, 혹은 나는 왜 그러는지, 나는 왜 그러한 반응을 보였는지 살펴보는 것이다.

이것이 바로 우리가 말하는 첫 번째 비결이다: 일시정지하라, 벗어나라, 상대방이 왜 그러는지/나는 왜 그러는지 생각하라.

우리는 누구나 '촉발점'을 지니고 있다. 이 촉발점이 자극을 받았을 때는 우리의 정서가 순식간에 걷잡을 수 없이 극대화된다. 나 역시 마찬가

지이다. 때로는 분노의 촉발점이 자극을 받으면 순식간에 격한 분노에 휩싸이게 되어 타인과 충돌을 일으킨다. 때로는 두려움의 촉발점이 자극을 받으면 곧장 도피 반응을 나타낸다. 이때는 마음이 격한 감정에 잔뜩 짓눌려서 여유 공간이 없다. 나의 세계에는 오로지 두 가지만 있는 셈이다. 자극을 받은 촉발점과 그에 따른 반응점만 있다. 모두가 알다시피 이 두 가지는 바짝 연결되어 새로운 여유 공간을 만들어낼 수가 없다. 여기에 제3의 점이 있어야 공간을 늘릴 수 있다. 우리의 첫 번째 비결이 바로 제3의 점을 이끌어내는 역할을 한다. 즉 일시정지 버튼이 우리의 마음에 새로운 여유 공간을 만들어주는 것이다.

일시정지 버튼을 통해 우리는 마음 헤아리기를 진행할 수 있는 공간을 만들어낼 수 있다. 이 공간이 생기면 우리는 비로소 사유할 기회를 얻을 수 있다. 나에게 일어난 일을 다른 관점에서 바라보고, 인성의 복잡성을 이해하게 된다. 그래서 본능적인 반응에 휘둘리지 않고 이성적이고 지혜로운 선택을 하며 훨씬 명쾌한 삶을 살아갈 수 있다.

• 원리: 행동 뒤편에는 반드시 하나의 온전한 심리 상태가 있다

마음 헤아리기 관점에서 사유할 때 우리에겐 한 가지 신념이 필요하다. 이 세상에는 제로(Zero)의 마음 상태에서 나오는 행동은 없다는 사실이다. 행동의 뒤편에는 필연적으로 하나의 온전한 심리 상태가 놓여 있다.

행동은 타인과의 소통에서 송출하는 신호이다. 이 신호들은 한눈에 파

악되는 것이 있는가 하면, 잡음으로 뭉뚱그려져 있는 것도 있다. 대단히 명확하게 전달되는 신호도 있고, 모호하고 미약한 신호음만 간신히 전달하는 신호도 있다. 이는 무전기로 통신하는 것과 비유할 수 있다. 우리가 무전기를 이용할 때는 빽빽한 전신부호를 송출하기도 하고 때로는 무전기 마니아들 사이에 통용되는 전문용어를 사용하기도 한다. 가끔은 주파수가 맞지 않아서 전송된 정보가 치지직거리는 소음으로 뒤덮일 때도 있고, 혹은 상대방이 무전기로부터 멀찌감치 떨어져 있어서 그의 말이 흐리고 약하게 들리기도 한다.

사람의 심리 상태는 매우 복잡하다. 그래서 발송하는 신호도 대부분 복잡하다. 심지어 신호를 보내는 사람 본인조차도 자기가 어떤 신호를 보냈는지 명확히 모를 때가 있다. 왜냐하면 이러한 신호는 종종 무의식 상태에서 발송하기 때문이다.

그래서 인생에서 가장 관건이 되는 순간에는 잠시 멈추고, 벗어나서 여유 공간을 만들어야 한다. 그래야만 나에게 전달된 정보를 다각적으로 살펴보고, 상대방의 행동이 보내는 신호를 정확하게 해석해서 그의 행동 뒤편에 숨은 심리 상태를 이해할 수 있다.

예컨대 자원과 샤오난의 상호작용에서 사슬 1-1(자원의 행동)은 암호화되어 있다. 자원의 말을 살펴보면 "꿈도 꾸지 마", "만약에… 난 절대 사절이야"라는 표현이 있다. 말 그대로 보면 다소 명령적이고, 금지, 위협 등의 뜻이 담긴 신호로 이해할 수 있다. 그러나 행동의 세부적인 면모를 종합적으로 관찰한다면, 자원의 어조는 매우 친밀했고, 특히 "우리처럼"이라는 표현을 사용했다. 이로 미루어보아 암호화된 자원의 말에는 연인에 대한 친근함이 담겨 있었다는 것을 알 수 있다. 단지 그러한 비언어 신호가 샤오난에게는 감지하기 어려울 만큼 매우 미약했을 뿐이다.

• 반사적 반응으로 이뤄지는 소통은 그저 1인극에 불과하다

반사적 반응을 하면, 우리는 종종 행동(5단계)에 대해 무의식적으로 판단하게 된다. 이때는 대개 현재의 정서 상태, 과거의 경험, 그리고 미래에 대한 기대나 불안감이 그 판단을 돕는다.

가령 당신이 최근에 영화를 봤는데, 주인공이 마트에서 불량 청소년들에게 둘러싸여 위협을 받는 장면에 적잖은 충격을 받았다고 가정해보자. 그로부터 며칠 뒤 회사 부근의 잡화점에 들어갔다가 낯익은 어린 점원이 당신에게 인사를 건넸다. 그런데 갑작스레 온몸의 털이 곤두설 만큼 오싹함이 느껴져서 당신은 잡화점을 박차고 나왔다. 사실 이는 당신의 몸이 반사적으로 반응을 하는 것이다. 당신이 봤던 영화의 줄거리가 설령 당신의 뇌리 속에 맴돌지 않더라도 잊힌 것은 결코 아니다. 단지 머릿속 보이지 않는 곳에 숨어 있을 뿐이다. 그러다 잡화점의 인테리어나 혹은 어린 점원의 나이 등 영화 줄거리와 비슷한 환경과 맞닥뜨렸을 때, 뇌리 어딘가에 숨어 있던 영화의 줄거리가 자동으로 튀어나오는 것이다. 영화를 볼 때 상당한 충격을 받아서 격렬한 정서 반응을 불러일으켰기 때문에 비슷한 환경에 들어서는 순간 당신의 반응을 격발시킨 것이다. 이것이 바로 마음

헤아리기를 거치지 않는 행동이다. 대뇌를 거치지 않고 우리의 몸이 직접적으로 반사적 반응을 한 것이다.

그 짧은 순간에 표면적으로는 점원의 행동이 당신의 반응을 불러일으킨 것 같지만 실제로는 그렇지 않다. 바로 그 순간 당신은 이미 실제의 세계와 단절되었다. 점원의 행동은 그저 '스위치'에 불과하다. 그 스위치는 외부 세계와의 연계를 차단하고, 당신의 내면 세계 속의 기억과 느낌에 사로잡히게 한다. 즉 자기의 내면 세계 속에 갇히게 하는 것이다.

따라서 반사적 반응은 얼핏 보기에는 상호작용처럼 보이지만, 사실은 자기 자신의 과거, 현재, 그리고 미래에 대한 반응일 뿐이다. 다시 말해서, 두 사람이 소통하는 것처럼 보이지만 실상은 서로 주파수가 맞지 않아 상대방과 연락이 닿지 않는 것이다.

만일 두 사람이 이러한 반사적 반응만을 일으킨다면, 그 결과는 두 사람 모두 자기의 내면 세계에 갇힌 채 각자의 말만 내뱉는 꼴이 된다. 마치 서로 멀찍이 떨어져 있는 두 사람이 각자의 무전기에 대고 큰소리로 외쳐보지만 자신의 말을 전달하지도 못할뿐더러 상대방의 말을 들을 수도 없는 것과 같다. 그래서 제아무리 고함을 지르며 소통을 하려고 애써도 그 효과를 얻지 못하는 것이다.

• 마음속에 '일시정지 버튼'을 만들고 제때 눌러라

이럴 때는 우리 마음속에 '일시정지 버튼'을 만들고 중요한 순간에 버튼을 눌러야 한다.

한번 상상해보자. 당신이 잡화점에서 그 자리를 피하고 싶은 충동이 생겼을 때, 일시정지 버튼을 누르고 자신에게 잠깐 생각해볼 기회를 주는 것이다. 즉 자기 자신의 상태를 '마음 헤아리기' 할 기회를 갖는 것이다. 그러면 이런 사유를 할 수 있다. '내가 왜 이러지?' 이어서 자기의 내면 세계와 소통을 시도하며 자신이 갑작스레 그 영화 내용을 떠올렸다는 사실을 이해하게 되고, 그 영화의 줄거리에서 상당한 충격을 받았다는 사실을 이해할 수 있다. 더 나아가서 현실 세계와의 연계를 회복할 수 있다. 잠시 멈춰서 주변 환경을 둘러보는 것이다. 점원의 표정과 동작을 살펴보고, 지금 내가 있는 이곳 환경의 안전성을 체크하고, 또 정말로 내가 위기에 처해 있는지 살필 수 있다.

어쩌면 당신도 이미 깨달았을 것이다. 우리가 가끔 머리를 거치지 않고 무의식적으로 하는 행동은 잠재적인 위험에서 재빨리 벗어나려는 인간의 본능 때문이다. 만일 현실 생활에서 우리가 정말로 생명의 위협을 느꼈을 때, 잠시 숨을 고르고 마음 헤아리기를 진행한다면 아마도 그 위기에서 벗어나지 못할 것이다. 그래서 인간의 몸은 하나의 시스템을 만들어냈다. 대뇌를 거치지 않고 일단은 도망치고 보는 것이다. 때문에 만일 밤늦은 시간 낯선 도시에서 생명의 위협을 느꼈다면 무작정 몸의 말을 들어야 한다. 즉 무조건 재빨리 피하고 봐야 한다.

대뇌를 거치지 않은 직접적인 행동은 인간이 위협으로부터 스트레스를 받는 상황에서 종종 취하는 시스템이다. 물론 도망치는 것 이외에 때로는 전투 상태에 돌입하기도 한다. 하지만 상대적으로 익숙하고 안전한 환경에서 이런 시스템을 자주 사용한다면 자신의 내면 세계에 자기를 가둘 수 있다. 또한 항상 스트레스를 받는 상태에 있기 때문에 당신의 몸과 마음의 건강에 나쁜 영향을 미칠 수 있다. 그러므로 안전하다고 확신할 수 있는 상황에서는 우리가 말한 첫 번째 비결을 사용하기를 바란다: 일시정지하라, 벗어나라, 상대방이 왜 그러는지/나는 왜 그러는지 생각하라.

만일 일시정지하는 것이 매우 어렵다면 한 가지 좋은 방법이 있다. 일시정지 버튼이 구체적으로 당신의 몸 어느 부위에 있다고 상상하는 것이다. 단 한 가지 주의해야 할 것은, 중요한 순간이 눈앞에 닥쳐서야 비로소 그런 상상을 해서는 안 된다. 평소에도 그 버튼이 내 몸 어디에 있다는 상상을 항상 해야 한다. 예컨대 일시정지 버튼이 당신 왼손 엄지손가락 첫 번째 마디에 있다거나 혹은 당신의 가슴에 있다고 말이다. 일상생활에서 이러한 상상에 대해 익숙해지면 가장 중요한 순간에 당신이 상상했던 몸의 부위를 만지면서 일시정지 버튼을 누를 수 있다.

만일 평소에도 샤오난이 자신의 오른쪽 귓볼에 일시정지 버튼이 있다고 습관적으로 상상을 했더라면 어땠을까? 아마도 자원이 그녀의 뱃살에 대해 말할 때 샤오난은 첫 번째 비결을 읊조리며 자기의 오른쪽 귓볼을 잡아당겨 일시정지했을 것이다. 그리고 이미 감정이 격해진 자신의 내면 세계에서 잠시 벗어났을 것이다. 그랬다면 순식간에 전투 태세에 돌입해서 가시 돋친 말을 내뱉으며 전쟁을 벌이지는 않았을 것이다.

샤오난이 일시정지 버튼을 눌렀다면 마음에 여유 공간을 만들어 마음 헤아리기를 진행하며 자원의 상태를 자세히 살펴볼 수 있었을 것이다: 지금 저 동작은 생트집을 잡는 걸까? 저 얼굴의 표정은 도대체 무슨 의미지? "넌 다이어트 꿈도 꾸지 마, 만약에 저렇게 깡마르게 변한다면 난 절대 사절이다." 이 말 말고 또 무슨 말을 했지? 도대체 왜 저러는 거지? 저 말과 동작이 암호라면, 저 암호는 어떤 의미를 뜻하는 걸까? 그는 도대체 나에게 뭘 전달하려고 한 걸까?

샤오난은 자기의 내면 상태도 살펴볼 수 있었다: 난 왜 이러지? 왜 갑자기 전투 태세로 돌변한 걸까? 이전까지도 자원을 잘 이해했던 나는 어디로 간 거지? 방금 자원의 모습에서 난 무슨 생각이 떠오른 걸까? 내가 익숙했던 위험 신호를 느낀 걸까? 혹시 나는 자원을 예전에 헤어졌던 남친과 똑같이 여긴 걸까?

일시정지를 한 뒤에는 어쩌면 이처럼 많은 마음 헤아리기 능력과 관련된 문제를 냉정하게 질문하지 못할 수도 있다. 하지만 걱정할 필요는 없다. 어차피 우리의 마음 헤아리기 능력은 이러한 과정을 통해서 꾸준히 발전해야 하기 때문이다. 처음 시작할 때는 우리가 만들 수 있는 여유 공간은 제한되어 있지만 꾸준한 반복을 통해 발전한다면 훨씬 큰 여유 공간을 만들어서 마음 헤아리기를 진행할 수 있다.

여유 공간이 어떻든 간에 일시정지는 우리에게 제3의 점을 만들어준다. 이는 밀착된 사이에 공간을 만들어주는 하나의 비약이다. 일시정지는 우리가 감정이 격해져서 순식간에 지나쳐버린 부분에 주의를 기울이게 도와준다. 그 부분은 바로 나와 상대방의 마음 상태이다. 그렇게 우리는 소통을 하는 것 같지만 실제로는 각자 자기의 내면 세계에 갇혀 있는 실수를 범하지 않을 수 있다.

일시정지는 우리가 서로를 살필 수 있도록 해준다.

• 응용: 교류를 시작할 때도 일시정지가 필요하다

원닝은 수년 만에 엄마와 함께 살게 되면서 걸핏하면 쏟아지는 엄마의 잔소리에 질리고 말았다. 심지어는 잔소리를 참지 못해 엄마에게 고함을 지르기도 했다. 원닝은 그러한 상황이 끔찍하게 싫었다. 엄마와의 관계가 나빠진 것도 싫었고, 또 엄마에게 고함을 지르는 자기 자신도 싫었다. 그저 자기가 왜 이렇게 마음이 번잡해졌는지 알 수가 없었다. 스스로도 그러한 자신이 너무하다는 사실을 잘 알고 있었다. 당초 홀로 외롭게 지내는 엄마의 말벗이 되려고 합가를 제안했던 것도 원닝이었는데, 이렇게 관계가 나빠지고 말았으니 말이다. 그는 그저 이러한 상황에 무력감만 들었다.

한동안 마음 헤아리기 단련을 하면서 원닝은 인간 상호작용 중 영혼의 내부에서 발생하는 일에 흥미를 느끼기 시작했다. 이어서 자신이 걸핏하면 엄마에게 짜증을 내며 번거롭게 여겼던 이유가 실은 항상 자신이 바쁠 때마다 엄마가 대화를 걸어오기 때문이라는 사실도 깨달았다. 예컨대 평일 아침 회사에 출근하기 위해 원닝이 욕실에 들어가면 엄마는 어김없이 문 앞에 서서 말을 걸기 시작했다. 사실 원닝은 아침에 조금이라도 더 자기 위해 늦게 일어나는 대신 아침 시간의 1분 1초를 최대한 활용하여 짧은 시간에 출근 준비를 끝내는 편이었다. 그런데 욕실에 들어가 세수를 할 때는 물소리 때문에 엄마 목소리가 잘 들리지 않을뿐더러 잠시 멈추고 이야기에 귀를 기울인다면 자칫 회사에 지각하기가 쉬웠다. 게다가 엄마가 꺼내는 화제는 대부분 지금 당장 들어야 할 만큼 중요한 일도 아니었다. 심지어 친척이나 이웃에 관한 잡다한 이야기가 대부분이어서 원닝과는 아무런 관련이 없었다. 때문에 출근 시간에 쫓기는 원닝으로서는 마음이 조급해지기 일쑤였다.

원닝이 저녁에 집에서 업무를 처리할 때도 마찬가지였다. 머리를 쥐어짜며 모든 신경을 서류에 집중하고 있을 때 엄마는 방청소를 하며 원닝에게 말을 걸었다. 그러면 집중이 흩트러져 방해가 되기 일쑤였다. 원닝은 자기가 왜 그토록 마음이 조급하고 번잡했는지를 이해하게 되자 그동안 이유 없이 엄마에게 화를 낸 것이 아니라는 사실을 깨달았다. 또한 자기가 엄마에게 불효하는 나쁜 아들도 아니라는 사실도 깨닫게 되자 더 이상 예전처럼 무력감이 들지 않았다.

설령 그 일이 일어나는 순간에는 일시정지를 하지 못하더라도, 원닝처럼 일이 지나고 난 뒤에 천천히 일시정지 버튼을 누르고 격한 감정의 소용돌이에서 빠져나올 수 있다. 마치 영화를 보는 것처럼 방금 전의 일을 되돌아보고 자기와 타인 간에 도대체 무슨 일이 일어났는지를 사유하는 것이다. 그렇게 하면 다음번에 비슷한 일이 발생했을 때, 비록 강렬한 정서에 휩쓸려 반사적 반응을 하더라도 이미 마음속으로는 지금 무슨 일이 일어나고 있는지를 이해할 수 있다. 그렇게 나와 타인의 마음을 헤아리면서 더 이상 자기의 내면 세계에 갇히지 않게 된다.

인간 상호작용 사슬에서 '이해'와 그에 따른 '행동'은 각기 다른 단계라는 사실을 잊지 말자. 우리는 자기에게 지금 당장 '정확한 행동'을 하라고 강요할 필요는 없다. '성공적으로 이해'하는 것만으로도 이미 큰 발전을 이루었기 때문이다.

원닝이 엄마의 관점에서 좀 더 이해를 하려고 시도했을 때 그는 비로소 이해하게 되었다. 사실 엄마는 아들과 좀 더 돈독한 관계를 만들기를 원했다. 그래서 자기가 시간이 날 때마다 원닝을 붙잡고 대화를 시도했던 것이다. 만일 엄마에게 일시정지 버튼이 있다면 엄마는 주동적으로 말을 걸기 전에 잠시 멈출 수 있다. 원닝의 상태를 관찰하고, 그가 지금 무엇을 하는지, 바쁘지는 않은지, 그의 머릿속이 한가한지 아니면 회사 업무로 복잡한지 등을 이해할 수 있다. 그러나 원닝의 엄마는 그렇게 하지 못했다. 그녀의 내재적 갈망이 너무나 급박했기에 원닝의 상태를 전혀 살피지 못했다. 그 결과 아들에게 적극적으로 다가가 소통을 하려고 했던 행동은 두 사람의 진정한 상호작용을 이루지 못했다.

원닝은 엄마와의 문제를 해결하기 위해 두 가지 방면에서 조정을 했다.

하나는 엄마에게 왜 자신이 가끔씩 엄마와 대화를 나누지 못하고 심지어는 귀찮아하고 조급해했는지를 설명해주었다. 다른 한편으로는 엄마가 아들과 관계를 돈독히 하고 싶은 바람을 충족시켜주기 위해 자기의 일상 시간표를 최대한 조정해서 엄마와 대화를 나누는 시간을 만들었다. 가령 집에서 저녁을 함께 먹을 수 있는 날은, 예전 같으면 엄마의 이야기는 한 귀로 듣고 한 귀로 흘린 채 밥을 먹으며 휴대폰에 빠져 있거나 업무를 처리했을 것이다. 그러나 이제는 엄마와 함께 여유롭게 밥을 먹으며 '전혀 중요하지 않은' 잡다한 일상의 이야기에 진지하게 귀를 기울였다.

마음 헤아리기를 향상하는 첫 번째 비결, 즉 '일시정지하라, 벗어나라, 상대방이 왜 그러는지/나는 왜 그러는지 생각하라'를 통해 윈닝은 엄마와의 다정한 모자 관계를 회복할 수 있었다. 두 사람의 일상생활에도 무겁게 가라앉은 분위기나 말다툼은 사라졌다.

만일 당신의 삶을 바꾸고 싶다면 이 비결을 익히는 것부터 시작해도 좋다. 특히 당신의 정서적 반응이 격렬해서 감정에 쉽게 휘말리는 순간에는 마음속의 일시정지 버튼을 제때 누르는 것이 무엇보다 절실하다. 그렇게 제때 일시정지 버튼을 누르고 마음의 안정을 취하기 위해서는 평소에도 상상력의 힘을 빌려 당신 마음속에 일시정지 버튼을 만들어야 한다.

한 가지 잊지 말아야 할 점이 있다. 일시정지 버튼을 누르는 목적은 그로 말미암아 '정확히 이해'할 수 있기 때문이 아니다. 당신이 자기의 내면 세계에 갇히지 않고 자신과 상대방을 있는 그대로 바라볼 수 있기 위해서이다.

당신은 이제 우리의 첫 번째 비결을 충분히 숙지했을 것이다. 그렇다면 다음 상황을 통해 첫 번째 비결을 응용해보자. 일시정지하고, 그 상황에서 벗어나서 사유를 해보자.

문제

여러 해 동안 만나지 못했던 친구가 당신이 사는 도시로 딸과 함께 여행을 온 김에 커피숍에서 만나기로 약속한다. 당신은 서너 살배기 친구 딸을 매우 친절하게 대한다. 아이 역시 당신을 좋아하는 눈치다. 당신이 친구와 이야기를 나누는 동안 아이는 탁자 주위를 이리저리 뛰어다닌다. 때로는 아이 때문에 대화가 중단되기도 한다. "저것 봐, 저렇게 한시도 조용히 앉아 있지를 못한다니까. 다른 애들처럼 왜 그리 얌전하지 않은지, 정말 얘를 데리고 외출하기가 너무 힘들어." 친구가 설명하는데, 아이가 당신을 향해 달려오더니 두 손으로 사자 흉내를 내며 말한다. "어흥! 내가 너 잡아먹을 거다!" 친구가 서둘러 아이를 말리며 나무란다. "어른에게 이렇게 무례하게 굴면 안 돼! 얼른 죄송하다고 사과드려!" 아이는 엄마의 말은 들은 시늉도 하지 않고 계속해서 당신을 바라보며 "어흥" 하고 사자 흉내를 낸다.

　이러한 상황에 처했을 때 당신의 첫 번째 반응은 무엇일까?

　만약 일시정지 버튼을 누르고 당신의 마음속에 어떤 감정이 생겼는지,

또 이 아이의 마음속에는 어떤 일이 벌어지고 있는지 사유를 해본다면 어떨까?

해석

사고력 문제에 유일무이하고 정확한 해답은 없다. 그러나 우리는 가능성 있는 사고의 맥락을 짚어볼 수 있다. 당신이 나타낼 가능성이 있는 반응과 그에 대한 이해의 공백에 설명을 덧붙여 당신의 사유를 도와주고자 한다. 자, 우리 함께 어린 여자아이의 행동을 이해하도록 시도해보자. 만일 더욱 많은 가능성을 당신이 생각해낼 수 있다면 더욱 좋을 것이다.

내가 추측건대(이는 지금 이 책을 읽는 당신에 대해 내가 마음 헤아리기를 진행하려고 시도하는 것이다), 아마도 당신은 지금 아이의 행동이 엄마의 행동에 대한 반응이라는 사실을 비교적 쉽게 파악할 것이다. 아이는 엄마가 자기에 대한 불만을 늘어놓는 것을 들었거나, 혹은 엄마의 불만에 당신이 동조하는 모습을 봤을지도 모른다. 그래서 기분이 나쁜 나머지 사자로 변신하여 당신을 향해 덤비는 흉내를 냈다. 그런데 엄마가 그러한 아이의 불쾌함을 이해하지 못하고 오히려 어른에게 무례하다고 나무라자 아이는 또다시 사자로 변신하여 재차 공격한 것이다.

아이의 이러한 행동을 유발한 것은 엄마가 자기를 소홀히 한다는 느낌일 수도 있다. 아이는 엄마가 자기에게 많은 관심을 가져주기를 바란다. 엄마든 아니면 자기를 친절하게 대해주던 엄마 친구든 말이다. 특히 처음 방문한 이 낯선 도시에서는 더더욱 관심이 필요할 것이다.

그런데 아이의 행동에서 특별히 주목해야 할 점은 없을까? 아이는 당신을 잡아먹는 듯한 행동을 했는데, 이러한 특별한 행동을 당신은 어떻게 이해해야 할까?

내 생각에 '잡아먹는다'는 것은 매우 풍부한 함의가 담긴 행동이다. 여기서 당신은 한 가지 주의점에 주목해야 한다. '잡아먹는다'는 것은 매우 공격적이지만, "당신을 죽여버리겠어", "때려 죽이겠어"와는 다른 점이 있다. 일단 '잡아먹으면' 당신은 나의 일부분이 되어 내 몸 안으로 들어오게 된다. 동시에 당신은 잡아먹을 가치(영양보충 작용)가 있다는 사실을 인정하는 것이다. 따라서 아이의 행동 속에는 당신에게 가까이 다가가고 싶고, 또 당신은 좋은 점이 있는 사람이라는 것을 인정하는 정보가 담겨 있다. 다만 '잔혹한' 방식으로 그 속마음을 드러낸 것뿐이다.

우리는 여기서 어린아이를 예로 들었지만 사고를 좀 더 확장해보자. 가끔 당신 주변에서 이런 사람들을 발견한 적이 있는가? 비록 성년이지만 앞의 어린아이처럼 사나운 방식으로 당신에 대한 긍정을 전달한 사람이 있는가?

다른 한편으로 앞의 사례에서 어른의 행동도 살펴보자. 당신은 친구가 어린 딸을 비평하고, 또 당신에게 사과 인사를 하도록 강요한 것을 어떻게 이해하는가? 친구의 가정교육이 본래 예의범절을 중시해서일까? 아이의 공격성 표출에 친구가 평소 엄격하게 지도하기 때문일까? 아니면 친구는 자기 딸이 당신에게 좋은 인상을 남겨주기를 바라서일까? 혹은 아이가 친구와의 대화를 중단시켜서 불쾌감을 느꼈던 걸까? 아니면 여행 내내 혼자서 아이를 돌보느라 이미 극도로 지쳤기 때문일까?

이러한 가능성들을 판단하기 위해 사례의 내용을 다시금 살펴볼 때 당신은 어느 부분에 주목해야 좀 더 쉽게 이해를 할 수 있을까?

이 문제들에 대해 좀 더 깊이 있는 사유를 해보자. 그 생각들을 이곳에 기록하는 것도 좋다.

_____

_____

_____

_____

_____

_____

_____

_____

_____

_____

_____

_____

3. 두 번째 비결: 타인이 나를 이해하지 못하는 것은 지극히 정상적인 일이다

● 정보의 전달은 내가 상상한 만큼 명확하지 않다

첫 번째 비결은 주로 우리의 반사적 반응에 초점을 맞추고 있다. 당신도 앞의 사례들에서 보았을 것이다. 마음 헤아리기를 거치지 않은 반사적 반응은 가장 중요한 순간에 우리 본래의 목적과는 정반대로 치닫는 결과를 가져온다.

그렇다면 이젠 나에게 정보를 전달하는 상대방에게 초점을 맞춰서 한번 생각해보자. 샤오난이 자원의 말에 스트레스 반응을 일으키며 "그게 무슨 뜻이야?"라고 따졌을 때다. 이에 자원은 왜 곤혹스러움을 느꼈을까? 급발진하는 샤오난의 말이 어리둥절하기만 하고, 심지어 그녀가 괜한 생트집을 잡는다고 느낀 걸까?

샤오난이 보인 반응은 자원에게 스트레스 반응을 격발시켰을 것이다. 하지만 샤오난이 그러한 반응을 일으킨 데는 우리가 추론할 수 있는 한 가지 원인이 있다. 자원은 자신이 송출하는 정보가 샤오난에게는 암호화된 부호로 모호하고 모순적이라는 사실을 전혀 알지 못했다. 자원은 자기 내면에서 들려오는 목소리에 주의를 기울이지 않았다. '나는 분명 그녀를 무척이나 사랑하고 귀여워한다는 사실을 알려준 건데, 도대체 뭘 얼마나 더 증명해야 한다는 거야? 샤오난의 반응은 그야말로 뜬금포야. 완전히

혼자서 생트집을 잡는 거라고.'

자원은 자기의 행동이 그녀에 대한 사랑으로 가득 차 있기 때문에 샤오난이 절대로 오해를 하지 않을 거라고 여겼다. 그러나 대개 우리의 언어와 행동은 비록 나의 마음속에서는 너무나 명확해서 이해하기 쉬워 보이지만 타인의 눈에는 모호하고 난해할 때가 많다. 심지어는 사람마다 독특한 성장 배경과 삶의 이력이 있기 때문에 내가 전달하는 정보를 상대방이 전혀 다른 내용으로 해석하기도 한다. 자신이 전달한 정보가 대단히 명확하다고 굳게 믿으며 상대방도 정확하게 이해할 것이라는 확신 때문에 우리는 인간관계에서 곤혹스러움을 느끼기 마련이다. 심지어 상대방이 불만을 품게 되어 소통 과정에서 충돌을 일으키기도 한다.

이때는 두 번째 비결이 필요하다. 마음속으로 이렇게 되뇌어보라: 다른 사람이 나를 이해하지 못하는 것은 지극히 정상적인 일이다.

• 원리: 마음은 결코 투명하지 않다

자원의 관점에서 그는 자기의 마음 세계를 이미 행동으로 명확히 표현했다. 하지만 샤오난에게 그것은 암호화된 정보에 불과했다. 우리가 소홀해서는 안 되는 것이 있는데, 바로 "열 길 물속은 알아도 한 길 사람 속은 모른다"이다. 이는 지극히 일리가 있는 말이다. 어차피 우리의 마음은 투명하지 않다. 우리가 생각하고 느끼는 것은 반드시 동작, 언어, 표정, 자세 등의 방식으로 표현해야만 알 수 있다. 그만큼 투명하지 않은 상태에 있는 것이다.

앞의 사례를 우리가 분석했듯이, 자원의 표현 방식은 직접적이지 않았다. 자원이 샤오난에게 이렇게 말하지 않았던가? "역시 우리처럼 부들부들하고 푹신한 살집이 있어야 기대기도 편하지. 넌 다이어트 꿈도 꾸지 마. 만약에 저렇게 깡마르게 변한다면 난 절대 사절이다." 여기서 우리가 특히 주의해야 할 것은 후반부의 말이다.

자원의 속마음은 이러한 표현으로 서로 간의 묵인과 친밀감의 정도를 표시했다고 여겼다. 연인 샤오난과는 더할 나위 없이 친밀한 상태이기에 그러한 표현은 두 사람이 한 몸이나 다름없다는 느낌을 준 것이라고 생각했다. 그러나 자원이 사용한 방식은 "만약에 …… 절대 사절이다"와 같은 역방향의 표현 방식이었다. 이는 마치 암호화된 정보처럼 자기가 진정으로 전달하려는 정보를 모호하게 만들었다. "나는 ……가 좋아, 나는 …… 하면 좋겠어"라는 직접적인 표현과 비교했을 때, 역방향의 표현 방식은 오해를 일으키기 쉽다. 자원의 진짜 내면의 느낌은 이랬다. "나는 지금의 너의 모습을 정말 좋아해. 지금 이대로만 있어주면 좋겠어. 더 이상 완벽해질 필요는 없어. 나는 지금의 너를 좋아하니까 우리 이대로 변함없는 모습으로 사랑하자." 하지만 역방향식 표현으로 포장된 정보는 이렇게 변하고 말았다. "나는 ……을 허락하지 않아. 이건 너에 대한 나의 요구야. 만일 어떤 행동을 한다면 나는 널 받아들이지 않을 거야."

만일 자원이 진정으로 전달하려고 했던 느낌이 대단히 귀중한 선물이라고 가정해보자. 그렇다면 자원의 표현 방식은 그 선물을 낡고 보기 흉한 포장지로 포장한 것이나 다름없었다(최소한 샤오난에게는 보기 흉했다). 만일 샤오난이 보기 흉한 포장지를 잘 벗겨냈더라면 그 속에 숨은 소중한 선물을 보고 크나큰 기쁨을 느꼈을 것이다. 하지만 안타깝게도 그 포장지는 샤오난에게는 너무나 보기 흉했기에, 그녀는 선물을 완전히 무시한 채 그 속의 비밀을 풀어볼 생각조차 하지 않았다.

그러므로 우리가 정보를 전달할 때, 특히 가장 관건이 되는 순간에 중요한 정보를 전달할 때는 직접적인 방식으로 표현해야 한다. 우리가 정성을 다해 준비한 소중한 선물은 똑같이 아름다운 포장지로 포장해야 한다.

• '온전히 이해하지 못하는 것'은 영혼에 관한 변치 않는 사실이다

설령 중요한 정보는 직접적인 표현 방식으로 전달해야 한다는 사실을 깨달았어도, 설령 우리가 내면의 감정과 생각을 최대한 표현하기 위해 노력한다고 해도, 상대방이 어떻게 받아들이고, 느끼고, 또 해석하는지는 우리가 통제할 수 없는 일이다. 심지어 하나의 도전이기도 하다. 왜냐하면 사람은 저마다 삶의 이력이나 가치관이 다르기에 타인이 나를 완전히 이해하기란 불가능하기 때문이다.

누군가에게 당신의 꿈 이야기를 들려준 적이 있는가? 예컨대 황홀할 만큼 아름다운 천국 같은 곳에서 평화롭고 행복한 시간을 보내는 꿈을 꿨다고 가정해보자. 당신은 그 꿈속의 광경이 너무나 아름다워서 가장 친

한 친구와 그 느낌을 공유하고 싶었다. 그래서 뇌리에 생생하게 맴도는 꿈속의 아름다운 광경을 언어(혹은 그림)로 세세하게 설명하려고 애썼다. 마치 소설가 조설근이 《홍루몽》에서 가보옥이 꿈속에서 다녀온 태허환경(《홍루몽》에 등장하는 가상의 신선세계-옮긴이)을 묘사한 것처럼, 당신도 꿈속의 광경을 매우 생동감 넘치게 묘사했다. 하지만 당신이 제아무리 상세하게 설명을 해줘도 무언가 부족한 느낌을 지울 수가 없다. 상대방이 가장 친한 친구라서 당신을 잘 이해한다고 하더라도 당신이 꿈속에서 느꼈던 편안함과 행복함을 온전하게 전달할 수는 없다. 친구와 손잡고 그 꿈속을 거닐며 당신이 느꼈던 감정들을 똑같이 느끼도록 해주고 싶지만, 당신의 머릿속에 있는 아름다운 천국으로 친구를 초대할 수는 없다.

왜냐하면 내재적 체험은 지극히 개인적인 체험이기에 우리는 나의 체험을 한 치의 오차도 없이 타인에게 이해시킬 수도, 또 반대로 타인의 체험을 이해할 수도 없기 때문이다. 이는 영혼에 관한 하나의 사실이다.

'누군가가 나를 완전하게 이해해주기를 바라는 것'은 우리 마음속 가장 태초의 외침이자, 우리의 가장 이상적인 추구이다. 우리는 모두 마음속 가장 깊은 곳에 그러한 갈망을 품고 있다. 이러한 갈망은 실재하는 하나의 사실이다. 갈망 자체는 좋고 나쁘고도 없고, 또 옳고 그르고도 없다. 내 말인즉슨, 우리는 자기가 그러한 갈망을 품고 있다는 걸 인정하는 동시에 현실적으로는 영원히 충족시킬 수 없는 갈망이라는 사실도 인정해야 한다는 점이다.

이러한 점을 인정한다면 어떨까? 물론 타인이 당신을 이해하지 못할 때는 실망감을 느낄 것이다. 그 어떤 갈망도 충족되지 못하면 우리는 누구나 자연스레 실망하기 마련이니까. 그러나 그 실망으로 기분이 유쾌하지는 못하더라도 충분히 견딜 수 있는 수준이기에 그것이 당신의 기분을 엉망진창으로 만들지는 않을 것이다.

상대방이 나를 이해하지 못한다고 해서 지구 멸망의 날이 닥치는 것은 아니다. 또한 나를 사랑하지 않는다는 것을, 혹은 우정이 깨졌다는 것을 의미하지도 않는다. 이는 매우 일반적인 일이거나 아니면 상대방의 사소한 실수에 불과할 뿐이다.

이렇게 생각할 수도 있다. 타인이 나를 이해하지 못하는 것은 지극히 정상적인 일이다. 타인이 나를 온전히 이해하는 것이야말로 지극히 비정상적인 일이다!

그렇다면 자기는 남들을 전부 이해한다고 입버릇처럼 말하는 사람의 사례를 살펴보자. 예컨대 엄마가 이런 말을 한다고 생각해보라. "내가 너를 모를 줄 아니? 그 누구보다 너를 잘 이해할걸. 네가 실눈을 뜰 때는 뭔가 꿍꿍이를 꾸미고 있다는 걸 난 알거든!" 이처럼 누군가가 나를 손금 들여다보듯 훤히 꿰뚫고 있다는 느낌은 적잖이 두렵기까지 하다. 이건 마치 부처님 손바닥 위의 손오공이나 다름없지 않은가? 누군가가 나를 속속들이 들여다보고 있는 상태에서 우리는 나만의 독특성을 잃기 쉽다.

다른 사람이 나를 이해하지 못하는 것은 지극히 정상적인 현상이다.

그렇다면 이 말은 곧 나는 그저 자신의 내면 세계에서 홀로 외로이 몸부림쳐야 하며, 남들이 이해해주기를 바라는 것은 허황된 꿈이라는 뜻일까?

결코 그렇지 않다. 대다수 사람은 심리적으로 성숙하다는 것은 완전한 독립을 뜻하며, 타인의 도움이 필요 없게 되는 것이라고 여긴다. 하지만 사실 진정한 심리적 성숙은 모순을 포용하는 것을 의미한다. 즉 두 가지 상반된 사물이나 현상, 관점을 하나의 그릇 안에 놓을 수 있다는 것을 의미한다. 인격적인 독립을 유지하면서 다른 사람에게 기댈 줄 알고, 완전한 이해는 없다는 것을 잘 알지만 또 어느 정도는 타인과 자기의 속마음을 공유할 수 있음을 아는 것이다.

두 번째 비결의 도움 아래 우리는 마음 헤아리기의 태도로 어떻게 하면 자기를 좀 더 명확하게 표현할 수 있는지, 어떻게 하면 타인이 나를 이해하는 데 혼란스러워하지 않을 수 있는지 사유할 수 있다. 상대방이 나를 이해하지 못할 때는 잠시 멈추는 것이 좋다. 자기의 표현 방식을 되돌아보고 다른 방식으로 다시금 표현해보라.

예컨대 자원이 '나는 분명 그녀를 무척이나 사랑하고 귀여워한다는 사실을 알려준 건데, 도대체 뭘 얼마나 더 증명해야 한다는 거야? 샤오난의 반응은 그야말로 뜬금포야. 완전히 혼자서 생트집을 잡는 거라고'라고 느꼈을 때를 살펴보자. 그는 샤오난이 당연히 자기의 마음을 완전히 이해해야 한다고 생각했다. 자원은 '나를 이해해주는 사람'을 바라는 갈망 속에 자기를 가두고 있었다고 할 수 있다. 그리고 이어지는 인간 상호작용 사슬에서 자원은 그러한 갈망 속에 갇힌 채 계속해서 곤혹스러움을 느꼈다. 샤오난의 반응에 어리둥절하기만 했고, 심지어 그녀가 생트집을 잡으며 분위기를 망친다고 여겼다. 그래서 굴욕감, 실망, 분노를 느낀 것이다. 이때야말로 두 번째 비결을 떠올리며 그 위기를 헤쳐나가야 한다.

만약 자원이 '아, 맞아. 샤오난이 나를 이해하지 못하는 것은 지극히 당연한 일이야'라고 생각하며 그녀가 당연히 자기를 이해하고 있다는 가설에서 벗어났다면 어땠을까? 그렇다면 일시정지를 하고 두 사람 사이에 도대체 무슨 일이 생긴 건지 되돌아볼 수 있다. 자기의 표현 방식에 문제가 없었는지 살펴보고, 다른 방법은 없는지 고민하면서 샤오난이 좀 더 쉽게 자기의 마음을 이해할 수 있도록 도울 수 있다. 그래서 사슬 3-1에서 자원은 "어? 무슨 뜻이라니? 그냥 한 말이야"라고 대답하지 않았을 것이다. 대신 "내 말뜻은…"이라며 샤오난에게 설명을 해줬을 것이다. 아마도 샤오난은 여전히 자원의 말뜻을 이해하지 못할 수도 있고, 혹은 반신반의할 수도 있다. 하지만 자원이 대충 얼버무렸을 때의 실망이나 굴욕감은 느끼지 않았을 것이다. 그래서 자원과 샤오난은 서로 엇갈리며 감정이 격해지지도 않았을 테고, 둘이 서로를 이해시키려고 함께 노력했을 것이다.

• "남들은 분명 나를 이해할 거야"라고 신봉하는 사람들

우리 주변을 둘러보면 "남들은 분명 나를 이해할 거야"라고 고집스럽게 말하는 이들이 있다. 이는 '나를 이해해주는 사람'에 대한 갈망이 너무나

강한 나머지 남들이 자기를 이해해주지 못한다는 사실을 알고도 외면하는 것이다. 그렇게 자기가 창조해낸 환상 속에 스스로를 가두게 된다.

치전을 예로 들어보자. 그는 지난 두 달 사이에 이미 인턴 세 명을 해고한 것도 부족해서, 이번에 새로 들어온 인턴마저 못마땅하기만 했다. 그래서 동료에게 이렇게 불평을 늘어놓았다. "이번 인턴 말이야, 그야말로 바보천치 같아! 내가 수요일에 고객과의 회의가 있다고 화요일에 회의안건 초안이랑 PPT 템플릿을 줬거든. 그게 뭐겠어? 내가 준 자료로 PPT를 작성하라는 소리잖아! 근데 수요일 오전에 물어보니 아무것도 안 한 거야! 얼마나 기가 막히고 화가 나던지! 할 수 없이 내가 부랴부랴 PPT를 작성하는데, 점심때 뭐라는 줄 알아? 점심 식사 메뉴를 묻는 거야. 그렇잖아도 바빠 죽겠는데, 그런 사소한 일까지 혼자 생각 못하고 일일이 물어보잖겠어? 그래서 '안 먹어요. 다이어트합니다!'라고 말했더니 참 나, 그걸 또 진짜로 알아듣고 나에게 딸랑 샐러드 한 접시 갖다주더군. 정말 바보 아냐?"

치전이 창조해낸 환상 세계에서는 남들이 무조건 그를 완전히 이해해야 하며, 이는 불변의 진리이다. 만일 상대방이 자기를 이해하지 못한다면 순전히 상대방의 잘못이다. 상대방이 미련하든, 남의 말을 한 귀로 듣고 한 귀로 흘리는 스타일이든, 혹은 교육 수준이 낮든, 아니면 질투로 일부러 맞서서 엇나가든 상관없다. 순전히 자기의 말을 이해하지 못하는 상대방의 잘못이다. 이러한 생각 틀 아래서 치전은 '남들은 분명히 나를 이해할 거야'라는 환상을 지켜나갔다. 그로 말미암아 치전은 자기가 무엇을 고쳐야 하는지를 전혀 생각하지 못했다.

치전과 같은 사람은 우리 주변에 적잖이 많다. 그들은 업무 능력이나 능률성 방면에서는 문제가 없다. 하지만 안타깝게도 마음 헤아리기 방식으로 인간관계를 꾸려나가지 못해서 종종 회사 내의 외톨이가 된다. 신입직원들의 사수 역할도 할 수 없고, 또 동료들과 업무 협력을 진행할 수도 없다. 이로 말미암아 직업적으로 난관에 부딪혀 그들의 전문 능력을 발휘하는 데 많은 제약이 따른다.

리페이의 사례를 살펴보자. 리페이와 대화를 나누다 보면 종종 피곤해지기 일쑤다. 왜냐하면 그는 항상 밑도 끝도 없이 말을 꺼내기 때문이다. 예컨대 이런 식이다. "지난달에 3일 휴가 내고 낙양으로 여행을 갔잖아. 그런데 모처럼 기분전환 좀 하려다 아파서 내내 병원 침대 신세만 지다 왔지 뭐야." 그의 어조는 마치 자신이 여행 다녀온 소식을 진즉에 당신에게 하나하나 다 설명했던 것처럼 보인다.

하지만 당신은 어리둥절하기만 하다. "잠깐만. 난 네가 3일 휴가 낸 것도 몰랐어. 게다가 낙양으로 여행을 갔다고? 아, 난 까마득하게 몰랐는데? 근데 병에 걸려 아팠다니 도대체 무슨 일이야?"

영문을 모르는 당신이 되묻기도 전에 리페이는 계속해서 자기 말만 늘어놓는다. 당신에게 질문할 기회조차 주지 않고 또 난감해하는 당신의 표정을 전혀 살피지도 않는다. 그의 어조는 마치 당신이 처음부터 그의 여행 이야기를 익히 알고 있었다는 식이다. 심지어 당신이 '마땅히 알고 있는'

소식이 아니라, 자기가 말을 안 해도 당신이 이미 자기 여행 소식을 '잘 알고 있을 것'이라는 식이다.

이러한 방식으로 리페이는 강력한 환상을 만들어냈다. 그 환상 속에서 남들은 자기가 설명하지 않아도 자연스레 그를 이해해준다. 이는 전혀 의심할 여지가 없는 확신으로 자리 잡는다. '이해하지 못한다'는 말 따위는 자기의 내면 세계에 발도 못 붙이게 하는 셈이다. 그래서 리페이가 '너는 당연히 알고 있겠지'라는 태도로 당신에게 말할 때는 자초지종을 물어볼 엄두조차 낼 수 없다. 심지어 그가 말하는 내용을 당신도 이미 알고 있는 척 꾸며야 해서 그와 대화하는 시간이 난처하기 이를 데 없다. 그리고 자신도 모르는 사이 당신도 그가 만들어낸 환상 속에 동참하게 된다.

만일 이러한 상황이 친구들과의 대화에서 가끔 일어난다면 그다지 문제 될 것이 없다. 그러나 이러한 소통 방식이 일상화되어 항상 자기가 만들어낸 환상 속에 머무르게 된다면 어떨까? 그의 대화는 항상 일방적인 독백이 되고 말 것이다. 그렇게 되면 그 대화는 더 이상 상호작용이 될 수 없다.

• 마음 단련 2: 두 번째 비결에 대한 사고력 문제

"타인이 나를 이해하지 못하는 것은 지극히 정상적인 일이다." 이는 우리의 보편적인 사고와는 상당히 위배되는 비결이다. 보통 보편적인 사고가 도전을 받을 때 우리의 사유는 두 관점 사이에서 전환되기 때문에 난감

할 때가 많다. 당신이 이 비결을 좀 더 수월하게 터득하기 위해 다음 사고력 문제를 함께 살펴보기로 하자.

문제

우리가 마음 헤아리기 능력을 어떻게 해야 기를 수 있는지 살펴볼 때 나는 이런 말을 했다. 우리는 다른 사람의 마음속에 담기는 체험을 해야 한다고. 어린 아기에게는 양육자가 아기의 마음 상태를 해석해서 들려줘야 한다. 가령 "우리 아가 하품을 하네? 이 녀석 졸리구나. 잠자고 싶어서…" 이렇게 말이다.

당신은 이런 의문을 던질 수도 있다: 방금 전까지도 타인이 나를 이해하지 못하는 것은 지극히 정상적인 일이라고 하지 않았는가? 그렇다면 엄마가 아기에게 "우리 아기 졸리구나, 잠자고 싶은 거야"라고 말했을 때, 엄마는 어떻게 아기가 정말로 졸린지 확신할 수 있지? 이것은 아기를 도와 마음 헤아리기를 진행하는 걸까? 아니면 아기를 세뇌하고 있는 걸까?

이 문제에 대해 당신은 어떻게 생각하는가?

해석

이는 마음 헤아리기 능력에 대해 진지하게 고찰하게 해주는 의미심장한 의문이다.

이 문제에 대해 나는 간단명료하게 대답할 수가 없다. 어쩌면 당신도 이미 깨달았을지도 모른다. 성숙한 마음 헤아리기는 복잡성을 인정하고, 단순화한 해답을 내놓지 않는다.

이 문제를 다루는 데서 먼저 '일시정지'하고, 엄마와 아기의 상호작용을 다시금 살펴보자. 우리는 엄마의 행동뿐만 아니라 그 행동 뒤편의 전체 심리 상태를 이해해야 한다.

엄마의 말투, 어조, 태도, 단어 표현 등에서 우리는 엄마의 태도가 절대적인지 아니면 자기도 확신은 못 하고 있는지 추측할 수 있다.

만일 엄마의 태도가 확신에 차 있다면 이렇게 말할 것이다. "아가야, 졸렸구나. 잠자고 싶은 게 분명해!" 이런 태도에서는 엄마가 아기의 마음 상태를 완전히 이해하고 있으며, 다른 가능성은 없다고 여기는 것을 보여준다. 엄마는 자기의 이해를 과도하게 믿으며 자기가 아기를 완전히 이해하고 있다고 확신한다. 그렇다면 아기 입장에서 볼 때 엄마의 태도는 지나치게 침투적이다. 아기 자신의 독특성과 주체성을 박탈해버렸으니 말이다.

반면에 엄마의 태도가 아기의 행동(하품) 뒤의 심리 상태를 이해하려고 노력한다면 엄마의 말투는 한층 부드러워진다. "아가야, 하품을 하는구나(아기에게 원인을 알려주고, 아기가 마음 헤아리기를 할 수 있도록 도와준다). 엄마 생각에는 네가 졸린 것 같아. 너 자고 싶구나, 그런 거 맞아?" 이렇게 엄마는 자기 스스로에게도 이해를 보류할 수 있는 공간을 남겨준다. 사실상 엄마가 마지막 말인 "그런 거 맞아?"라는 표현을 했든 안 했든 상관없다. 만일 엄마가 "어쩌면 내 생각이 틀릴 수도 있어"라며 자기의 태도에 여지를 남겨둔다면, 그 엄마는 우리가 말한 두 번째 비결을 성실하게 실천하는 셈이다. 엄마는 자기가 아기를 오해할 수 있다는 가능성을 열어두고 있으며, 동시에 오해는 매우 정상적이라고 생각한다. 그래서 자기의 오해를 위해 미리 준비를 해놓는다. 만일 내가 잘못 이해했다면 관점을 바꿔서 다시 아기를 이해하려고 말이다. 만일 엄마가 이러한 태도를 취한다면, 그건 바로 아기가 마음 헤아리기를 할 수 있도록 도와주는 것이다.

마음 헤아리기는 상대방을 성공적으로 정확하게 이해하는 것을 의미하지 않는다. 상대방을 이해하려고 노력하는 한편, 오해의 가능성 또한 열어두는 것이다.

4. 세 번째 비결: '분명히'를 '어쩌면'으로 바꾸라

• 절대적 사유의 장벽을 뚫고 나오라

앞장의 사고력 문제에서 언급했듯이, 만일 엄마의 태도가 확신에 차 있어서 아기에 대한 자기의 이해만이 정확하다고 여긴다면, 이것은 마음 헤아리지 않기 상태이다. 이처럼 절대화된 태도는 아기가 마음 헤아리기 능력을 발전시키는 것을 도와줄 수 없다.

마찬가지로 자원과 샤오난의 상호작용에서도 이처럼 절대화된 모습을 찾아볼 수 있다.

샤오난이 "그게 무슨 뜻이야?"라고 말했을 때다. 그녀의 말투에서 우리는 그녀가 질문을 하는 것이 아니라 따지고 질책하고 있다는 것을 추측할수 있다(이는 독자인 당신이 샤오난에 대한 마음 헤아리기를 하는 것이다). 샤오난은 마음속으로 자원이 자기에게 불만을 품고 있다고 생각하고 있었다. 대화가 이어지면서 샤오난의 생각은 확고해졌다. '그는 나에게 불만을 품고있는 게 분명해. 지금 나랑 헤어질 기회만 엿보고 있는 거야.'

그렇다면 자원은 어땠는가? 자원은 처음부터 샤오난의 반응을 이해하기 힘들어서 곤혹스럽기만 했다. 급기야 사슬 5-1에 이르러서는 절대화된방식으로 이렇게 말한다. "넌 항상 이런 식이야. 하루도 편하게 보내는 날이 없어!"

절대화, 지나친 긍정, 전반적인 부정, 과도한 축약, 일부로 전체를 평가하는 것, 이것 아니면 저것이라는 식의 '이분법적 사유' 등. 이처럼 우리가이러한 사유 방식에 명확한 이름을 붙여놓으면 그 사유 방식 속의 문제점을 훨씬 수월하게 판별할 수 있다. 그러나 일상생활에서 우리는 대개 자기도 모르는 사이 이러한 사유 방식을 선택한다. 그리하여 현실의 상호작용은 종종 복잡해지기 일쑤라서 간단하게 이해하기가 힘들어진다.

이런 상황에서는 세 번째 비결이 필요하다: '분명히'를 '어쩌면'으로 바꾸라.

물론 내 말의 뜻은 언어적인 면에서 구절의 '분명히'를 '어쩌면'으로 바꾸면 모든 것이 만사형통이라는 뜻은 아니다. 마음 헤아리기의 핵심은 행동(언어를 포함) 뒤편의 내재된 심리 상태에 있다. 만약 내재된 심리가 어떤 신념에 절대적으로 집착한 채 표면적으로만 "어쩌면…"이라는 화술을 사용한다면, 그 표현 전달은 거짓이거나 아니면 음흉하다고 할 수 있다.

하지만 우리는 언어적인 측면에서부터 자기 암시를 시작할 수 있다. 그러면 인지상의 부담을 덜 수 있고, 세 번째 비결의 힘을 좀 더 수월하게 빌릴 수 있다.

• 원리: 사물에는 여러 가지 가능성이 있다

인간의 영혼은 불투명하기 때문에 우리는 타인을 100% 이해할 수 없다. 당연히 사물에 대한 자기의 인식이 반드시 정확하다거나 혹은 유일하게 정확하다고 절대적으로 말할 수 없다. 자기가 모르는 부분이 있을 수도 있다는 점을 아는 것은 높은 수준의 자기반성적 마음 헤아리기 태도이다.

이는 '어차피 알 수 없다'는 뜻의 불가지론에 빠지는 것을 의미하지 않는다. 이렇게 말한다고 가정해보자. "내 생각에 이 일은 아마도 저렇게 된 것 같아." 혹은 "내가 추측건대 그는 이런 생각을 한 것 같아." 여기서 우리가 '내 생각에' 혹은 '내가 추측건대'를 사용하는 것은, 이미 잘 알고 있지만 나 혼자만의 생각일 뿐 유일한 객관적인 사실이 아닐 수도 있다는 것을 의미한다.

때로는 한 가지 일에 여러 개의 정답이 존재할 때가 있다. 우리가 익히 들어 아는 장님과 코끼리 이야기가 있다. 코끼리를 기둥과 똑같다고 말하는 이도 있고, 뱀과 같다고 말하는 이도 있고, 거대한 부채 같다는 이도 있고,

장벽 같다고 말하는 이도 있다. 그들의 결론 모두 자기의 진실된 실천 경험에서 나온 것이다. 그래서 저마다 인식하고 있는 관점에서 봤을 때 그 답안은 모두가 정확하다. 우리의 일상생활에서도 이와 비슷한 일을 쉽게 볼 수 있다. 가령 어떤 일이 일어났을 때 나는 호의로 베푼 일이 당신에게는 큰 상처가 될 수 있다. 이 양자는 모두가 사실인 동시에 함께 공존한다. 내가 호의로 베풀었다는 사실을 인정하기 위해 당신의 느낌을 없앨 필요는 없다. 마찬가지로 당신의 느낌을 보호하기 위해 나의 동기를 철저하게 부정할 필요도 없다. 만일 제3자가 있고 그가 나와 당신 사이의 갈등으로 고통을 느낀다면, 동시에 존재하는 제3의 사실이 있는 셈이다.

세 번째 비결을 잘 기억한다면 가장 중요한 순간에 자기 자신을 일깨울 수 있다. 사물에는 여러 가지 관점과 수많은 이해가 존재할 수 있으며, 설령 나의 이해가 상대방의 이해와 일치하더라도 그건 어디까지나 나의 이해에 불과하다는 점이다. 우리는 저마다 독립적으로 개인적인 이해를 얻을 수 있으며 가끔 그것이 일치를 이룰 뿐이다. 이는 우리가 정보에 대해 개방적인 태도를 가지되 자기의 내면 세계에 갇히지 않도록 도와준다.

• 절대화된 판단은 우리가 지닌 '마음의 지도'에서 나온다

자원이 사랑이 듬뿍 담긴 말투로 샤오난에게 다이어트하지 말라고 자신의 바람을 전달했을 때 샤오난의 반사적 반응은 분노였다. 자원이 분명 자기에게 불만을 품고 있고, 심지어 자신과 헤어질 기회를 기다리고 있다

고 여겼다. 하지만 샤오난을 다난이라는 다른 사람으로 가정해보자. 그녀는 똑같은 상황에서 전혀 다른 반응을 보일 수 있다. 다난은 어쩌면 큰 기쁨을 느꼈을 수도 있다. 자신이야말로 마술 거울이 말하는 이 세상에서 가장 아름다운 여인이 된 듯한 느낌이 들었으니까. 혹은 "아내가 예쁘면 처갓집 말뚝 보고도 절한다"라는 속담처럼 자기를 향한 자원의 사랑을 느끼면서 다난 역시 깊은 사랑의 마음을 표시했을 것이다.

샤오난이 그처럼 절대화된 태도로 급속하게 내린 판단이 다난과 달랐던 것은 샤오난과 다난이 지니고 있는 '마음의 지도'가 다르기 때문이다.

여기서 말하는 마음의 지도란 우리 마음속의 기존의 지식을 개괄화한 것으로, 우리는 이 지도로 새로운 정보를 이해한다. 마음의 지도는 사진이 아니라 저마다의 과거 경험을 토대로 고도로 개괄화한 것이다. 비록 투박한 노선처럼 그려져 있지만 신속하게 방향을 인도한다. 특히 우리가 익숙한 방향으로 대단히 빠르게 인도한다. 아마 당신도 각기 다른 심리학 용어를 들어본 적이 있을 것이다. 이 용어들은 비록 관점은 다르지만 모두 유사한 개념을 설명하고 있다. 가령 발달심리학자 장 피아제가 사용한 '도식(스키마)' 혹은 애착 이론 연구자들이 습관적으로 사용하는 '내부작동모델' 등등이 있다.

우리의 마음의 지도에서 가장 핵심이 되는 부분은 자기의 존재에 관한 것이다. 예컨대 "나는 사랑스러운 존재이다", "나를 사랑해주는 사람이 없다", "나는 가치 있는 사람이다", "나는 쓸모없는 사람이다", "이 세상은 안전하다", "이 세상은 대단히 위험하다", "만일 내가 상처를 받는다면 누군가가 나를 보호해줄 것이다", "만일 내가 상처를 받는다면 모두들 나를 버릴 것이다" 등등이다.

샤오난의 마음의 지도는 아마도 "언젠가는 나를 버리고 떠날 것이다" 혹은 "나를 사랑해주는 사람이 없다"였을 것이다. 특히 강렬한 감정이 격발되었을 때 샤오난은 무의식적으로 자기 마음의 지도를 근거로 반사적 반응을 일으켰을 것이다.

추측건대 아마 당신은 이런 질문을 할 수 있다. "다시 말하면 그건 모두 어린 시절의 트라우마가 초래한 것 아닌가요?"

그렇게 묻는다면 그렇다고 할 수도 있고 또 아니라고 할 수도 있다.

"그렇다"라고 한 이유는 우리 마음의 지도는 확실히 과거의 경험으로 만들어졌기 때문이다. 마음의 지도는 마치 지리 지도처럼 지속적으로 갱신할 수 있다. 다만 필연적인 것은 과거 어느 시점에서 그려지거나 수정됐다는 점이다. "아니다"라고 한 이유 역시 마찬가지이다. 우리가 사용하는 지도는 고대 지도가 아니라 지속적으로 갱신 중이다. 다만 지리적인 면모나 형태는 수백 년 전과 비교해서 크게 다른 점이 없다. 비록 지금은 하천 개량이나 도로 건설 등으로 거대한 변화가 생겼지만 여전히 가장 기본적인 지리적 틀에서 이뤄졌다.

마음의 지도도 마찬가지이다. 우리는 단순히 모든 것을 어린 시절의 트라우마가 초래했다고 말할 수 없다. 우리는 계속해서 이 세상과 상호작용을 하며 끊임없이 자기의 심리 지도를 갱신하고 있다. 다만 최초의 경험들이 나의 마음의 지도의 기본 틀을 만들고, 이후의 경험들이 그 기본 틀 위에서 수정·확장되고 있을 뿐이다. 그 밖에 우리는 때때로 자기 내면 세계에 갇힐 때가 있다. 마치 스마트폰 속의 지도가 네트워크 접속이 안 돼서 외부의 정보를 실시간으로 받아들여 업그레이드되지 못하는 것과 같다.

• 성공도 실패도 모두 '마음의 지도' 때문이다

지도의 노선에 따라 절대화된 판단은 어떤 상황에서는 우리에게 편의를 제공하여 우리가 깊이 있는 사고를 거치거나 에너지를 낭비할 필요가 없게 해준다. 가령 앞에서 언급했던 사례에서와 같이 늦은 시간 낯선 도시에 놓여 있다고 가정해보자. 당신은 직감적으로 '세상은 매우 위험하다'라는 마음의 지도를 사용하게 된다. 그러면 당신의 대뇌가 '절대적으로 위험하다'라는 판단을 내리기도 전에 당신 몸의 기억은 이미 작동하기 시작한다. 이때는 시간과 에너지를 들여 다른 가능성을 생각할 필요가 없다. 일단은 도망치고 보는 것이다.

마음의 지도를 이용하면 직감을 통해 대단히 효율적인 판단을 내리게 된다. 가령 이런 것이다. "이 사람은 한눈에도 찌질해 보인다", "이 회사는 들어가자마자 위풍당당한 느낌을 주는 걸 보면 아주 좋은 회사 같아." 그러나 이처럼 효율적인 판단은 보이지 않는 문제가 있을 가능성이 크다.

마음의 지도는 굉장히 유용한 도구이다. 문제는 우리가 마음의 지도에 꼼짝없이 갇혀버려 그야말로 꼭두각시가 되느냐의 여부이다. 지리 지도를 사용할 때도 마찬가지이다. GPS 좌표와 효율성이 좋은 전자 지도가 있더라도 막다른 골목으로 길을 안내해줄 때가 있다. 만일 우리가 전자 지도의 노예가 되었다면 무작정 지도가 안내해주는 대로만 따라가다 크게 낭패를 보기 마련이다.

지도를 사용할 때 숨겨진 문제점이 바로 여기에 있다. 만일 이 지도가 유일하게 정확하다는 굳은 확신에 사로잡히면 주변 환경을 살피지도 않고 오로지 지도가 가리키는 방향대로만 나아가게 된다. 그러다 결국엔 자기도 만신창이가 되고, 또 다른 보행자와 부딪쳐 다치게도 한다. 만일 자기가 이용하는 심리 지도에서 얻은 결론이 유일하게 정확하다고 굳게 믿는다면, 그 결과 편견과 오해, 모순에 빠지게 된다.

예컨대 내가 가진 심리 지도가 '사람들 속에는 항상 나를 해치려는 소인배가 있기 마련이다'이며, 게다가 그 심리 지도를 굳게 믿는다고 가정해 보자. 그렇다면 복권에 당첨되든, 누군가로부터 음식 선물을 받든, 혹은 회사에서 승진을 하든 간에 마음 놓고 흔쾌히 받아들이지 못할 것이다. 상대방이 보이는 호의에는 뭔가 음모가 있다고 항상 의심하고, 시간이 지날수록 그러한 의심은 확신으로 변할 것이다. 여기서 주의할 점이 있는데, 우리는 자기에게 심리 지도가 있다는 것을 의식적으로 알지 못한다. 나에게 심리 지도가 존재하는지의 여부, 심리 지도의 내용, 그 심리 지도에 대한 나의 신뢰도 등은 대부분 우리의 의식 밖에 있으며, 또 은연중에 우리에게 영향을 미친다.

그렇다고 '세상은 안전하다', '사람들은 모두 선량하다' 등의 심리 지도가 우리를 항상 행복하게 만들어준다는 뜻은 아니다. 아마 백설공주는 그러한 심리 지도를 지녔을 것이다. 그래서 아무런 경계심 없이 독이 든 사과를 먹었을 것이다. 만일 백설공주가 동화 속의 주인공이 아니었다면 그녀의 인생은 그로서 끝났을 것이다. 절대적으로 '사랑'을 믿는 것이나 절대적으로 '원한'을 믿는 것이나 둘 다 고집스럽게 편견에 사로잡힌 것은 마찬가지이다.

• 개방적이고 다원화된 시각은 '분명히'를 '어쩌면'으로 바꿔준다

절대화에 빠진 사람은 자신의 관점만이 유일하게 정확하다고 믿는다. 그래서 다른 정보를 수신할 수 있는 통로를 차단한다. 이는 자기의 내면 세계에 갇힌 것이나 다름없다. 일단 자기를 스스로 가두게 되면 우리는 경직된 채 자기의 관점만을 고집한다. 또한 그 관점을 지지해줄 증거로 삼을 만한 흔적만을 좇게 된다. 가령 샤오난이 자원이 자기와 헤어지려고 한다고 굳게 믿게 되었을 때, 그녀는 지금까지 자원이 보여줬던 사랑이 부족한 모습들을 그 증거로 삼았다. 또한 심드렁한 모습들을 증거로 여겼으며, 본래는 중간적 성질의 행위조차도 자원이 그녀를 버리려는 흔적으로 해석했다. 바꿔 말해서, 일단 어떤 관점을 굳게 믿으면 사실이든 아니든 절대화에 빠진 사람은 자기의 관점을 증명할 증거를 수집하는 데 시간과 에

너지를 허비하게 된다. 그들은 이미 자기의 관점에 사로잡혀 그 감옥 문을 나가서 문제를 살펴볼 다른 관점을 찾을 수가 없다. 이런 부류의 사람들과 논쟁을 벌이면 벌일수록 점점 절망감만 드는 이유이기도 하다.

절대화된 사람이 주로 사용하는 표현은 이러하다. "너는 분명히…", "너는 항상…", "너는 한 번도 그렇게 한 적이 없어…", "너는 완전히…" 여기서 '너'를 다른 주어로 바꿔도 된다. 심지어 '나'로 바꿀 때도 있다.

그 밖에도 이들은 변화시킬 수 없는 개인의 특징, 문화적 배경, 집안 성격 등을 그 사람 행동의 원인으로 돌린다. 가령 "여자들은 모두 사랑에…", "남자는 모두…", "그 사람 MBTI가 I라서 그런 거야…."

절대화의 감옥에서 벗어나려면 우선 자기가 사용하는 언어가 절대적인지 아닌지 살펴봐야 한다. 가령 당신의 습관적 말버릇이 "그녀는 분명 나쁜 여자야. 그녀의 모습을 보면 금방 알 수 있어"라고 하자. 앞에서 설명했듯이 여기에 '내 생각에는'이라는 구절을 집어넣으면 객관적 사실과 주관적 판단이 어느 정도 구분이 된다. 또는 좀 더 개방적으로 '분명히' 대신에 '어쩌면'을 집어넣어 화법을 바꿔보자. "내 생각에 그녀는 어쩌면 나쁜 여자일 것 같아. 그녀의 모습을 보면 금방 알 수 있어." 이렇게 바꾸면 판단의 절대화가 상당히 많이 줄어든다.

'분명히'를 '어쩌면'으로 바꾸기 위해서 우리는 자기에게 이 결론은 어디서 나온 건지 질문을 던지게 된다.

"그녀의 모습을 보면 금방 알 수 있어"라는 구절도 좀 더 구체적으로 바꾼다면 어떨까? 그녀의 어떤 모습을 보면 금방 알 수 있지? 패션 스타일 때문인가? 아니면 태도 때문인가? 왜 그런 모습을 하면 무조건 나쁜 여자로 매도할 수 있는 거지?

그 밖에도 관점을 바꿔서 이 문제를 살펴볼 수 있다. 다른 가능성은 없는지 자기에게 묻는 것이다.

마지막으로 다른 사람이 서로 다른 관점의 견해를 내놓았을 때 우리는 개방적인 태도로 상대방의 관점을 하나의 가능성으로 봐야 한다. 잊지 말라. 우리는 누구의 관점이 옳은지 타인과 다툴 필요가 없다. 나의 관점과 상대방의 관점은 공존할 수 있다. 상대방의 관점이 하나의 가능성임을 인정한다는 것은 기계적 투항이나 자기의 관점을 포기하는 것을 의미하지 않는다. 나 자신의 주체성, 독특성을 지워버리는 것은 더더구나 아니다.

• 마음 단련 3: 세 번째 비결에 대한 사고력 문제

사람은 누구나 자기의 마음 지도를 가지고 있다. 특히 정서적으로 격앙되었을 때 우리는 반사적 반응을 보이기 쉽다. 또한 마음 지도의 안내에 따라 절대화된 판단을 하기 쉽다. 이는 중요한 순간에 인간관계의 장애물이 되어 갈등과 충돌을 빚어낼 수 있다. 그러므로 평상시 '분명히'를 '어쩌면'으로 바꾸라는 세 번째 비결을 꾸준히 연습하는 것을 잊지 말라. 이는 언어적인 측면의 화술이 아니라 우리의 속마음을 개방하는 과정이다. 우리를 자기의 감옥에서 해방시키는 것이다.

그렇다면 다음 상황을 살펴보며 사고해보자. 당신은 어떻게 절대화된 사유에서 벗어나 '분명히'를 '어쩌면'으로 바꾸겠는가?

문제

당신의 동료 위천은 평소 마음이 따듯하고 친절한 사람이다. 남을 잘 도와주고, 동료들과 이야기도 잘 나눴다. 당신을 보면 항상 위천이 먼저 반기며 인사를 건넸다. 그런데 이번 월요일에 출근했을 때 웬일인지 그에게서 평소의 열정적인 모습을 찾아볼 수가 없었다. 당신이 인사를 건네도 위천은 거의 아는 척도 하지 않았다. 주말을 어떻게 보냈냐는 물음에도 그는 "음, 그저 그렇지" 하며 대충 얼버무렸다.

당신은 의구심이 들기 시작했다. '저건 분명 지난 금요일 업무 회의에서 내가 위천의 기획안을 전폭적으로 밀어주지 않았기 때문이야.' 점점 생각이 더해지면서 이젠 모든 것이 끝났다는 느낌이 든다. 위천과의 우정을 이로써 망쳐버렸다고 말이다.

"하지만, 잠깐!" 당신은 자기에게 이렇게 말한다. "잊지 마! 일시정지. 벗어나자. 다시 되돌아보고 생각하자!"

그래서 당신은 잠시 멈춰서 세 번째 비결을 떠올렸다. 그리고 절대화된 판단을 해서는 안 된다고 스스로를 일깨웠다.

그렇다면 당신은 어떻게 '분명히'를 '어쩌면'으로 바꾸겠는가? 어떤 가능성이 떠오르는가?

해석

당신은 다음의 질문으로 자기의 관점을 반성할 수 있다. 다만 다음의 내용을 포함하되 여기에 국한돼서는 안 된다.

- 무엇이 '전부 끝났다'라는 결론을 이끌었는가?
- 그 증거들만으로 이 결론에 충분히 도달할 수 있는가?
- 다른 정반대의 증거는 없는가?
- 똑같은 증거로도 다른 결론을 이끌어낼 가능성은 없는가?
- 도대체 무엇 때문에 나는 이 결론부터 떠올렸을까? 여기에 나의 내재적 원인이 있을까? 나는 어떤 마음의 지도를 가지고 이 문제를 대한 걸까?

그 밖에 당신은 위천의 행동에 대해 좀 더 자세히 사유할 수 있다. 위천의 평소와 다른 행동이 갖는 가능성을 거리낌 없이 적어보라. 당신의 뇌리에 떠오르는 모든 가능성을 나열해보라.

_____

_____

_____

_____

_____

_____

다음은 일련의 사례이다. 나는 당신이 나와는 다른 생각을 갖기를 기대한다.

1. 위천은 고민되는 일이 생겼을 가능성이 있다. 예컨대 가정 문제나 재정 문제, 혹은 연인과의 애정 문제 등등.

2. 아마도 지난 주말에 푹 쉬지 못한 탓에 피곤해서 아무 말도 하고 싶지 않아서일지도 모른다.

3. 아마 어제 밤새 잠을 못 잤기 때문일 것이다.

4. 어쩌면 매우 긴급한 업무가 있어서 머릿속에 온통 그 생각뿐일지도 모른다.

5. 어쩌면 새로운 취미에 빠져서 다른 일들을 돌아볼 여유가 없는지도 모른다.

6. 위천은 어쩌면 지금의 회사를 이직할 마음을 갖고 있는지도 모른다.

7. 아마 지난 주말에 동료들에게 터놓고 말할 수 없는 일이 생겼을 것이다. 그래서 동료들과의 대화를 피하는 것일지도 모른다. 아마도 그 일은 너무 고통스럽거나 초조하거나 혹은 부끄러운 일일 수도 있다.

8. 어쩌면 묵언수행 혹은 말을 줄이는 어떤 수행을 하는 중일 수도 있다.

9. 아마 현기증이나 인후통 때문에 컨디션이 나빠서인가 보다.

제 4 장

마음 훈련:
더 만족스러운 삶을 위하여

1. 친밀한 관계를 한층 더 가깝게 만들다

• 응용 케이스 1: 사랑의 대상을 선택할 때

어리석은 사랑

심리상담실에서 내담자들로부터 이러한 탄식을 많이 듣는다. "나도 모르 겠어요, 왜 그 사람을 선택했는지", "어떻게 하다 보니 서로 사귀는 사이가 되더라고요", "애당초 왜 하필 그 사람을 선택했을까요!"

그런데 심리상담 과정에서 마음 헤아리기 능력이 향상된 뒤 그들이 새로운 연애 대상을 찾는 모습을 보면 새삼 발견하는 사실이 있다. 그들은 자기도 '모르게', 혹은 '어떻게 하다 보니' 연애 대상을 선택하는 것이 결코 아니었다. 사실상 우리의 선택은 과거의 경험에 의존한다. 혹은 한때는 그 이유로 선택했다고 생각하지만 실제로는 진정한 이유가 아닐 때가 있다. 진정한 이유는 깊이 있는 사유 과정을 거쳐야만 수면 위로 올라온다 (마음 헤아리기 과정을 겪고서야 실체에 다가갈 수 있다).

다시 말해서, 본래 우리에겐 인생의 극본을 바꿔 쓸 기회가 있었다. 자기에게 어울리는 안정적이고 서로의 인생에 도움이 되는 반려자를 선택할 수 있었다. 혹은 자기에게 꼭 맞는 사람을 만나는 행운이 없더라도 최소한 위협적이고 나에게 상처를 줄 수 있는 사람이 내 인생에 끼어들지 않도록 피할 수 있는 기회가 있었다. 그런데 마음 헤아리기가 부족해서 그 기회를 모조리 갖다 버린 셈이다.

우리 마음속에 뿌리박혀 있는 마음의 지도는 아주 깊은 곳에 숨어 있다. 비록 외재적인 결정이나 표현 등에 영향을 미치지만, 깊이 있는 마음 헤아리기 사유를 진행하지 않는 이상은 발견하기가 힘들다.

예컨대 나의 마음의 지도는 '나는 가치가 없다'라고 가정해보자. 그렇다면 이 신념은 한층 확장되어 '가치가 있는 사람이나 일은 나에게 어울리지 않아. 내 주제에 그런 사람이나 행운을 얻는 건 꿈도 꿀 수 없어'라고 굳게 믿게 된다. 이러한 핵심적인 신념은 시간이 지나면서 점점 겹겹이 포장되어 본래의 모습을 알아볼 수 없게 된다. 가령 이와 같다. 내면의 고통으로부터 벗어나기 위해 수십 년 동안 최선을 다해 자신을 향상시켜 가치 있는 사람처럼 보이게 만든다고 하자. 그러나 그러한 노력은 마치 컴퓨터 게임을 할 때 수많은 아이템 장비로 자기의 능력치를 높이는 것에 불과하다. 내가 그 아이템 장비를 실제로 무장하고 있는 것은 아니지 않은가? 그래서 마음 깊은 곳에 감춰진 '나는 가치가 없다'라는 마음의 지도는 아무런 변화가 일어나지 않은 채 그대로이다. 비록 사랑하고 또 사랑받기를 갈망하지만, '나는 가치가 없다'라는 신념이 줄곧 나에게 영향을 미쳐서 그 사랑을 볼 수도 잡을 수도 없다. 그래서 진짜로 가치가 있고 안정감을 가져다줄 수 있는 이상형이 나타나도 무의식적으로 '나는 어울리지 않아'라는 생각이 나를 지배하게 된다. 이러한 느낌은 참으로 고통스럽고 절망스럽기 짝이 없다. 그래서 상대방이 나에게 적합한 대상이 아님을 온갖 이유를 가져다 증명하려고 애쓰며 그와 친밀한 관계를 맺는 것을 피하게 된다. 혹은 설령 친밀한 관계를 맺더라도 나의 마음의 지도에 휘둘려 그 관계를 망가뜨리게 된다.

지리적으로 똑같은 지형이라고 해도 위도의 높낮이가 다르거나, 강이나 하천의 수량, 토양 성분의 차이, 인간 활동 등의 원인으로 저마다 다른 모습을 보여준다. 우리의 마음도 마찬가지이다. 가령 가장 핵심적인 '나는 가치가 없다'라는 마음의 지도는 똑같더라도 사람마다 겉으로 드러내는 성향이나 인간관계는 천차만별이다. 똑같이 '나는 가치가 없다'라는 무의식의 지배를 받더라도, 나는 친밀한 관계에서 위축된 모습이 아니라 권위적이고 제멋대로여서 모든 일을 주도하는 모습을 보여줄 수 있다. 또한 똑같은 신념 아래서 나는 매번 '운명의 상대'를 만나지만 나와 함께할 수 없는 사람들이 대부분이다. 기혼자라든가 머나먼 외국에 살고 있는 사람이라든가, 혹은 함께 생활하는 것이 불가능한 사람이다. 이러한 방식을 통해 나는 어쩌면 자기에 대한 비난을 미리 막는지도 모른다. '봐, 내가 가치가 없는 게 아니라 운명의 장난이야. 나는 왜 이렇게 운이 없을까?' 미묘한 것은 이러한 방식을 통해 자기가 가치 없음을 부인하는 동시에 자기가 가치 없음을 재차 증명한다는 것이다.

마음 헤아리기를 하지 않을 때의 위험이 바로 여기에 있다. 상대방과의 관계가 잘못되었거나, 혹은 연애 대상을 잘못 선택했다는 걸 깨닫고 처음부터 다시 시작하려고 할 때. 만일 자기 마음의 지도를 명확하게 파악하지 못하면 다음에도, 또 그다음에도, 설령 형식을 바꾸더라도 또다시 상대를 잘못 선택할 가능성이 매우 크다.

왜냐하면 중요한 점은 대상을 잘못 선택하거나 관계가 잘못된 것이 아니라 '선택하는 과정'이 잘못된 것이기 때문이다.

이러한 잘못된 선택은 사유를 거치지 않은 상황에서 마음의 지도가 시키는 대로 따른 것이다. 그래서 우리는 실제로 여전히 내면의 꼭두각시로 있는 것이다.

노벨 문학상 수상자인 폴란드의 시인 비슬라바 쉼보르스카는 〈첫눈에 반한 사랑〉에서 이렇게 썼다.

그들은 확신한다.

전에 한 번도 만난 적이 없었기에

그들 사이에 아무런 일도 없었다고.

우리가 내면의 꼭두각시가 되면 누구와 첫눈에 반하는 사랑을 하든지, 누구와 불타오르는 사랑에 빠지든지 실제로 상대방이 누구인가는 전혀 상관이 없다. 우리 안에 있는 마음의 지도와의 관계가 너무나 복잡하고 단단하게 얽혀 있어서 우리의 사랑은 이미 오래전에 쓰인 각본대로 진행될 뿐이다.

선택한 자유와 그 자유의 대가

내면의 감옥에서 벗어날 수 있는 방법은 역시나 끊임없이 마음 헤아리기를 진행하는 것이다. 우리가 마음 헤아리기를 잘 해서 자기 내면의 마음 지도를 사유하고 이해한 뒤에는 점차 깨달을 수 있다. 도대체 무엇이 그런 선택을 하게 했는지 말이다. 한 번도 드러난 적이 없는 마음 깊은 곳의 갈망인지 아니면 크나큰 두려움인지.

그렇다면 그다음에는? 당신은 자기의 선택을 더욱 명확하게 파악할 수 있고, 자기 선택에 책임을 질 수 있다. 내면의 두려움에 굴복해서 꼭두각시처럼 시키는 대로 선택을 할 것인가? 아니면 과감하게 모험을 나서 도전적인 선택을 할 것인가? 여기에 고정적인 정답은 없다. 어떤 선택을 하든 상관없다. 중요한 것은 '선택을 하는' 행위가 아니라 선택할 때 당신 행동 뒤의 마음 상태이다. 어떤 선택을 하든 당신이 알아야 할 것은 이 선택은 당신 스스로가 내린 것이라는 점이다. 운명의 장난도 아니고, 또 강압적으로 어쩔 수 없이 내린 선택도 아니라는 사실이다.

그렇다. 당신은 자기 삶의 연기자이자 연출가이다. 당신은 기존의 극본을 착실하게 따라서 고전극을 연출하든, 아니면 과감하게 새롭게 창조하거나 혹은 그 누구의 갈채도 받지 않는 실험극을 만들든 자유롭게 선택할 수 있다.

때로는 감옥 안에 남아 생활하는 것도 상당히 편안하다. 그곳에서는 현실을 직시할 필요도 없고, 야근을 더 해야 하는지 고민할 필요도 없으며, 실직을 걱정할 필요도 없고, 날마다 아이의 과제를 돌봐줄 필요도 없다. 그러나 내면의 감옥에서 탈출하면 자유롭게 선택할 수 있다. 단 그 대가로 자유가 가져다주는 책임을 져야 한다.

멀리 내다봤을 때 나는 역시나 내면의 감옥에서 탈출하는 것이 훨씬 이득이라고 생각한다. 왜냐하면 이번에는 당신에게 좀 더 적합한 대상을 선택할 수도 있고, 혹은 지금 옆에 있는 사람과 계속해서 관계를 유지하되, 자신이 원하는 것이 무엇인지를 깨달은 이상 자기 삶의 태도를 조정하거나 상대방과의 관계를 개선할 수도 있기 때문이다. 이것이야말로 진정한 '내 운명은 하늘이 아니라 내가 결정한다'이다.

이성 선택에 대한 나의 마음 헤아리기

그렇다면 이성을 선택하는 자신에 대해 마음 헤아리기를 해보자. 이는 어쩌면 지금 당신의 연인에 대한 반성일 수도 있고, 또 미래의 연인에 대한 계획일 수도 있다.

- 그(그녀)의 어떠한 외재적 조건과 내재적 조건이 그(그녀)를 선택하게 만들었는가?

힌트: 여기에는 외모, 나이, 경제적 상황, 가정 환경, 성격, 재능 등을 포함한다.

- 조목조목 생각을 해봤을 때 이 조건이 나에게 어떤 의미가 있을까?

힌트: 주의할 점이 있다. 여기서 '의미'는 당신의 내면에 있어서 어떤 의미를 갖는지 따져야 한다는 것이다. 가령 다음과 같은 것들이다.

- 그(그녀)의 외모에서 안전감을 느끼기 때문이다. 안전감은 사람마다 대단히 중요한 의미를 갖는다. 그렇지만 당신은 계속해서 따져볼 필요가 있다. "왜 이런 외모가 나에게 안전감을 주지?" 어쩌면 당신은 "그(그녀)의 외모가 못생겼기 때문이다. 그러면 그(그녀)를 쟁취하기 위해 다른 이와 경쟁할 필요가 없으니까", 또는 "그(그녀)의 외모가 어릴 때 나에게 잘해줬던 누군가와 닮았기 때문이다"라고 대답할지도 모른다. 그렇다면 이 답안들 속에서 당신은 발견할 수 있다. 답안 뒤에 숨은 당신의 심리 상태가 각각 다르다는 사실을 말이다.
- 그(그녀)의 외모가 너무 뛰어나서 친구들 앞에서 체면을 세울 수 있기 때문

이다. '친구들 앞에서 체면을 세운다'는 것은 결코 핵심적인 의미가 아니다. 여기서 더 따져볼 필요가 있는데, 아마 당신의 답안은 이러할 것이다. "친구들 앞에서 체면을 세우는 것은 나에게 매우 큰 의미가 있다", 혹은 "체면을 세울 수 있다는 것은 내가 가치가 있는 사람이라는 느낌을 주기 때문이다."

- 그(그녀)의 외모가 뛰어나서 나중에 아주 예쁜 아이가 태어날 것이기 때문이다. 그렇다면 또 다른 질문을 던지지 않을 수 없다. 당신에게는 왜 예쁜 아이가 그처럼 중요한 의미를 갖는가?

"외모는 사회적으로 통용되는 배우자 선택의 기준이기 때문이다", "우리 엄마 아빠 모두 이렇게 생긴 사람을 좋아하기 때문이다", "그의 아름다운 외모가 내 마음을 편하게 해주기 때문이다", "이렇게 잘생긴 사람만이 나에게 어울리기 때문이다" 등등. 답안은 천차만별이며, 또 저마다 옳고 그름도 없다. 하지만 나의 선택을 '마음 헤아리기' 할 때는 계속해서 따져볼 필요가 있다. 그래야만 자신에 대해 점차 이해의 폭을 넓힐 수 있다.

여기서 잊지 말아야 할 것은 자신에 대해 항상 호기심을 가지며 개방적인 태도를 유지해야 한다는 점이다. "잘생긴 걸 좋아하니까 그렇지. 멋있는 사람을 싫어하는 사람도 있나?"라는 식의 절대화된 사유로 자기를 제한해서는 안 된다. 왜냐하면 우리 모두가 똑같이 예쁘고 잘생긴 사람을 좋아하더라도 저마다의 마음 상태는 크게 다르기 때문이다.

이상의 질문을 계속해서 던지고 반성하면서 자기 자신을 이해할 수 있기를 바란다. 설령 얼핏 보기에는 외재적인 조건 같지만 그 뒤편에는 당신의 내재적 마음 상태가 숨어 있을지도 모른다. 이러한 질문에서 출발한다면 친밀 관계에서 당신이 필요로 하는 것, 갈망하는 것, 기대하는 것, 그리고 두려워하는 것이 무엇인지를 잘 이해할 수 있게 된다.

그 밖에도 당신의 선택을 되돌아보고 성찰하는 데 도움이 될 다른 질문들도 있다.

- 배우자를 선택할 때, 상대방이 누구인가 하는 문제는 나에게 매우 중요한가? 혹은 그저 옆에서 평생을 함께할 사람이라면 상대방이 누구인가는 그다지 중요하지 않은가?
- 나와 그(그녀)의 공통된 취미와 기호가 있는가? 우리는 공통된 목표와 삶의 청사진을 갖고 있는가? 만일 없다면 무엇이 우리를 하나로 묶어주는 걸까?
- 우리 사이의 상호작용은 균형을 이루고 있는가? 만일 아니라면 두 사람 사이에서 내가 필요로 하는 것을 충족해주는 것이 더 중요한가, 아니면 상대방이 필요로 하는 것을 충족해주는 것이 더 중요한가?
- 그(그녀)와 함께 있으면 내가 주로 느끼는 정서는 무엇인가? 균형감, 안정감, 만족감 혹은 행복인가?

우리는 마음 헤아리기를 통한 사유 활동으로 자신의 친밀한 관계를 좀더 심도 있게 살펴볼 수 있다.

- 나는 우리 두 사람의 관계에 많은 시간과 에너지를 쏟아부을 준비가 되어 있는가? 이는 나의 사랑에 대한 선택에 어떤 영향을 미칠까?
- 나는 진실한 감정을 표현할 준비가 되어 있는가?
- 사랑을 일구는 과정에서 갈등과 위기는 피할 수 없다는 사실을 알고 있는 가? 갈등과 위기가 닥쳤을 때 과감히 맞설 준비는 되어 있는가?

• 마음 단련 4: 그동안 알지 못했던 것을 찾아내기

이 마음 단련은 당신이 자기가 선택한 사랑의 대상을 한층 더 이해하는 데 도움이 될 것이다. 동시에 당신의 관찰력을 향상시켜줄 것이다. 때로는 관찰력이 부족해서 마음 헤아리기 능력이 부족할 때가 있다. 그러므로 이 단련은 마음 헤아리기 능력을 향상하는 데 도움이 될 것이다.

문제

당신의 반려자의 몸에서 그동안 깨닫지 못했던 신체적 특징을 찾아보라. 만일 현재 친밀한 반려자가 없다면 아이나 부모, 친척, 친구 등 당신이 사랑하는 그 누구도 상관없다.

해석

이 문제에서 당신은 적잖은 난이도를 느낄 것이다. 익숙해 마지않던 사람의 몸에서 그동안 알지 못했던 점을 찾아낸다는 것은 꽤 어려운 문제이기도 하다. 하지만 당신이 조금만 노력한다면 이제껏 전혀 몰랐던 사실을 찾아낼 것이다.

사람은 누구나 독립적인 존재로서 모두 자기만이 가진 유일무이한 특징이 있다. 이는 두 번째 비결에서 언급했던 "타인이 나를 이해하지 못하는 것은 지극히 정상적인 일이다"와 일맥상통한다. 내가 누군가를 완전하게 알고 있다고 여긴다면 그것은 오만이다. 또한 마음 헤아리지 않기에 해당되기도 한다. 마음 헤아리기의 태도는 열린 마음으로 미지의 세계에 대한 호기심을 잃지 않는 것이다.

"비록 우리가 오랜 세월 함께 살았지만, 그(그녀)의 몸에 대해 내가 알지 못했던 것들이 많이 있었어요."

"이전의 그(그녀)의 몸과 비교해보니, 확실히 변화가 적잖이 생긴 것 같아요."

나는 당신이 호기심과 즐거운 마음으로 이러한 새로운 발견을 맞이하기를 바란다. 매번 사랑하는 사람의 몸에서 새로운 특징을 발견하는 것은, 당신이 그(그녀)를 좀 더 깊이 있게 알아가는 소중한 기회이다. 이는 얼마나 즐겁고 행복한 성취인가?

내재적 특징과는 반대로 신체적 특징은 비교적 쉽게 파악할 수 있다. 그럼에도 신체적 특징조차도 우리가 쉽게 알아챌 수 없는 부분이 많다는 것을 알 수 있다. 그렇다면 내재적 특징에서는 우리가 타인에 대해 모르는 미지의 세계가 얼마나 많을까?

한편, 당신도 눈치챘을지 모르지만 이 문제는 똑같이 나 자신에게도 적용할 수 있다. 우리는 나 자신을 얼마나 많이 알고 있는지 왕성한 호기심을 발휘하여 살펴볼 수 있다. 이것 역시 마음 헤아리기의 태도이다.

- 응용 케이스 2: 사랑을 받아들이기

리어왕 이야기

사랑받기를 갈망하는 것은 인간의 천성이다. 반려자의 사랑이든, 부모의 사랑이든, 혹은 아이의 사랑이든, 친구의 사랑이든 누군가로부터 진심으로 사랑을 받으면 자기 존재의 가치를 확인할 수 있다. 그러나 우리는 자기가 사랑을 받고 있다는 것을 어떻게 알 수 있을까? 우리는 타인의 사랑을 잘 받아들이고 있을까?

대문호 셰익스피어의 작품에 등장하는 리어왕은 아마도 고전 희곡의 등장인물 중에서 사랑받기를 가장 갈망했던 대표적 인물일 것이다. 그러나 정작 그 자신은 마음으로 사랑을 느낄 줄 몰랐다. 이 이야기가 반려자와의 낭만적인 사랑 이야기는 아니지만, '사랑을 어떻게 받아들여야 하는가'라는 점에서는 우리가 이 책에서 탐구하는 문제를 설명해줄 수 있다.

리어왕은 나이가 많아지자 왕국을 나눠서 세 딸에게 나눠줄 계획을 세웠다. 그런데 여기에는 조건이 있었다. 그는 딸들이 자기를 사랑하는 만큼 영토를 나눠줄 생각이었다. 리어왕은 딸들에게 말했다. "말해보렴, 너희들 가운데 누가 가장 나를 많이 사랑하지?" 그렇다. 그는 딸들이 자신을 얼마나 사랑하는지 말하는 표현을 근거로 판단을 내리기로 결정했던 것이다.

큰딸 거너릴과 작은딸 리건은 온갖 감언이설로 과장되고 공허하며 거짓된 사랑을 고백했다. "아버지는 저의 눈빛보다 소중하고 생명과 자유보다 더 소중합니다", "아마도 이 세상에 저처럼 아버지를 사랑하는 딸은 없을 거예요. 또한 딸에게 이처럼 많은 사랑을 받는 아버지도 없을 거고요", "이 세상에서 아버지를 사랑하는 것만이 유일한 행복이에요." 그야말로 낯 뜨거운 아부에 리어왕은 오히려 크나큰 만족감을 느꼈다. 이 두 딸은 진심으로 자기를 깊게 사랑한다고 여겼다.

반면에 막내딸 코델리아는 달랐다. 성격이 내성적이고 말수가 적은 데다 항상 있는 그대로 솔직하게 말했기에 사람들의 환심을 사는 말을 할 줄 몰랐다. 그녀는 아버지에게 이렇게 말했다. "자식 된 도리로 존경하고 사랑할 뿐 그 이상도 이하도 아니에요." 참으로 진솔했지만 상대방의 입장에서는 마음 헤아리기 능력이 필요한 대답이었다. 일시정지한 뒤 그 상황에서 벗어나서 그 말의 진정한 속뜻을 살펴야 한다. 코델리아의 말인즉슨, 그녀는 자식 된 도리로 아버지를 사랑하는 것처럼 훗날 결혼할 때도 남편에게 자기 사랑의 반과 함께 책임과 의무를 약속해야 한다. 그래서 "아버지는 저의 전부입니다"와 같은 거짓된 말을 할 수 없었던 것이다. 또한 코델리아는 언니들의 위선을 지적했다. 만일 그들이 말한 것처럼 모든 마음과 사랑을 아버지에게 준다면 어찌 지금의 남편을 두었을까?

막내딸의 담백하고 진실한 사랑의 고백은 되려 리어왕의 분노를 불러일으켰다. 당시 리어왕은 거너릴과 리건의 감언이설에 잔뜩 심취해 있는 상태였다. 그래서 일시정지한 뒤 그 상황에서 빠져나와 막내딸의 말뜻을 곰곰이 따져볼 수가 없었다. 오히려 정반대로 반사적 반응을 보이며 그토록 총애했던 막내딸이 자기를 전혀 사랑하지 않는다는 절대화된 생각에 사로잡혔다. 그리하여 막내딸의 모든 계승권을 박탈하고 왕국의 영토와 전 재산을 큰딸과 작은딸에게 물려주었다.

충직한 신하 켄트 백작은 왕의 결정이 잘못되었음을 지적하고 코델리아를 두둔했다. 두 공주는 감언이설로 허황된 거짓 사랑을 표현하는 것일 뿐 코델리아만이 진심으로 아버지를 존경하고 사랑한다고 간곡하게 호소했다. 다시 말해, 만일 누군가가 이 상황에서 잠시 벗어나서 객관적인 방관자의 관점에서 관찰하고 사유했다면 공주들의 진실한 내면의 마음 상태를 충분히 구별할 수 있었다. 그러나 켄트 백작의 말은 오히려 국왕의 역린을 건드리는 꼴이 되어 그는 추방당하고 말았다.

결과는 불을 보듯 뻔했다. 큰딸과 작은딸은 왕국의 영토와 재산을 물려받은 뒤 더 이상 자신들의 거짓을 꾸미지 않았다. 리어왕은 두 딸의 푸대접과 홀대 속에서 쫓겨나 광야를 헤매는 비참한 신세가 되고 말았다. 마지막에 막내딸 코델리아만이 자기의 맹세를 충실하게 지켰다. 광야에서 비참하게 죽어가는 아버지를 구하기 위하여 전쟁에 뛰어들었으니 말이다.

자기가 사랑을 받고 있는지를 판단하는 문제에서 리어왕이 저지른 실수는 말로 표현하는 내용과 사랑을 동등하게 여겼다는 것이다. 그가 보기에 그러한 판단 기준은 절대적으로 정확한 것이었다. 만일 말로 나를 사랑한다고 표현한다면 그것은 절대적으로 나를 사랑하는 것이다. 동시에 네가 과장된 표현을 사용하는 것은 그만큼 나를 깊이 사랑하기 때문이다. 반대로 너의 사랑의 표현이 무미건조하다면 그것은 나를 사랑하지 않는다는 의미이다.

사실 리어왕의 충직한 신하가 옆에서 진실을 지적해줬다. 그것은 곧 당시 세 명의 공주가 한 말 이외에도 그들의 진실한 마음 상태를 판별할 수 있는 다른 증거가 충분히 있었다는 뜻이다. 그러나 리어왕은 이 모든 것을 외면했고, 그 결과 스스로 비극의 주인공이 되었다.

마음 헤아리지 않기의 받아들임: 절대화

우리가 일상생활에서 맞닥뜨리는 상황은 셰익스피어의 유명한 비극처럼 극적이지는 않다. 그러나 단일하고 절대화된 기준에서 사랑을 받아들일 때 우리도 일상생활에서 적잖은 문제들을 만난다.

- 제때에 문자 회신을 보내주지 않는 것은 나를 사랑하지 않는 것이다.
- 네가 나를 이렇게 대한다면 우리 사이는 끝장날 거야.
- 내 말을 따르지 않는 것은 나를 무시한다는 증거야.

- 그(그녀)가 나에게 사랑한다고 말하는 것은 틀림없는 사실이야.
- 그 사람은 항상 나를 도와주는 걸 보면 나를 사랑하는 것이 분명해.

아마도 이런 말들이 낯설지는 않을 것이다. 때로는 친구에게서 이런 말을 들었을 테고, 또 자신의 뇌리에서도 맴돌던 말일 것이다.

이러한 말들의 특징은 A가 존재한다는 것은 곧 B가 존재하는 것과 절대적으로 동등하다는 것이다.

제1장에서 사람마다 마음 헤아리기 수준이 다른 이유에 대해 논했음을 기억할 것이다. 이처럼 'A=B'라고 절대화시키는 것은 '마음이 곧 현실'이라고 동일시하는 것과 유사하다.

이러한 마음 헤아리기 수준에 머물러 있을 때는 이런 등식이 곧 절대적인 진리가 된다. 내면의 마음 세계에서 느끼는 내용과 외재적인 현실이 절대적으로 동일한 셈이다. 그로 말미암아 폐쇄적인 사람이 되어 다른 가능성을 받아들일 수가 없다.

우리 같은 성인은 아직 높은 수준의 마음 헤아리기 능력을 갖추지 못한 아동들과는 달리 상당히 높은 수준의 능력을 갖추고 있다. 그러나 이러한 상황에 처하게 되면 우리는 '마음은 곧 현실'이라는 상태로 퇴화하고 만다. 예컨대 감정이 크게 저하되거나 혹은 비정상적으로 흥분 상태에 빠지는 등 우리의 정서가 격렬하게 요동칠 때 그렇다. 한때 잉글랜드 전체를 호령하던 리어왕도 마찬가지이다. 그가 항상 독단적인 고집불통이었던 건 아니었을 것이다. 또한 두 딸이 위선의 탈을 벗고 아버지를 홀대했을 때 리어왕의 마음 헤아리기 수준 역시 예전으로 회복되었다. 단지 애초에 리어왕은 사랑 표현을 많이 하는 딸에게 왕국을 물려준다는 자신의 아이디어에 너무 자신만만했고, 동시에 사랑을 받고 싶은 갈망이 너무 컸다. 그래서 동일시하는 마음 헤아리기 수준으로 추락한 것이다.

이처럼 동일시하는 새장 안에서 벗어나고 싶다면 우리의 비결을 잊어서는 안 된다. '일시정지하라, 벗어나라, 사유하라.' 그리고 '분명히'를 '어쩌면'으로 바꿔라. 일시정지한 뒤 반사적인 반응을 즉각 멈추고 사유할 수 있는 공간을 확보해야 한다. 도대체 무슨 일이 일어났는지 되돌아보고, 상대방이 보낸 정보에 다른 내용은 없었는지 탐색해서 또 다른 가능성은 없는지 사유의 시간을 가져야 한다.

가령 당신은 이렇게 생각할 수 있다: 그가 또다시 나의 문자에 제때 회신을 하지 않는다. 그는 분명 …하는 거야. 안 돼! 잠깐! 일단은 멈추자. 성급하게 결론을 내려서는 안 돼. 그의 이 행동(인간 상호작용 사슬 1단계)만으로 어떻게 성급하게 이런 식으로 이해(3단계)할 수 있지? 그가 이런 행동을 보였을 때 나는 어떤 느낌(4단계)을 받았을까? 대부분 실망과 분노였을까, 아니면 그가 나를 무시한다는 두려움이었을까? 이 느낌은 나의 내재된 어떤 마음 지도가 촉발한 걸까(자기에 대한 사유)? 그가 나를 사랑하지 않는다는 가능성 이외에 다른 가능성은 없을까(상대방에 대한 사유)?

다른 가능성이라면, 어쩌면 그가 아직 나의 문자를 확인하지 못했는지도 모른다. 혹은 확인을 했어도 지금 일이 바빠서 회신을 못 할 수도 있다. 아니면 내 문자 내용에 어떻게 답을 해줘야 하는지 몰라서일지도 모른다. 그렇다면 나를 사랑하지 않아서가 아니라, 회신을 대충 보낼 수가 없어서 어떻게 대답해야 할지 신중하게 고민하는 것이다. 어쩌면 내 문자에 굳이 회신을 할 필요성을 못 느꼈는지도 모른다. 이건 그와 나의 큰 차이점이다. 하지만 그렇다고 나를 사랑하지 않는다는 의미는 아니다. 아무튼 A에서 B까지는 상당한 거리가 있다. 설령 진짜로 하나의 등식이 존재한다면, 그 등식 역시 여러 단계의 추론을 거쳐야 성립될 수 있다. 그러므로 우리는 자기의 절대화 사유를 경계해야 한다. 성급하게 A와 B를 동일시해서는 안 된다.

이러한 동일시는 상대방이 무엇을 하는지 혹은 하지 않는지의 여부를 자기를 사랑하는지 혹은 사랑하지 않는지와 동일하게 여기는 것이다. 자기를 진심으로 사랑하는 막내딸에 대한 리어왕의 반응도 마찬가지이다. 상대방의 행동이 자기의 단일한 기준에 부합되지 않기 때문에 그 사랑을 받아들이지 못한 것이다.

또 다른 동일시도 있다. 큰딸과 작은딸에 대한 리어왕의 반응이 그렇다. 리어왕은 상대방의 일련의 행동이 자기의 기준에 부합하기 때문에 분명 자기를 사랑한다고 여기며 존재하지 않는 사랑을 받아들였다. 때때로 사람들은 자기가 받아들이는 사랑의 기준을 공개적으로 밝히기도 한다. 그래서 다른 이들이 그의 환심을 사기 위해 일부러 비위를 맞추기도 한다. 반면에 우리의 내재적 기준을 공개하지 않을뿐더러 심지어 자신조차도 자기의 기준을 모를 때가 있다. 그리하여 사랑을 받고 싶은 갈망이 너무 커서 상대방의 일반적인 행동에서도 사랑의 흔적을 찾으려고 애쓴다. 다음의 사례가 그렇다.

아룬은 항상 자기가 사랑을 받고 있다고 확신했지만 동시에 자주 사랑의 환멸을 느끼곤 했다.

예컨대 회사 부서에 새로 입사한 직원이 그가 자주 이용하는 테이크아웃 커피숍에서 커피를 사곤 했다. 커피숍에서 마주칠 때면 그녀는 친절한 미소를 지으며 먼저 다가와 인사를 했고, 때로는 짧은 대화를 나누곤 했다. 그렇게 몇 주가 지나고 나자 아룬은 그녀를 볼 때마다 가슴이 쿵쾅거리며 뛰기 시작했다. 그녀가 보여주는 행동이 분명 자기를 좋아하는 신호라고 여겼던 것이다. 심지어 우연히 자주 마주치는 것도 인연이며, 두 사람은 함께할 운명이라는 생각마저 들었다.

그래서 커피숍에서 또다시 마주치게 됐을 때 아룬은 그녀에게 주말 데이트를 신청했다. 그러나 그녀는 난처해하며 이미 선약이 있다고 거절했다. 그날 이후로 아룬은 상대방이 자기를 멀리하기 시작했음을 깨달았다. 그는 도무지 이해가 되지 않았다. 자신이 무엇을 잘못했는지조차도 모른 채 이성에게 '또다시' 거부당했다는 느낌에 괴롭기만 했다.

'또다시'라고 말했던 것은 아룬에게 이런 경험이 처음은 아니었기 때문이다. 아룬은 예전의 일들이 떠올랐다. 예전에 아룬을 잘 대해주던 여성이 있었다. 그녀는 아룬이 난관에 부딪혔을 때 종종 적극적으로 나서서 도와줬다. 가령 아룬이 너무 바빠서 정신이 없을 때는 그의 업무를 분담해서 처리해줬다. 또한 아룬이 신형 복사기를 어떻게 조작하는지 모를 때는 사용 방법을 친절하게 알려줬다. 그래서 아룬은 그녀가 자기를 사랑한다고 확신했다. 그러나 그가 사랑에 대한 응답으로 그녀에게 좀 더 가까이 다가가려 하자 정작 그녀는 아룬을 멀리하기 시작했다.

이러한 경험은 아룬에게 매우 고통스러운 일이었다. 그는 친구에게 하소연을 늘어놓았다. 번번이 마음의 상처를 입는데, 왜 항상 이유도 없이 버림을 당하는지 모르겠다고.

사실 누군가가 아룬에게 우호적이거나 혹은 관심을 표시하면 아룬은 그러한 행동을 매번 자기에 대한 사랑으로 해석했다. 타인의 행동을 애정 표시와 동일시한 것이다.

우리가 타인의 모호한 행동을 반드시 자로 재듯이 명확하게 따지고 파악해야만 비로소 애정 관계를 만들어갈 수 있다는 말이 아니다. 때로는 오해로 시작해서 나중에 사랑이 싹트는 계기가 되기도 한다. 다만 아룬이 매번 유사한 상황을 맞닥뜨리는 것은 사소한 친절이나 호의를 자기에 대한 애정 표시라고 지나치게 확신했기 때문이다. 만약에 그가 '어쩌면'이라는 의구심의 여유 공간을 남겨놨다면 어땠을까? '그녀는 어쩌면 나를 사랑하는지도 몰라'를 확정적인 사실이 아니라 하나의 가설로 삼고서 한 걸음씩 천천히 다가가며 자기의 가설을 조정했더라면 반복적으로 타인에게 버림당하는 경험은 하지 않았을 것이다.

마음 헤아리지 않기의 받아들임: 차이를 무시한다

때로 우리는 사람과 사람의 차이를 소홀히 한 탓에 사랑을 받아들이는 데 어려움을 겪는다. 어떻게 사랑을 표현해야 하는지를 떠나서 도대체 사랑이란 무엇인가라는 질문 하나에도 사람들은 저마다 다르게 정의를 내린다. 혹자는 사랑은 두 사람이 알콩달콩 평범하게 살아가는 것이라고 여기고, 반대로 사랑한다면 자신의 목숨도 바칠 수 있을 만큼 맹목적이어야 한다고 여기는 이도 있다. 그렇다면 이처럼 전혀 다른 애정관을 가진 두 사람이 서로 사랑한다면? 이는 우리가 앞에서 살펴봤던 사랑의 대상을 선택하는 문제와 관련되어 있다. 우리는 도대체 무엇이 나와는 정반대의 사람을 선택하게 했는지 마음 헤아리기를 통해 살펴봐야 한다. 또한 한 가지 사실을 인정하고 받아들여야 한다. 우리는 서로 다른 독립적인 인간으로서 나는 상대방을 바꿀 수 없고, 상대방 역시 나를 바꿀 수 없다고 말이다.

때로 우리는 상대방이 자기가 바라는 모습으로 바뀌기를 강요한다. 가령 상대방이 진취심을 갖고 사업에서 좀 더 큰 성공을 거두기를 바라거나, 반대로 상대방이 의미 없는 직장 생활에 연연하기보다는 가정을 최우선으로 생각해주기를 바라기도 한다. 혹은 상대방이 좀 더 과감하게 삶에 도전하기를 바라기도 하고, 반대로 매사 조심하며 신중하게 살아가기를 바라기도 한다. 또는 상대방이 좀 더 부드럽고 자상하게 자신에게 관심을 쏟아주기를 바라는가 하면, 반대로 항상 옆에서 시시콜콜 사소한 일까지 간섭하며 신경 쓰기보다는 일정한 거리를 유지하며 지내기를 바라는 이도 있다. 우리는 연애를 하는 과정에서 상대방에게 이러저러한 기대를 갖는다. 그렇다면 우리는 기대감을 갖는 동시에 그 기대가 수포로 돌아가더라도 담담하게 받아들일 준비가 되어 있을까? 그러한 기대가 '원하는 대로 이뤄지면 행운이지' 하는 단순한 기대감인지, 아니면 '절대로 포기할 수 없어'라며 반드시 달성해야 하는 집념인지?

때로는 자신을 공격하기도 한다. 어떻게 해도 상대방이 원하는 모습으로 변할 수 없어서, 차라리 더 나아가 모든 건 자기의 잘못이라고 자책하는 것이다. 마치 《이상한 나라의 앨리스》에 나오는 일화와도 같다.

앨리스는 숲속을 걷다가 나무 위에 앉아 웃고 있는 체셔 고양이를 만났다. 앨리스가 길을 묻자 고양이는 이렇게 대답했다.

"오른쪽으로 가면 모자 장수가 살고, 그 반대편으로 가면 3월의 토끼가 살아. 가고 싶은 데로 가. 그들은 다 미쳤어."

"난 미친 사람들이랑 엮이고 싶지 않아요." 앨리스가 말했다.

"어쩔 수 없어." 고양이가 말했다. "여기 있는 우리 모두가 미쳤거든. 나도 미쳤고, 너도 미쳤단 말이지."

"내가 왜 미쳤다고 생각해요?" 앨리스가 물었다.

"틀림없어." 고양이가 말했다. "미치지 않았으면 여기 올 리가 없지."

앨리스는 그것이 자신이 미쳤다는 증명이 되지 않는다고 생각했지만 계속해서 물었다.

"그럼 당신은 어떻게 자신이 미쳤다는 걸 알아요?"

"우선 말이야, 개는 안 미쳤어. 그건 인정하지?"

"그렇겠죠." 앨리스가 대답했다.

"좋아, 그렇다면," 고양이가 이어 말했다. "개는 화가 나면 으르렁대고, 기쁘면 꼬리를 흔들어. 그런데 나는 기쁠 때 으르렁대고, 화가 나면 꼬리를 흔들지. 그러니까 나는 미친 거야."

– 루이스 캐럴, 《이상한 나라의 앨리스》 중에서

만일 고양이가 농담이 아니라 정말로 자기가 미쳤다고 확신한다면 그 믿음의 근원은 "나는 다른 생물과 다르다"이다.

개와 고양이는 언어 및 행동 방식이 크게 다르다. 하지만 종을 넘어서서 개와 고양이는 한 지붕 아래서 함께 살 수 있다. 둘 다 미친 것이 아닐 뿐만 아니라 서로에게 진한 감정도 가진다. 우리가 고양이를 개로, 개를 고양이로 바꾸려고 시도만 하지 않는다면 말이다.

산과 바다를 돌아보며 지음(마음이 서로 통하는 친한 벗-옮긴이)을 만나게 된 옛이야기를 살펴보자. 중국 진나라에 거문고의 달인인 유백아라는 사람이 있었다. 그가 자신이 태어난 초나라에 사신으로 가던 길이었다. 그는 벌판 끝에 있는 나루터에서 휘영청 밝은 달빛을 바라보며 거문고를 뜯었다. 그런데 맞은편 강가에서 그 거문고 소리를 몰래 엿듣는 사람이 있었다. 바로 나무꾼 종자기였다. 유백아가 달빛을 생각하며 거문고를 뜯으면 종자기는 달빛을 바라보았고, 유백아가 강물을 떠올리며 거문고를 뜯으면 종자기도 강물을 바라보았다. 거문고 소리만 듣고도 유백아의 속마음을 읽어냈던 것이다. 그래서 유백아는 자신의 소리를 알아주는 종자기와 의형제를 맺었다. 유백아와 종자기가 지음이 될 수 있었던 것은 서로가 '이 세상의 또 다른 나'였기 때문이 아니다. 반대로 이 일화가 오랜 세월 널리 전해져온 것은 두 사람이 완전히 달라서였다. 마음이 서로 통하는 지음은 매우 찾기가 힘들다. 그런데 뜻밖에도 자기와 신분이나 지위가 하늘과 땅처럼 차이가 나는 사람이 지음이 된 것이다. 이처럼 이해하고, 또 이해해주는 인연은 우연히 찾아오는 법이다.

우연히 이해받는 체험은 '상대방의 숨은 뜻을 이해하고 웃다'라는 뜻을 지닌 '회심일소(會心一笑)'라는 고사성어의 '회심'에 해당한다. 만일 심리 그룹 카운슬링에 관심이 있다면 엔카운터 그룹(encounter group)이라는 용어를 들어본 적이 있을 것이다. 이를 한자로 번역하면 '회심단체'인데, 여기서 '회심'이 가리키는 것이 바로 그 뜻이다. 어느 순간 친구와 회심의 미소를 지었을 때, 탁자를 사이에 두고 연인과 눈빛을 교환했을 때, 혹은 누군가와 두 사람만이 이해할 수 있는 개그에 동시에 웃음을 터트렸을 때가 있다. 바로 우연히 찾아오는 그 순간, 나는 상대방의 속마음을, 또 상대방은 나의 속마음을 완전히 이해한다는 것을 느끼게 된다.

그러한 느낌이 대단히 소중한 이유는 내가 하나의 주체로서 또 다른 독립된 주체로부터 깊이 이해받을 수 있기 때문이다. 이 두 주체 간의 공감은 억지로 구할 수 있는 것이 아니다.

만일 상대방이 '이 세상에서 또 다른 나 자신'이라면—여기서 글자 그대로 이해하자면—공감은 더 이상 거론할 수가 없다. 어차피 공감은 최소한 서로 다른 물체가 공명해야 성립되기 때문이다.

때문에 타인으로부터 이해를 받는 것도, 혹은 사랑하고 사랑을 받는 것도 모두 상대방과 자기가 서로 독립적이면서 동시에 달라야 할 수 있다.

이런 우스개 이야기가 있다. 어떤 여성이 진지하게 대화를 나누려고 하자 남성이 그녀를 피하며 속으로 이렇게 생각했다. '아이고, 맙소사. 대화를 나누자고 하네. 이제 우리 사이는 끝이구나!' 반면에 여성은 이렇게 생각했다. '아이참. 왜 나랑 대화조차 안 나누려고 하지? 우리 사이는 끝인가봐!'

물론 이 우스개 이야기에서 남성과 여성의 캐릭터를 판에 박힌 듯 묘사한 것에 동의하지는 않는다. 그러나 만일 성별을 떠나서 연애 중 서로 다른 점이 있는 두 사람만 생각해본다면 사실 우리도 일상생활에서 자주 마주치는 광경이다. 여기서 여성과 남성을 각각 샤오자오, 샤오첸이라고 가정해보자. 샤오자오가 진지하게 대화를 나누기로 결정했을 때 그녀는 두 사람의 관계가 좀 더 가까워지기를 바랐다. 즉 이것은 사랑의 표시였던 것이다. 그러나 샤오첸은 그 사랑을 받아들이지 못하고 오히려 두려움을 느꼈다. 그래서 두 사람의 사랑을 지키기 위해 대화를 피하기로 결정한 것이다. 이는 샤오첸이 사랑을 위해 기울인 노력이었다. 그러나 정작 샤오자오는 그 사랑을 받아들이지 못했다.

신호를 받아들일 때 우리의 비결을 기억해야 한다. 일시정지한 뒤 그 상황에서 벗어나서 사유할 공간을 만들어 다른 가능성을 살펴야 한다.

우리는 자기의 마음 상태를 최대한 조정할 수 있다. 사랑의 완성을 향한 두 사람의 보폭이 일치해야 한다고 강요해서는 안 된다. 상대방과 자신의 독특성을 존중해야 한다.

마음 헤아리지 않기의 받아들임: 내 '마음의 지도'에서 기인한다

가끔 우리는 엉망진창인 데다 상당히 뿌리가 깊은 '마음의 지도'를 가질 때가 있다. 이 마음 지도는 나 자신과 나를 둘러싼 세계에 대한 인식의 토대가 되고, 더 나아가 자기 내면에 속박되어 사랑의 신호를 제대로 수신할 수 없게 한다.

나는 이렇게 엉망진창인데, 누가 나를 사랑하겠어?

행운 뒤에는 그보다 더 큰 액운이 따르기 마련이야. 그래서 나는 사랑 따위는 감히 받을 수 없어.

이 세상은 온통 위기와 배신으로 가득 차 있어.

난 그저 남들에게 민폐만 끼치는 존재야.

만약에 우리가 이러한 마음 지도를 갖는다면 자기를 보호하느라 타인이 주는 사랑을 제대로 믿기 힘들어질 것이다. 왜냐하면 우리는 또다시 상처받는 것을 두려워하기 때문이다. 설령 다른 사람이 나에게 사랑을 표시해도, 우리는 사랑받는다는 정보를 받아들이기 힘들거나 혹은 그 표현이 거짓이라고 여긴다.

물론 때로는 극본이 그렇게 비극적이지는 않다. 가령 제인 오스틴의 장편소설 《엠마》의 주인공인 엠마는 그야말로 웃음을 참을 수 없게 한다. 엠마는 아름답고, 총명하며, 활발하고, 천진난만한 여성이다. 그녀는 주변 사람들의 로맨틱한 사랑에 대한 환상으로 가득 차 있다. 그녀는 좋은 인연을 맺어주는 것을 자신의 소임이라 생각하고 주변 사람들을 맺어주려고 애쓴다. 심지어 제멋대로 사랑을 맺어주려다 뒤죽박죽을 만들기도 한다. 그러면서도 정작 자신도 사랑에 빠질 수 있다는 사실은 전혀 깨닫지 못했다. 그래서 자기가 사랑하고 또 자기에게 사랑을 보내는 신호를 감지하지 못했다. 다행히 제인 오스틴은 엠마를 위해 아름다운 결말을 만들어서 그녀가 진정한 사랑을 놓치지 않게 했다. 그러나 우리의 일상생활에서는 그와 같은 행운을 얻기 힘들다.

• 마음 단련 5: '마음의 지도'를 식별하는 연습

사람은 누구나 과거에 만들어진 '마음의 지도'를 갖고 있다. 때로는 그 마음의 지도가 너무 오래되고 뿌리가 깊어서 마음의 지도를 읽을 때 주변을 둘러보고 내가 처한 진실한 환경을 살피는 것을 까먹게 된다. 특히 우리가 위협을 받거나 감정이 격렬해질 때는 그 낡은 마음의 지도를 황급히 펼치고 지도가 가리키는 대로 반응을 한다.

문제

이번 단련에서는 당신의 과거를 되돌아보고 당신이 위협을 받거나 혹은 감정이 격렬해졌을 때 반사적 반응을 일으킨 경험을 떠올려보라.

그 당시 어떤 마음의 지도가 작동을 해서 당신이 그러한 반응을 일으키게 되었는지 잘 생각해보라. 그림 4-1을 사용하여 시각화된 방법으로 자신의 사유 활동을 진행해보자.

그림 4-1   자신의 마음의 지도 식별하기

발생한 일은 _____.

나의 반응은 _____.

그 순간 내가 작동한 마음의 지도는 _____

_____.

충동적이고 반사적인 반응이 일어날 때마다 잠시 냉정을 되찾은 뒤에 이와 같이 자기에게 질문을 던져보라.

또한 무조건 과거의 마음의 지도에 구속될 필요는 없다. 그림 4-2(당신 머릿속)에서 마음의 지도(과거의 경험으로 형성된 그림)와 현재의 환경(지금의 현실)이 당신에게 미치는 영향의 비례 관계를 그려보라.

그림 4-2는 빈 그림이다. 여러 개 복사해두고 자신의 반응을 돌아볼 때마다 빈 그림에 비례 관계를 그려볼 수 있다. 그림 4-3은 예시도이다. 이처럼 다양한 색이나 표시로 '마음의 지도'와 '현재의 환경'이 당신에게 미치는 영향의 비례 관계를 시각화할 수 있을 것이다.

주기적으로 자신의 반응을 되돌아볼 때 이 그림을 그려보라. 그 과정에서 자신의 변화를 볼 수 있을 것이다. 혹은 당신이 미처 깨닫지 못했던 일정한 규칙을 발견하게 될 것이다. 가령 어떤 일이 생겼을 때 당신이 반사적으로 마음 헤아리지 않기 반응을 일으킨다는 것을 말이다.

마음의 지도  현재의 환경

그림 4-2 '마음의 지도'와 '현재의 환경'이 당신에게 미친 영향의 비례 관계

마음의 지도 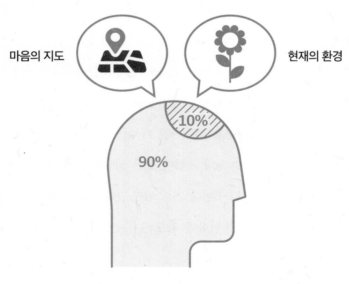 현재의 환경

그림 4-3 그림 4-2의 예시도

- 응용 케이스 3: 사랑의 표현

리어왕의 두 번째 이야기

그렇다면 사랑의 표현은? 자기의 내면의 마음을 이해한 뒤에 우리는 어떻게 상대방에게 나의 마음을 전달해야 할까? 영혼은 투명하지 않다. 심장을 꺼내서 내면의 마음 세계를 명명백백하게 상대방에게 보여줄 수 없다면, 우리는 어떻게 해야 할까?

〈리어왕〉의 이야기에서 국왕은 딸들의 마음 세계를 볼 수가 없었다. 그래서 그는 스스로 완벽하다고 생각하는 해결 방법을 찾아냈다. 바로 딸들에게 자신에 대한 사랑을 말로 표현하도록 하는 것이었다. 앞에서 살펴본 대로, 리어왕이 사랑의 신호를 받아들이는 방식은 매우 단순하고 또 지나치게 절대화되어 있었다.

그러나 이런 의문이 들 수 있다. 막내딸 코델리아의 표현 방식에는 과연 문제가 없었을까? 혹시 그녀의 고집이 비극을 만들어낸 것은 아닐까?

꼭 그렇다고는 할 수 없다.

코델리아는 "아버지를 무척이나, 무척이나 사랑합니다!"라는 식의 입에 발린 소리를 하지 않았다. 또한 상대방을 사랑하면서도 말로는 사랑하지 않는다는 식으로 자기의 마음을 숨기지도 않았다. 그녀는 겉과 속이 일치했다. 코델리아의 아버지에 대한 사랑은 비록 100%가 아니었지만 그렇다고 아주 조금만 사랑하는 것도 아니었다. 이에 대해 그녀는 있는 그대로 아버지에게 자기의 마음을 용감하고 진솔하게 표현했다.

당시 주변 사람들의 반응을 한번 살펴보자. 가령 충직한 신하였던 켄트 백작, 코델리아의 성실한 품성에 마음이 움직인 프랑스 국왕, 어리석은 듯 보이지만 매우 현명하여 모든 것을 꿰뚫어보던 어릿광대는 어땠는가? 이들은 리어왕에 대한 코델리아의 진정한 사랑을 잘 이해했다. 본시 방관자가 당사자보다 더 사물을 명확하게 보는 법이지만, 이는 또 다른 한 가지를 간접적으로 설명해주고 있다. 코델리아의 표현 방식, 즉 그녀의 말, 어조, 태도, 감정, 일상적인 행동 등으로 아버지에 대한 사랑을 충분히 표현할 수 있었다는 점이다.

물론 우리는 코델리아가 표현 방식을 좀 더 발전시킬 필요가 있었다고 말할 수 있다. 좀 더 기교 있게 말하는 법을 배우고, 또 노인의 환심을 사는 것도 일종의 사랑이라고 말이다. 하지만 나는 그 어떤 표현 방식일지라도 굳이 완벽을 추구할 필요는 없다고 생각한다. 이 책에서 나는 당신이 마음 헤아리기에 관심을 갖고 그 능력을 향상하기를 바라지만 모든 면에서 빈틈없이 잘할 필요는 없다. 나는 단지 인생에서 관건이 되는 순간을 당신이 좀 더 순조롭게 잘 헤쳐나가기를 바랄 뿐이다. 높은 수준의 마음 헤아리기 능력을 갖춘 사람을 '독심술의 대가'와 똑같이 여겨서는 안 된다.

또한 마음 헤아리기 능력을 향상하는 데는 사람마다 갖고 있는 개성을 존중할 필요가 있다. 코델리아는 내성적이고, 마음에도 없는 감언이설을 늘어놓는 것을 좋아하지도 않을뿐더러 잘하지도 못했다. 그러한 코델리아에게 자아를 잃어버린 채 아버지의 비위를 맞추라고 강요할 수는 없다.

그래서 우리는 이렇게 말할 수 있다. 코델리아가 소통 중에 드러내는 상태는 성격 탓일 뿐 마음 헤아리기 방면에서 문제가 있는 것은 아니다. 만일 셰익스피어의 〈리어왕〉을 읽거나 혹은 연극을 관람한다면 코델리아의 언어 표현이 대단히 진실하고 감동적이라는 사실을 느낄 수 있을 것이다. 또한 코델리아는 내면의 갈등을 거쳤다. 그녀의 표현은 충분한 마음 헤아리기를 거친 끝에 내린 결정에서 나온 말이었다. 두 언니가 과장되게 사랑을 표현할 때 코델리아는 아버지가 듣고 싶은 말이 무엇인지 이미 알고 있었다. 또한 자기는 그 말을 할 수 없다는 것도 잘 알고 있었다. 코델리아는 만일 자기가 사실을 있는 그대로 말하면 아버지가 받아들이지 못하고 계승자로서의 권리를 박탈할 것이라는 점도 명확하게 알고 있었다. 그러나 내면의 갈등을 거친 끝에 코델리아는 자기의 마음에 충실하기로 선택했다. 동시에 그에 따른 후환을 감수할 마음의 준비도 했다-"좋다, 코델리아. 너는 빈털터리 신세를 면치 못하겠구나."

따라서 나는 비록 코델리아의 사랑의 표현이 완벽하지는 않았지만 크나큰 문제도 없었다고 생각한다. 이 비극의 주된 원인은 우리가 앞에서 살펴봤듯이 리어왕이 사랑을 받아들이는 방식에 있었다. 마음 헤아리기 관점에서 봤을 때 코델리아는 마음 헤아리기 능력이 비교적 뛰어났다. 반면에 리어왕은 적어도 딸들에게 자기를 얼마나 사랑하는지 묻는 그 순간만큼은 낮은 수준의 마음 헤아리기 상태에 있었다.

마음 헤아리지 않기의 표현: 빙빙 돌려 말하기

일상생활에서 우리는 직접적으로 사랑을 표현하지 않거나 혹은 친근함이나 관심을 표현할 줄 모르는 사람을 자주 본다. 그들은 자기 감정을 그저 빙빙 돌려서 슬쩍 내비치기만 한다. 이런 상황은 스펙트럼처럼 선명하게 보이는 부분도 있고, 흐릿하게 보이는 부분도 있다. 선명하게 보이는 부분이란, 흔히 드라마에서 '카리스마 있는 재벌 3세' 캐릭터처럼 마음속 사랑을 내보이지 않고 겉으로는 거만하고 제멋대로인 모습을 보이는 경우다. 최소한 옆에서 지켜보는 방관자는 그들의 속마음을 훤히 꿰뚫어 볼수 있다. 반면에 흐릿하게 보이는 경우는 말이나 행동 그리고 그들이 진정으로 원하는 것이나 느낌 등을 빙빙 돌려서 표현하는 것이다.

이처럼 마음과는 다른 표현을 하는 것은 대개 마음의 지도와 관련이 있다. 이들의 마음 지도에서 사랑을 표현하는 것은 구차하고 자기를 위기에 빠뜨리는 행위와 같다. 이러한 마음 지도의 인도 아래 자기의 내재적 안전감을 확보하기 위해 그들은 자연스레 방어적인 태세를 갖춘다. 구차하고 위험한 일에 빠지지 않기 위해 아예 사랑을 표현하지 않기를 선택하는 것이다.

그렇다. 어떤 표현이든 일정한 정도에서는 '자기 폭로'라고 할 수 있다. 우리는 불안감을 느끼게 될 경우 무의식적으로 자기방어 시스템이 가동된다. 자신의 진정한 모습을 감추고 가면을 쓴 캐릭터를 만들어내서 공연을 하는 셈이다. 그래서 '사랑을 느끼고', '친해지고 싶고', '항상 신경이 쓰이는' 마음을 꽁꽁 숨긴다. 대신 상대방에게는 '난 상관없어', '난 아무렇지도 않아', '네 마음대로 해' 등의 모습을 보인다.

속마음과는 정반대의 말들은 연인 관계에서뿐만 아니라 일상생활에서도 대부분의 사람이 어릴 때부터 익숙하게 들어왔을 것이다. 가령 부모님이나 선생님으로부터 이런 말을 들어봤을 것이다. "너는 도대체 공부를 할 거야 말 거야? 공부하기 싫으면 당장 그만둬!" 만약에 우리가 그 말을 곧이곧대로 받아들여 "네, 이제 공부 그만둘게요"라고 대답한다면 어땠을까? 아마도 된통 혼쭐이 났을 것이다. 그들이 정말로 바라는 것은 말과는 정반대로 우리가 열심히 공부하는 것이기 때문이다. 또한 그들의 말 표현은 위협적이지만 그 안에 내재된 진실한 감정은 실망이다. 아마도 무력감도 적잖이 섞여 있을 것이다. 그 순간 그들이 우리의 학습을 위해 도와줄 뾰족한 방법이 없었을 테니 말이다.

한편 "네, 이제 공부 그만둘게요"라는 대답이 일부러 부모님과 선생님의 화를 돋우기 위해 한 말이라고 여겨서는 안 된다(이것 역시 절대화다). 말의 속뜻을 이해하는 데도 일정한 마음 헤아리기 능력이 필요하다. 어린아이 혹은 자폐증세가 있는 아이나 성년처럼 마음 헤아리기 능력에 한계가 있는 사람은 타인의 말 뒤편의 반대 의미를 이해하기가 매우 어렵다.

두 번째 비결을 기억하고 있을 것이다. "타인이 나를 이해하지 못하는 것은 지극히 정상적인 일이다." 우리가 마음과는 정반대의 말을 내뱉을 때는 타인이 당신 말의 속뜻을 이해해주기를 바라서는 안 된다.

말을 빙빙 돌려서 표현하는 것은 연기자가 하나의 캐릭터에 오랫동안 깊이 몰입할 경우 그 배역에서 벗어나기 힘든 것과 마찬가지이다. 만일 마음 헤아리기 능력을 아직 충분히 갖추지 못한 유년기에 오랫동안 가면을 쓴 배역에 몰입하면 시간이 지날수록 진정한 자기를 너무 깊이 감춰버려서 본래의 모습을 찾기가 힘들다. 심지어 자기 본래의 모습이 가면을 쓴 캐릭터라고 착각하게 된다. 다음의 사례가 바로 그와 같다.

샤오페이는 타인을 대하는 태도가 항상 차가웠다. 사실 누군가 자기 옆에 있든 없든 상관이 없었다. 어린 시절부터 습관적으로 자기 일은 스스로 알아서 하며 매우 독립적으로 자란 탓이었다. 반려자와의 결혼 생활에서도 마찬가지였다. 상대방이 옆에 있든 없든 개의치 않았다. 개인 사생활을 중시하는 여느 젊은 세대들처럼 부부라도 각자의 일과 성취 목표가 있고, 교류하는 친구들이 있으며, 경제적 수입도 각자 관리했다. 두 사람 다 관심을 가지는 일은 함께했고, 상대방이 바쁘거나 혹은 흥미를 못 느낄 때는 각자 취미 생활을 즐겼다.

그러나 최근 들어 샤오페이는 자신의 건강이 걱정되기 시작했다. 불쑥불쑥 현기증이 나거나 가슴이 답답했던 것이다. 그런데 정작 병원 건강검진에서는 아무런 이상이 없었다. 의사는 계속해서 증세를 관찰하면서 심리상담을 받아보라고 권유했다. 샤오페이는 정기적인 심리상담을 통해 신체적으로 이상 증세를 일으키는 근본적 원인을 탐색한 끝에 연관성이 있는 단서를 찾아냈다. 샤오페이의 몸에 이상 증세가 나타난 시기가 반려자의 출장 기간과 겹쳤던 것이다. 그제야 샤오페이는 맨 처음 증세를 느낀 것이 반려자가 유럽으로 장기 출장을 갔던 기간이었다는 사실이 문득 떠올랐다.

심리상담사는 개방적이면서도 호기심 어린 태도로 이 단서에 접근했다: 만일 이것과 관련이 있다면 샤오페이의 증세는 도대체 무얼 의미하는 걸까? 두 사람은 한 가지 가설을 세웠다. 어쩌면 반려자가 곁에 없다는 점이 샤오페이에게는 결코 아무런 상관도 없는 일이 아니었다는 사실이다. 그리고 이 단서를 계속해서 탐색했다. 이 말인즉슨 당장에 그 가설을 문제의 근원이라고 확정 짓지 않았다는 뜻이다. 답안을 확정 지으면 탐색을 멈추게 된다. '절대화'의 오류를 범하는 것은 말할 필요도 없다. 이어진 심리상담을 통해 샤오페이는 점차 깨닫게 되었다. 자신이 반려자에게 항상 신경을 쓰고 있었고, 그가 어디론가 떠나지 않고 항상 자기 옆에 머물기를 바라고 있었다는 사실을 말이다. 새롭게 깨달은 자신의 본모습은 샤오페이에게는 너무도 낯설었다. 오랫동안 샤오페이는 진실한 자기 모습을 이어줄 연결고리가 없었다. 신체적인 이상 증세로 내면의 불편함을 표현함으로써 진실된 자기 모습을 표출할 출구를 찾게 된 것이다.

어쩌면 당신은 샤오페이의 일화가 조금은 극단적인 사례라는 느낌도 들 것이다. 하지만 사실상 이러한 사례는 당신이 상상한 것 이상으로 많다. 적잖은 사람이 자신이 미처 깨닫지 못한 진실한 모습을 이처럼 흐릿한 형태로 표출하곤 한다. 가령 반려자가 출장을 갔을 때 딱히 뭐라 설명할 수 없는 조급증이 생기거나 혹은 괜히 생트집을 잡거나, 아니면 그 기간 내내 일부러 일정을 빠듯하게 잡아 정신없이 일에 파묻혀 지내는 등등 저마다 다른 형태로 내면의 불편함을 표출한다. 자신의 진실한 느낌이나 진심으로 원하는 것들이 마음 깊은 곳에 숨어 있어서 본인조차도 제대로 파악하지 못할 때, 그러한 속마음이 그대로 사라지는 것은 아니다. 반대로 끊임없이 머릿속을 돌아다니며 몸의 이상 증세 혹은 행동 등의 방식으로 표출된다.

그 밖에 친밀한 관계에서 원망의 마음 역시 종종 간접적으로 표출된다. "항상 저렇다니까. 집에 돌아오면 휴대폰만 들여다보지", "다른 애들 남친은 어떻게 행동하는지 좀 봐", "저것 봐, 저 집 부인은 얼마나 남편에게 관심을 갖고 사랑을 기울이는지……." 이러한 원망의 뒤편에는 무엇이 있을까? 아마도 관심받고 싶고, 사랑받고 싶고, 혹은 상대방에게 뭔가를 바라는 마음들일 것이다.

'타인이 나를 이해하지 못하는 것은 지극히 정상적인 일'인 데다, 원망의 말들은 종종 격렬한 감정을 동반한다. 때문에 듣는 이는 기분이 언짢거나 불쾌하기 쉽다. 그래서 빙빙 돌려서 표현하는 말들이 상대방의 귀에 제대로 들어오지 않을 뿐만 아니라, 오히려 자기방어에 급급해진다. 즉 원망이나 푸념을 통해서는 그들이 진정으로 전달하려는 내용을 이해시키기 어렵다. 이때 우선적으로 귀에 들어오는 것들은 불만과 질책이기 때문에 상대방은 자신을 밀어내고 뿌리치는 듯한 느낌을 받는다. 심지어 두 사람의 관계가 회복 불가능하다는 자포자기 상태에까지 이르게 된다. 원망의 말 뒤편에 숨어 있는 진심은 정반대로 상대방에게 좀 더 가까이 가고 싶고, 또 관계가 좀 더 친밀해지기를 원한다는 바람인데 말이다.

자신이 진정으로 원하는 것을 표현할 때는 당신 자신이 진실로 갈망하는 것에 대한 마음 헤아리기가 필요하고, 동시에 용기도 필요하다. 어차피 마음을 감추고 있던 베일을 벗기고 진실한 자기를 보여주는 것은 하나의 모험이기 때문이다. 그러므로 만일 지금 당장 용기가 없다면 자신을 질책할 필요는 없다. 위험한 모험에 대한 공포는 누구나 갖는 감정 아니던가? 다만 나는 당신이 최대한 첫걸음을 내딛기를 희망한다. 마음 헤아리기를 통해 자기가 진실로 갈망하는 것을 이해하고, 자기를 이해한다는 전제 아래 두 번째 비결 '타인이 나를 이해하지 못하는 것은 지극히 정상적인 일이다'를 응용할 수 있기를 바란다. 그래서 아직 자기를 직접적으로 표현하지 못하는 당신 자신을 있는 그대로 받아들이고, 또 상대방에게 진실로 갈망하는 것이 무엇인지 아직 제대로 이해하지 못하는 당신 자신을 덤덤하게 받아들일 수 있기를 바란다.

여기서 한 가지 주의할 점이 있다. 상술한 상황들에서 당신이 어디에 속하든, 이 책에서 내가 말하려고 하는 것은 당신의 자기표현 방식에 주의하라는 당부이다. 사람은 누구나 자기가 진정으로 필요로 하는 것을 모를 때가 많다. 그러나 그러한 사실을 자기에게 유리한 수단으로 변질시켜 다른 사람의 속뜻을 곡해하면 안 된다. 예컨대 다른 사람에게 이렇게 말하면 안 된다. "너는 네가 정말로 원하는 것이 뭔지도 몰라!", "너는 입으로는 아니라고 말하지만 사실 속마음은 그게 아니야" 등등. 우리는 자기 자신만 잘 챙기면 된다. 또한 다른 사람이 "예" 혹은 "아니오"를 명확하게 표현했을 때는 그들의 표현을 존중해야 한다.

마음 헤아리지 않기의 표현: 송곳니를 드러내고 사랑 표현하기

어떤 이들에게는 사랑이 자기 내면의 가장 연약하고 소중한 부분이다. 그들은 그처럼 소중한 사랑이 상처받는 것이 두려워서 온 힘을 다해 지키려 한다. 그래서 애정 생활에서 위기감을 느낄 때 그들의 첫 번째 반응은 바로 송곳니를 드러내고 자기를 지키기 위해 방어 태세로 전환하는 것이다.

3장에서 자원과 샤오난의 사례를 기억하는가? 샤오난은 자원의 말을 '나를 못마땅하게 여기고 있었어, 헤어질 기회만 엿보고 있었어'라고 해석하자마자 분위기가 살벌해지면서 "그게 무슨 뜻이야?"라고 따지듯 물었다. 사실 이때 샤오난이 진심으로 느낀 내면의 감정은 경악이었다. 그녀는 사랑을 잃을까봐 두려웠고, 방금 전까지만 해도 달콤하고 행복했던 시간이 순식간에 사라지는 것이 두려웠다. 샤오난은 자원과의 사랑을 계속해서 지켜나갈 수 있기를 진심으로 갈망했다. 하지만 자기의 사랑을 표현할 방법이 없었다.

우리가 극심한 두려움에 휩싸일 때는 더더욱 사랑을 표현하기가 힘들다. 사랑을 표현하는 것은 대다수의 사람에게 일종의 모험이다. 그래서 샤오난은 두려움이 촉발되는 순간 일시정지해서 그 감정에서 벗어나지 못했다. 오히려 반사적이고 직관적으로 그녀에게 익숙한 반응을 나타냈다. 그녀로서는 위기의식을 느낀 이상 가시 돋친 말로 송곳니를 드러내고 자기 보호를 하는 것밖에는 달리 할 수가 없었다.

어쩌면 샤오난은, 과거에 사나운 방식으로 자기가 소중하게 여기는 보물을 성공적으로 지켜낸 경험을 했을지도 모른다. 혹은 반대로 만일 송곳니를 드러내고 목숨을 걸다시피 하며 싸우지 않으면 사랑을 뺏길 수 있다고 느낀 경험을 했을지도 모른다.

이러한 '방어전'이 반복되면서 샤오난에게는 하나의 내재적 신념이 생겼을 것이다: 반드시 송곳니를 드러내고 싸워야 사랑을 쟁취할 수 있고 지킬 수 있다. 물론 이러한 내재적 신념은 좀체 쉽게 깨달을 수 없다. 하지만 막상 위기의식을 느끼면 몸속 어딘가에서 솟구쳐 나와 즉시 전투 모드로 전환하도록 해준다.

한편, 샤오난과 같은 사람들은 이처럼 항상 방어전을 펼쳤기 때문에 시도 때도 없이 전쟁 상태에 놓여 있다. 이들은 평화로운 시기의 사람들처럼 편안하고 즐거운 삶을 상상하기 힘들다. 그 때문에 내면의 마음도 평온을 유지하기가 힘들다. 설령 전투를 벌이지 않더라도 이들은 언제나 전쟁 준비 상태에 있다. 그래서 사소한 말다툼에도 버럭 화를 내며 언제든지 전쟁이 일어날 수 있는 것이다.

마음 헤아리지 않기의 표현: 내가 말하지 않아도 너는 알고 있을 거야

어떤 사람은 내재적 신념으로 친밀감을 평가한다. "그(그녀)는 분명히 이 세상에서 나를 가장 잘 아는 사람이야. 그래서 내가 말을 하지 않아도 그(그녀)는 당연히 다 알고 있을 거야. 그렇지 않다면 나를 사랑하는 게 아니야." 바로 이러한 신념 때문에 때로는 아예 일부러 사랑의 마음을 표현하지 않는다.

하지만 두 번째 비결 '타인이 나를 이해하지 못하는 것은 지극히 정상적인 일이다'를 잊어서는 안 된다. 연인들이 서로에 대한 이해가 깊어지다 보면 텔레파시가 통하는 순간들이 있다. 서로 말로 표현하지 않아도 나를 가장 잘 아는 사람이라고 느끼며 미소를 짓곤 한다. 하지만 잊지 말라. 이러한 느낌 역시 "너는 너고, 나는 나다. 우리는 서로 다른 사람이다"라는 인식의 토대 위에서 이뤄진다. 두 마음이 서로 잘 통한다고 해서 하나의 마음으로 변할 수는 없다. 저마다의 영혼 속에는 잘 보이지 않는 불투명한 세계가 있다. 그래서 상대방을 완전히 이해한다는 것은 불가능하다.

그러나 우리가 저러한 신념 속에 갇혀 있을 때는 내가 사랑을 표현하지 않아도 상대방이 마땅히 잘 알고 있을 것이라고 여긴다.

- 내가 지금껏 한 번도 그(그녀)와 평생을 함께하고 싶다는 말을 하진 않았지만, 그(그녀)가 좋아하는 차종으로 자동차까지 사줬어. 이 정도면 굳이 말로 표현하지 않아도 충분하지 않아?

- 만일 그(그녀)를 사랑하지 않는다면 내가 뭐 하러 그(그녀)의 일에 시시콜콜 간섭하겠어? 그냥 친구라면 죽이 되는 밥이 되든 신경도 안 쓸 거야! 그래도 내가 사랑하니까 이렇게 까다롭게 구는 건데, 왜 그(그녀)는 그걸 모를까?
- 날마다 집 안이 반짝반짝 빛나게 청소하고, 냉장고도 항상 먹거리로 가득 채워놓고, 일상용품도 수시로 점검하면서 부족한 것 없이 채워놓는다. 내가 우리 가정을 위해서 이렇게 노력하는데, 아직도 부족하단 말이야? 도대체 그(그녀)는 왜 불만인 거지?

타인이 나를 이해하도록 하려면 입에 발린 말로 아첨을 해야 한다는 뜻은 아니다. 당신이 말로 하든 실제 행동으로 표현하든 상관없다. 서툴러도 상관없으니 편안하게 당신의 진실한 의사를 전달하면 된다. 또한 상대방이 당신을 이해하지 못할 때는 그 사람의 반응을 근거로 조금씩 조금씩 소통을 이어나가면 된다. 리어왕의 딸 코델리아는 단지 거짓 섞인 과장된 말을 하기 싫었을 뿐, 아버지에 대한 진실한 사랑을 진심을 다해 표현했다. 그녀는 결코 '내가 평소에 아버지를 극진히 모시며 효성을 다했는데, 내가 말을 하지 않아도 아버지는 당연히 내 마음을 잘 알고 있을 거야'라고는 생각하지 않았다.

그런데 우리가 더할 나위 없이 명확하게 표현했다고 생각할지라도 상대방의 관점에서는 그다지 명확하지 않을 수가 있다. 심지어 내가 생각한 것과는 정반대로 잘못 이해할 수도 있다.

어린 시절 이야기책에서 이런 내용을 본 적이 있다: 수십 년을 함께했던 노부부에게 이별의 순간이 다가왔다. 남편은 아내의 손을 잡고서 정감 어린 목소리로 말했다. "여보, 수십 년 동안 깊은 정을 쌓으며 서로 의지하며 살았는데, 이대로 당신을 보내는 것이 못내 아쉽구려. 지금이라도 말을 하지 않으면 너무 늦을 것 같아서 그동안 당신에게 하지 않았던 말을 해주겠소. 내가 당신을 얼마나 마음에 두고 살았는지 아오? 날마다 아침에 앙금빵을 먹을 때마다 나는 내가 좋아하는 앙금은 전부 당신에게 줬소. 무려 50년 동안 가장 맛있는 부분은 당신에게 주고 나는 빵 껍질만 먹었다오." 남편의 말에 아내는 눈을 동그랗게 뜨고 말했다. "맙소사, 여보! 나는 원래 바삭한 빵 껍질을 좋아해요. 당신을 위해서 지난 50년 동안 내가 좋아하는 빵 껍질은 모조리 당신에게 줬다고요!"

당시 적잖이 충격을 받았던 나는 지금까지도 이 이야기를 기억하고 있다. 이야기에서 노부부가 상대방을 위해 묵묵히 희생을 한 모습은 참으로 감동적이다. 하지만 마지막 이별의 순간에야 밝혀진 진상은, 지난 50년 동안의 자기희생이 무의미했다는 것이었다. 본래 두 사람은 자기희생 없이도 서로 사랑하며 행복을 누릴 수 있었을 텐데 말이다.

비록 그들의 자기희생은 각자 혼자만의 생각대로 이뤄졌지만, 다행히도 그들은 그 때문에 상대방을 원망하거나 불공평함을 느끼지 않았다. 만일 자기희생으로 가슴에 응어리가 맺히면서도 이를 표현하지 않고, 또 사실을 확인도 하지 않은 채 '나는 이렇게 잘하는데, 너는 되돌려줄 생각은 않고 당연하게 받기만 한다'고 느낀다면 어땠을까? 안타깝지만 아마도 두 사람은 결국 오해로 헤어졌을 것이다.

'타인이 나를 이해하지 못하는 것은 지극히 정상적인 일'인 것처럼 내가 그(그녀)를 모르는 것은 충분히 있을 수 있는 일이다. 때문에 우리는 상대방이 어떤 생각이나 느낌을 갖는지 항상 관심을 갖고 확인해야 한다. 그래야만 일방적인 헌신이 가져오는 억울함을 피할 수 있다. '나는 너를 위해 이렇게 많이 희생했는데, 가장 좋아하는 앙금빵마저 포기했는데, 날마다 집 안을 반짝반짝하게 청소했는데, 왜 만족할 줄을 모르지? 내가 이처럼 사랑한다는 걸 왜 모르지?'

마음 헤아리기의 표현: 명확하게 표현하고, 조정하며, 과감하게 도전하기
그렇다면 마음 헤아리기를 통한 사랑의 표현은 어떤 모습일까?

여기서 다시 한번 두 번째 비결을 상기해보자. "타인이 나를 이해하지 못하는 것은 지극히 정상적인 일이다."

우리의 영혼은 불투명해서, 상대방에게 사랑의 뜻을 전달할 때는 최대한 정확하게 자기의 마음을 표현해야 한다. 당신의 본심을 숨기라는 뜻이 아니라 코델리아처럼 진심으로 자기를 표현해야 한다는 것이다. 코델리아는 과장된 거짓말로 자기의 사랑을 포장하지도 않았고, 빙빙 돌려서 모호하게 표현하지도, 혹은 "내가 말 안 해도 아버지는 당연히 알고 있어야 하는 거 아니에요?"라며 짜증을 내지도 않았다.

우리가 마음 헤아리기식으로 사랑을 표현할 때는 자기 자신을 되돌아볼 수 있다: 내가 그를 사랑하는 것을 알고 있을까? 그에 대한 나의 사랑이 어느 정도인지 정확하게 알고 있을까? 방금 나의 표현 방식이 너무 모호하지 않았을까? 그가 독심술사처럼 내 속뜻을 간파할 수 있기를 기대하고 있는 것은 아닐까?

마음 헤아리기 상태에서 이러한 반성은 매우 자연스럽게 이뤄진다. 나의 뇌리에서 스쳐가는 이러한 반성을 통해 자기의 행동을 관찰하고 또 즉각적으로 자기의 행동을 조정할 수 있다.

그러나 만약에 반성적 사고에만 얽매일 경우, 그 속에서 벗어나지 못해 오히려 마음 헤아리기 상태에서 벗어나 '마음 헤아리지 않기' 상태에 빠질 수 있다. 다시 말해서 과도하고 강박적인 생각에 매몰되어 사유를 위한 사유를 하게 되고 오히려 진정한 반성의 공간을 잃게 된다.

우리가 말하는 마음 헤아리기는 단순히 사유를 위한 사유를 하는 것이 아니며, 정확한 결론을 얻기 위해 그러한 반성적 사고에 얽매이는 것은 더더구나 아니다. 마음 헤아리기는 항상 나의 체험, 느낌, 그 당시의 상황이 한데 연계되어 있다. 그런 배경에서 되돌아보고 생각해야 할 문제를 스스로에게 묻고, 다시 자기의 체험, 느낌, 상대방의 반응을 관찰하여 그 문제에 대한 답을 내놓는 것이다. 다만 이른바 정확한 대답을 내놓기 위해 애쓸 필요는 없다. 중요한 것은 그 답안이 아니라 인간관계 자체로서, 지속적으로 순조롭게 순환되는 인간 상호작용 사슬이다.

다시 말해서, 당신이 마음 헤아리기를 통해 사랑을 표현했을 때 당신의 뇌리에는 반성적 사고가 스치고 지나가게 된다. 혹은 그 당시의 상황에 대한 호기심일 수도 있다: "아, 나의 표현이 명확하게 전달되었을까?" 동시에 당신의 머릿속은 열린 마음으로 다른 가능성을 남겨둔다: "나의 표현이 그 사람에게는 명확하게 전달되지 않을 수도 있어", "어쩌면 그가 나에 대해서 잘 모를 수도 있어." 그리하여 당신이 사랑을 표현했지만 상대방이 그 표현을 받아들이는 과정에서 서로 엇갈리더라도 당신은 하늘이 무너지는 듯한 걱정을 할 필요가 없다. 그런 어긋남이 발생했을 때는 곧바로 조정하면 되니까 말이다.

자기를 최대한 명확하게 전달한다는 토대 위에서 만일 여력이 있다면 상대방이 정보를 받아들일 때의 특징을 감안하여 당신의 표현을 조정해보라. 즉 당신이 사랑하는 사람의 독특한 특징이 무엇인지, 그(그녀)가 그때그때 필요로 하는 것이 무엇인지 눈여겨보라.

그와 관련해서 다음 사례를 살펴보자.

오랜 시간 샤오둥이 고수해오는 신념이 하나 있다. 누군가를 사랑하는 것은 지극히 현실적인 일이라는 사실이다. 샤오둥은 누군가를 사랑한다면 집 안을 깨끗하게 청소하거나 하루 세끼 밥을 정성껏 준비하는 등 일상생활의 소소한 일을 정성을 다해 착실하게 꾸려나가야 마땅하다고 생각했다. 반면 샤오둥의 남편 샤오샤는 단조로운 일상을 좀 더 로맨틱하게 꾸미는 것을 좋아했다. 특별한 날에는 선물을 주고받고 작은 서프라이즈로 상대방을 즐겁게 해주는 것을 좋아했다.

샤오둥이 보기에 그러한 샤오샤의 생각은 조금도 현실적이지 못한 허세로만 느껴졌다. 샤오둥의 생각은 이랬다. '누군가를 사랑한다는 것은 상대방과 화목하게 잘 지내고, 하루하루 일상을 평범하게 잘 지내는 거야. 이것이 바로 사랑에 대한 나의 서약이야.'

샤오샤가 기념일에 잊지 않고 선물을 줄 때 샤오둥은 별다른 반감은 없었지만, 굳이 이렇게까지 할 필요가 있을까 하는 의구심이 들었다. 꼬박꼬박 기념일을 챙긴다고 해서 샤오샤가 샤오둥을 더 많이 사랑한다는 의미는 아니라고 생각했던 것이다. 그저 샤오둥의 생각에 특별한 날만 챙기는 것은 누구든 할 수 있는 일 같았다. 심지어 잔꾀를 부린다는 느낌마저 들었다. 그것보다는 차라리 날마다 집안일을 잘 챙기는 것이야말로 변함없는 깊은 사랑의 표현이라고 생각했다.

이러한 생각 때문에 샤오둥은 사랑의 가치에 대한 샤오샤의 생각을 바꿔주고 싶었다. 이는 점차 두 사람이 각각 상대방의 생각을 바꾸려는 신경전으로 변했다. 자기의 생각이 옳다는 것을 상대방이 인정하게 만들고 싶었던 것이다.

본래 두 사람은 자기만의 방식으로 사랑을 표현하고, 또 사랑을 받으려고 했다. 그들의 행동은 모두 사랑과 친밀감을 목표로 삼고 있었다. 그러나 각자의 생각이 옳다는 힘겨루기 속에서 사랑은 뒤편으로 밀려나고 누가 옳고 그르냐의 문제에만 초점이 맞춰지게 되었다.

샤오둥과 샤오샤가 마음 헤아리기 모드로 전환하고 서로에 대한 사랑에 초점을 맞추고 나자, 두 사람은 서로를 있는 그대로 받아들일 수 있었다. 사랑을 표현하는 방식에서는 두 사람 모두 정확하다고 할 수 있으며, 누가 옳고 그른지는 구분할 필요가 없다는 사실을 깨달은 것이다.

중점은 우리가 정말로 상대방을 사랑하느냐에 있다. 샤오둥은 문제의 근원으로 되돌아온 후 자기가 옳다고 생각하는 방식으로 사랑을 표현하는 것에 더 이상 집착하지 않게 되었다. 앞에서도 설명했지만 샤오둥은 서프라이즈 선물이나 로맨틱한 분위기에 결코 반감을 느끼지 않았다. 지난 수년 동안 그저 샤오샤와 신경전을 벌이느라 그의 사랑 표현에 반대한 것뿐이었다. 샤오둥은 여전히 자기의 신념을 포기하지 않았다. 언제나처럼 날마다 성실하게 집안일에 열중하면서 자기의 사랑을 표현했다. 샤오샤역시 샤오둥에게 부담을 안 주는 범주에서 그녀를 위해 자주 서프라이즈 선물을 안겨주었다.

한편, 설령 상대방을 위해 자기의 표현 방식을 흔쾌히 조정하기를 원할지라도 때로는 상대방이 필요로 하는 것과 당신의 신념이 크게 다를 때가 있다. 그래서 조정하더라도 오히려 당신 자신이 불편을 느끼거나 혹은 단기간 내에 쉽게 익숙해지지 않는다.

그런 상황일 때 만일 두 사람의 관계가 매우 안정적이라면 이런 조언을 해주고 싶다. 먼저 당신에게 익숙한 사랑 표현 방식이 어떤 건지를 상대방에게 설명해주어라. 그러면 당신이 필요로 하는 것과 당신의 신념을 상대방에게 적극적으로 이해시킬 수 있다. 굳이 서로 불필요한 추측을 하지 않아도 된다.

예컨대 당신은 말로 사랑을 표현하는 데 익숙하지 않다고 가정해보자. 그러면 상대방에게 이렇게 말할 수 있다. "자기야, 당신이 말로 표현하는 것을 매우 중시한다는 거 잘 알고 있어. 그래서 나도 당신에 대한 사랑을 말로 표현하려고 노력할 거야. 근데 당신도 이거 하나는 알아줬으면 좋겠어. 나는 말주변이 없는 데다 직설적으로 표현하는 사랑의 밀어에 익숙하지가 않아. 그래서 당신이 나에게 사랑한다고 말할 때는 자꾸 숨고 싶어져. 근데 이건 내가 당신을 사랑하지 않거나 혹은 당신 사랑을 거부하는게 아니야. 단지 그 말들을 듣는 게 너무 부끄러워서 그러는 거야. 어린 시절부터 쌓여온 습관적 반응일 뿐이야."

만일 이러한 말들을 상대방에게 하고 싶어도 쉽게 입 밖으로 내뱉기 힘들다면 카드에 써보라. 적당한 때에 상대방에게 건네주는 것도 좋은 방법이지 않을까?

어쩌면 당신은 이런 의구심을 품을 수도 있다: 사랑을 표현하는 것은 모험이야. 아직은 두루뭉술하게 가면 뒤에 숨는 게 안전해. 만일 가면을 벗고 내 속마음을 직접적으로 털어놓았다가 상대방이 나를 비웃거나 아니면 내 마음을 약점 삼아 이용하면 어떡해?

그렇다. 사랑은 원래 그 자체가 모험적인 요소를 품고 있다. 하지만 다른 걸 다 떠나서 한 가지 안타까운 점이 있다. 당신이 마음을 숨기면 상대방도 똑같은 무게의 사랑을 당신에게 전할 방법이 없다는 사실이다. 만약에 다른 사람이 베푸는 사랑을 존중하기는커녕 비웃는 데다, 심지어 비정하게 그 사랑을 이용한다면, 그 사람은 애초에 저질의 인간이 아닐까? 최소한 연애 방면에서는 인간쓰레기가 분명하다.

가령 우리가 불행히도 그런 사람을 사랑한다고 가정해보자. 그렇다면 일찌감치 깨닫고 헤어지는 것이 나 자신을 보호하는 데 더 이롭지 않을까? 만일 그럼에도 상대방에게 다른 장점들이 있다면 어떻게 할까? 그렇다면 그가 연애 방면에서는 수준 이하이지만 그가 바뀌기를 바라거나 혹은 상대방에 대한 나의 기대치를 조정하는 것이 문제점을 직시하고 해결하는 방법이 아닐까?

혹시 이런 이치는 아닌지 한번 생각해보자. 사랑을 표현했다가 상대방에게 비웃음을 당하거나 이용당할까 두려워서 마음 헤아리지 않기 방식으로 표현한다고 가정해보자. 그렇다면 이는 눈 가리고 아옹 하듯 현실을 직시하지 않고 상대방의 허물을 외면하는 것과 다름없다. 이런 방식으로 사랑을 받는다는 환상에 빠질 수는 있다. 그러나 동시에 우리의 마음속에는 불안감이 자리를 잡는다. 왜냐하면 '두려움' 때문에 눈 가리고 아옹 하는 것이 아니던가? 그래서 비록 못 본 척 외면해도 그 불안감은 항상 그림자처럼 나를 따라다닐 것이 뻔하다.

그런데 한 가지 잊지 말아야 할 점이 있다. 우리가 직접적으로 사랑을 표현하지 못하는 이유는 상대방이 수준 이하의 사람일까봐 두려워서라는 사실이다. 만약에 상대방이 수준 이하의 사람이 아니라면? 상대방이 우리의 사랑에 똑같은 무게의 사랑으로 응답을 해주든 해주지 않든 간에, 상대방도 똑같은 무게로 우리를 사랑한다면, 이때는 어느 정도의 인연이 필요하다. 상대방이 어느 정도 교양과 수준을 갖춘 사람이라면 우리의 사랑 표현을 존중해줄 것이다.

과감하게 사랑을 표현했을 때, 상대방이 저질이 아니라면 우리는 더 좋은 사랑을 쟁취하거나 최소한 존중할 만한 친구를 얻을 수 있다. 반면에 상대방이 저질이라면, 우리는 현실을 직시할 수 있다. 비록 가슴에 피를 흘리는 듯한 고통을 느끼겠지만, '눈 가리고 아웅 하기'로 상대방에게 오랫동안 괴롭힘을 당하는 것보다는 낫다. 그래서 나는 사랑을 표현하는 데서는 과감하게 도전하는 것이 훨씬 이롭다고 생각한다.

• 마음 단련 6: 사랑한다고 말하는 연습

당신은 "사랑합니다"라는 말을 하는 것이 어려운가?

누군가는 이렇게 말할지도 모른다. "그깟 한마디가 뭐가 어렵다고? 그냥 내뱉으면 그만이지."

반대로 또 누군가는 이렇게 말할 것이다. "말로 내뱉는 것이 무슨 의미가 있다고? 꼭 말로 내뱉어야 하나? 내가 말하지 않는다고 해서 사랑하지 않는 것도 아니고, 또 설령 말로 표현해도 진정으로 사랑하는 것이 아닐 수도 있잖아?"

이번 마음 단련에서는 당신이 다른 관점에서 사유할 수 있기를 바란다. 여기서 먼저 사랑이 거짓일 수도 있다는 문제는 생각하지 말자. 우리가 표현하는 말이 진실이라고 가정해보자.

"사랑합니다"는 사랑에 관한 언어이다.

"당신을 사랑합니다"라고 말하는 행동 자체가 바로 사랑에 관한 행동이다. 그러므로 "당신을 사랑합니다"라고 말하거나 혹은 사랑의 뜻을 표현하는 것은, '사랑'이라는 단일한 내용에만 머무르지 않는다.

그것은 다음의 내용을 의미한다.

- 당신을 사랑합니다.
- 당신을 사랑하는 나를 인정합니다.
- 내가 당신을 사랑한다는 사실을 알려주고 싶어요.
- 내가 당신을 사랑한다는 걸 당신이 알아주기를 바랍니다.
- (어쩌면 이런 뜻도 내포하고 있다) 나는 당신에게 사랑의 응답을 듣고 싶어요.

문제

잠시 멈추고 자신을 되돌아보라. 예전에 누군가에게 "당신을 사랑합니다"라는 말을 한 적이 있는지 없는지는 상관없다. 상술한 내용 중 어느 단계에서 어려움을 겪고 있는가? 혹은 당신의 사랑 고백에는 다른 의미가 내포되어 있는가? 당신의 생각을 써보아라.

────────────────────────────────────
────────────────────────────────────
────────────────────────────────────
────────────────────────────────────
────────────────────────────────────
────────────────────────────────────

　　그럼 "당신을 사랑합니다"라는 표현을 하는 것이 중요하다고 생각하
는가? 어쩌면 이 말보다는 사랑을 표현하는 행동 자체가 더 중요할 수도
있다.

　　만일 "당신을 사랑합니다"라는 말을 하기가 어렵다면, 당신의 사랑을
명확하게 표현할 수 있는 다른 방식이 있는가? 당신의 생각을 써보라.

────────────────────────────────────
────────────────────────────────────
────────────────────────────────────
────────────────────────────────────
────────────────────────────────────
────────────────────────────────────

2. 직업적으로 더욱 성공하게 해주다

• 응용 케이스 1: 소통

마음 헤아리기 능력을 향상하여 회사 내 의사소통을 최적화하다

대부분의 업무는 설령 전문성이 강한 업무라도 종종 다른 사람들과의 크고 작은 협력이 필요하다.

주의를 기울인 적이 있는지 모르겠지만, 이런 경우가 있다. 사람들 가운데는 전문적인 기술도 뛰어나고, 업무 태도도 매우 성실하고 유능하지만, 직장에서의 인간관계가 원만하지 못해서 자기 발전을 이루지 못하거나 혹은 하루 종일 파김치처럼 지쳐 있는 이들이 있다. 심지어 회사에서의 인간관계 때문에 자기 능력을 발휘할 수 있는 분야를 아예 포기하는 이도 있다. 이러한 상황은 참으로 안타깝기 짝이 없다.

일반적인 인간관계에서의 소통과 마찬가지로 직업상의 소통 역시 사람과 사람 간의 상호작용이다. 그래서 쌍방 혹은 여러 사람과의 소통과 관련되어 있고, 또 인간관계 상호작용 사슬과도 관련되어 있다. 소통을 하는 어느 한쪽은 전체 상호작용에 영향을 준다. 즉 상호작용이 순조롭게 이뤄지거나 혹은 장애를 일으키는 데 '저마다 공헌'을 한다. 좀 더 쉽게 설명하기 위해, 단일한 관점에서 출발하여 소통을 정보의 '전달'과 '수신'으로 나누고, 우리 자신을 소통 과정의 '전파자'와 '접수자'로 나누고자 한다.

마음 헤아리지 않기의 상황에서는 이 두 가지 단계에서 문제가 생길 가능성이 크다. 이에 대해 좀 더 깊이 있게 살펴보기로 하자.

그 밖에 회사에서의 소통 과정에서 우리는 종종 타인의 정보에 대한 확인이 필요할 때가 많다. 이것 역시 마음 헤아리기 능력을 통해 개선할 수 있다.

마음 헤아리기 능력을 향상하여 회사에서의 소통 능력을 최적화할 수 있다. 명쾌한 전달, 정확한 수신, 마음 헤아리기의 확인 등 이 세 가지 방면에서 우리는 인간관계 소통의 문제로 겪는 어려움을 피할 수 있다.

마음 헤아리지 않기의 전달: 명확하게 송출할 수 없다

회사에서 우리는 대량의 정보를 전달해야 할 때가 많다. 때로는 그 정보 전달 형식이 강연과 비슷할 때도 있다. 말하자면 우리는 일방적인 정보 발송인이 되는 셈이다. 회의에서 업무 진척 현황을 보고하거나 혹은 고객에게 업무 관련 설명을 하는 것 등을 예로 들 수 있다. 때로는 정보 전달의 방식이 양방향이어서 상호 간의 교류가 필요하다. 이때는 정보 발신과 수신을 끊임없이 전환하게 된다.

마음 헤아리기 관점에서 정보 전달을 고려할 때 우리는 두 번째 비결 '타인이 나를 이해하지 못하는 것은 지극히 정상적인 일이다'를 다시금 되새겨야 한다. 이 전제 아래서 상대방의 반응을 모니터링(관찰과 이해)할 수 있다. 완전하게 일방적인 정보 발송은 존재하지 않는다. 당신이 혼자서 10분분량의 업무 보고를 한다고 가정해보자. 다른 사람들의 발언이 금지돼 있다고 해도 당신은 여전히 청중의 비언어적 반응을 관찰하고, 이를 통해 그들의 정보 수신 상태를 추측할 수 있고, 또 이러한 방식으로 소통의 유효성을 모니터링할 수 있다.

인간 상호작용 사슬(32쪽 그림 1-2 참조)을 다시 한번 살펴보면서 생각해 보자. 상대방의 언어 혹은 비언어적 반응을 인지(2단계, 인지)했을 때 우리 머릿속에서는 마음 헤아리기를 진행하여 사유하게 된다(3단계, 이해).

- 상대방이 왜 저러지? 왜 이런 반응을 보이는 걸까?
- 내가 내용을 명확하게 전달하지 않은 걸까?
- 그렇다면 내가 말하는 속도가 너무 빨랐을까? 아니면 목소리가 작았나?
- 혹시 내가 사용한 표현이 너무 난해해서 이해하기 힘들었을까?
- 아니면 나의 강연 내용이 그들이 기대했던 것과 너무 차이가 났을까?

우리 마음속에서 이러한 생각들이 번개처럼 지나갈 때 이해를 통해 자기의 표현(5단계, 행동)을 조정할 수 있다. 동시에 지속적으로 모니터링하면서 명확하고 순조롭게 정보를 전달할 수 있다.

우리가 타인과 소통할 때는 앞에서 언급했던 인간 상호작용 사슬이 시종일관 우리 마음속에서 작동한다.

이는 우리 마음 내부의 '공간'과도 관련이 있는데, 컴퓨터의 메모리에도 비유할 수 있다. 만일 메모리(심리 공간)의 용량이 충분하다면 마음속에서 원활하게 작동할 것이다. 반면에 정서적 혼란이나 수면 부족, 알코올 등의 작용으로 메모리가 부족하다면 순조롭게 작동할 수 없다.

그러므로 평상시에는 충분한 휴식과 여유를 즐기며, 대뇌 활동을 활발하게 유지하는 등의 방식으로 '메모리 정리'를 해서 충분한 심리 공간을 확보해야 한다. 이 책의 '마음 단련'의 목적은 당신이 심리 공간을 유지하고 마음 헤아리기 능력을 향상하도록 하는 것이다. 그러므로 이 책의 '마음 단련'을 충분히 활용하는 것도 좋은 방법이다.

한편 회사에서 자신에게 필요한 것을 요구하는 것은 대단히 흔한 일이다. 그런데 이를 굉장히 어려워하고 곤란해하는 사람들이 상당수다.

이런 상황은 우리 마음의 지도와 관련이 있다. 예컨대 타인이 나를 어떻게 평가할지 걱정한다. 즉 내가 필요한 것을 요구하면 나를 부족한 사람으로 여기지는 않을지 근심하는 것이다.

'마음 단련 5'의 내용을 연습하는 것을 잊지 말라. 우선은 판별해보자. 이러한 걱정을 하는 것은 오래전부터 내 마음속에 숨어 있던 마음의 지도가 일으킨 작용은 아닐까? 현대 사회에서 프로젝트 업무를 오롯이 혼자서 완성할 수 있는 직장인은 없다. 업무뿐만이 아니다. 가령 밀크티 한 잔을 마셔도 완전히 혼자의 힘으로 만들어 마실 수 없다. 먼저 차 나무를 심는 일부터 시작해서 찻잎을 따야 하고, 또 차를 발효시키려면 물과 땔나무도 필요하다. 게다가 우유를 얻기 위해서는 젖소도 키워야 한다. 이처럼 무슨 일이든 완성하는 데까지는 여러 단계의 과정과 타인과의 협력이 필요하다. 타인에게 내가 필요한 것을 요청하는 것은 너무도 당연한 일이다. 우유를 만들어줄 젖소부터 누군가에게서 사야 하지 않겠는가?

당신이 필요한 것을 타인에게 요구하는 것은 능력 부족을 드러내는 것이 아니다. 반대로 오히려 대단히 중요한 업무 능력이다.

물론 필요한 것을 요구했을 때 상대방이 단번에 그 요구를 충족시켜주지는 않는다. 사람들마다 업무 목표도, 우선순위도, 이익점도 다르기 때문에 충돌이 일어나는 것도 매우 자연스러운 일이다. 가령 내가 진짜로 젖소를 산다고 가정해보자. 어쩌면 상대방은 나에게 젖소를 팔고 싶어 하지 않을 수도 있고, 설령 팔더라도 가격이나 판매 조건에서 의견이 엇갈릴 수 있다. 이러한 것들은 발생 가능한 충돌이지만 그 충돌의 결과를 확대해서 상상할 필요는 없다.

우리가 할 수 있는 일은 필요한 것을 요구할 때 최대한 명확하게 정보를 전달하는 것이다.

생각해보라. 내가 원하는 것이 무엇일까? 그저 이렇게만 말해서는 안 된다. "요즘 밀크티를 만들려고 하는데 좀 도와주세요." 상대방이 당신을 어떻게 도와줘야 하는지 좀 더 자세히 말해야 한다. "이 젖소를 나에게 파세요" 혹은 "젖소를 공짜로 3개월만 빌려주세요", "돈을 지불할 테니 젖소를 3개월만 빌려주세요" 등 구체적으로 설명해야 한다.

만일 당신이 요구하는 것이 시간과 관련되어 있을 때는 상대방에게 구체적인 시한을 명확하게 알려줘야 한다. 상당수의 사람이 습관적으로 시간을 모호하게 표현한다. 가령 이렇다. "요즘 내게 필요한 것이……", "다음 번에 우리 팀이 필요한 것은……", "나중에 돌려주세요." 그 결과 협력하는 쌍방이 이러한 모호한 시간 개념을 각각 달리 해석한 탓에 업무가 지연되기 일쑤다. 예전에 '나중에'라는 모호한 시간 개념에 관한 논문을 읽은 적이 있다. 그 논문에 따르면 "나중에 내가 전화할게"라고 말했을 때, 사람들은 5분, 1시간, 3일, 무기한 등 저마다 주관적으로 이해한다고 한다. 때문에 우리는 상대방이 나와 다르다는 것을 전제로 최대한 객관적인 시간 개념으로 표현해야 한다. 가령 "늦어도 ×월 ×일까지 젖소를 보내주세요. 만일 ×월 ×일 전에 보내주면 더 좋고요"라는 식으로 말이다.

'타인이 나를 이해하지 못하는 것은 지극히 정상적인 일이다'를 절대로 잊어서는 안 된다. 그렇지 않으면 우리는 두루뭉술하게 표현하면서 정작 상대방은 충분히 이해할 것이라는 오류를 범하기 쉽다. 사실 우리는 상대방에게 나의 생각을 더욱 명확하게 보여줘야 할 필요가 있다. 그저 타인이 나의 내면 상태를 추측할 것이라고 기대해서는 안 된다.

일부 사람은 업무 능력도 뛰어나고 사유하는 속도도 매우 빠르다. 그래서 타인과 협력을 할 때 곧잘 상대방보다 생각이 앞설 때가 많다. 만일 당신이 그런 부류의 사람이라면 스스로 일깨울 필요가 있다. 당신의 생각 속도를 줄여서 타인이 따라올 수 있도록 해야 한다. 당신과 협력을 하는 사람들은 당신의 마음 헤아리기 과정을 알 필요가 있으며, 당신의 생각이 어떻게 이 정도까지 발전했는지 이해할 시간이 필요하기 때문이다.

마음 헤아리지 않기의 수신: 타인이 전달한 신호를 무시한다

정보를 받아들이는 관점에서 봤을 때, 일부 사람들이 회사에서 소통 문제로 어려움을 겪는 이유는 타인이 전달하는 신호를 쉽게 수신하지 못하기 때문이다. 마치 불량 안테나처럼 타인이 보내는 수많은 정보를 무시해버리는 것이다.

만일 당신이 이런 부류의 사람이라면 인간 상호작용 사슬 2단계(인지) 부분을 신경 써서 살펴볼 필요가 있다. 타인과 주변 환경에 대한 주의력을 의식적으로 길러야 한다.

그다음엔 실제로 연습해보라. 동료들과 교류할 때 30초간 오롯이 상대방에게만 주의력을 집중하는 것이다. 상대방이 말하는 내용, 어조, 말의 속도, 표정, 태도, 작은 동작 등을 주의 깊게 살펴보라. 그런 시도를 한다면 한 가지 사실을 알 수 있을 것이다. 우리가 상대방에게 모든 주의력을 쏟아붓는 그 30초가 상당히 긴 시간이라는 사실을 말이다.

때로는 우리가 상대방이 보낸 신호를 잘 수신했더라도 3단계(이해)에서 편차가 생긴다. 안테나가 신호를 수신했어도 신호를 처리하는 디코더가 상대방의 신호와 호환이 안 되는 상황과도 같다. 그래서 가끔은 신호를 제대로 해독하지 못하거나 혹은 잘못 판독하게 된다. 앞에서 언급했던 '나중에'라는 주관적인 시간 관념이 바로 그 예이다.

상대방이 정확하게 정보를 전달하는 것도 필요하지만, 우리 역시 그 정보를 수신한 이후 최대한 상대방과 일치되는 방식으로 정보를 해석해야 한다. 이것 역시 우리는 정보를 해석하는 동시에 상대방에게 내가 이해한 것을 설명해야 한다. 그다음에는 다시 나의 이해에 대한 상대방의 반응을 살핀 뒤 그 반응을 근거로 우리의 이해를 조정해야 한다. 사실상 이 세상에는 절대적으로 완전한 이해란 없다. 우리는 마음 헤아리기를 통해 끊임없이 이해를 도모하는 과정에 있을 뿐이다.

상술했듯이, 상대방의 반응을 살피는 데는 언어 반응만 있는 것이 아니다. 가령 당신이 30초 동안 집중력을 발휘하여 정보를 수집했을 때, 그 안에는 언어적인 정보보다는 비언어적인 정보가 훨씬 많을 것이다. 그래서 비언어적 정보와 언어적 정보를 통합하여 전체 정보를 이해해야 한다.

가령 오늘 당신이 동료와 함께 고객 미팅을 하는데 동료가 계속해서 다리를 덜덜 떠는 모습을 보았다. 이것은 하나의 행동(1단계, 행동)이라고 할 수 있다. 그렇다면 당신은 동료의 행동을 어떻게 이해하겠는가? 다리를 떠는 행동은 매우 중요한 정보와 관련될 수도 있다. 어쩌면 동료가 오늘 미팅하는 고객에게 특별한 느낌을 받고 있다는 사실을 의미할 수도 있다. 어쩌면 긴장했을 수도 있고, 또 어쩌면 고객을 만만하게 여겨서일 수도 있다. 구체적인 정황은 좀 더 분석이 필요하다. 반면에 아무런 관련이 없는 정보일 수도 있다. 당신의 동료가 다리를 떠는 것은 날씨가 춥거나 혹은 칼슘 부족으로 인한 근육 경련 등 생리적인 문제일 수도 있다.

이유가 뭐든 당신이 기억해야 할 것이 있다. 한 사람의 행동 뒤편에는 온전한 하나의 영혼이 있다. 또한 행위 하나하나는 그 사람 마음속의 생각, 느낌, 목표 등을 의미한다. 이러한 인식을 토대로 자기의 능력 범위 내에서 최대한 유용한 정보를 수집한다면 대단히 의미 있는 정보를 얻을 것이다. 그러나 과도하게 집중한 나머지 대량의 정보에 파묻히게 된다면 오히려 효과적인 사고의 공간을 잃어버려 마음 헤아리기가 실패로 돌아갈 수 있다.

그러므로 앞에서 언급했던 '30초 동안 집중력 발휘하기'는 당신의 정보 수집 능력을 적극적으로 단련하는 데 사용해야 한다. 언제 어디서나 매 순간 그렇게 할 필요는 없다. 다만 중요한 순간에는 주의력을 집중하는 방식으로 중요한 정보를 수집하라.

회사생활의 소통에서 때로는 너무 초조한 나머지 자신의 정서에 매몰되어 우리의 감각기관(주로 청각과 시각)의 수신 범위가 좁아질 수 있다. 심지어 타인이 우리에게 보내는 지지와 협조마저 제대로 받아들이지 못하게 된다.

예를 들면, 이 책을 집필하던 시기였는데, 어느 날 밤 11시 30분쯤에 남편에게 긴급한 전화가 왔다. 나는 나도 모르게 통화 내용에 귀를 기울이게 되었다. 어쩌면 수화기 건너편의 상대방이 매우 긴장한 나머지 목소리가 너무 커서 책에 집중할 수 없었던 탓도 있었다. 그렇게 두 사람의 대화가 내 귀로 쏟아져 들어왔다. 알고 보니 다음 날이 중국에서 두 번째로 큰 쇼핑 축제 기간이었는데, 회사에서 자정에 맞춰 웹사이트에 축제 행사 포스터를 실을 예정이었다. 그런데 수화기 저편의 협력업체 직원이 자정을 코앞에 두고 뜻밖의 발견을 했다. 포스터에 회사의 로고가 누락된 것이다. 그들에게는 대단히 큰 문제가 아닐 수 없었다.

내가 두 사람이 맞닥뜨린 문제를 자세하게 기억할 수 있었던 것은 전화기 저편의 협력업체 직원이 똑같은 말을 계속해서 서너 번 반복했기 때문이다. 자정까지 남은 시간이 촉박했기 때문에 얼핏 듣기에도 그의 목소리는 초조함에 떨리기까지 했다. 그가 맨 처음 무슨 일이 생겼는지를 대충 설명했을 때 남편은 명쾌하게 대답했다. "알겠습니다. 지금 당장 우리 팀의 팀원에게 연락해서 문제를 확인하라고 하겠습니다." 그러나 그 직원은 전화를 끊지 않고 계속해서 말했다. "그거 아세요? 이 일이 얼마나……." 그 직원은 또다시 무슨 일이 생겼는지, 또 그 일이 얼마나 심각한지를 설명했다. 남편은 팀원에게 연락하기 위해 수차례 예의를 갖춰 전화를 끊으려고 했다. 하지만 그 통화는 무려 10여 분이나 지속되었다.

본의 아니게 청중이 된 나는 이런 생각을 하지 않을 수 없었다. '도대체 그가 원하는 것이 뭐지?' 심리상담사의 시선에서 봤을 때 그 사람의 입장을 충분히 이해할 수 있었다. 누구든 이런 상황에 맞닥뜨렸을 때 조급하고 초조할 수밖에 없다. 하지만 그럴수록 자신의 정서를 안정시키는 것이 무엇보다 절실하다. 심리상담사가 아닌 같은 회사원의 입장에서 생각했을 때도 아쉬운 점이 있다. 1분 1초를 다투는 중요한 순간에 그 직원은 너무 다급한 나머지 전화기 너머 상대방의 이야기에 제대로 귀 기울이지 않았다. 상대방 역시 자기를 도와주기 위해 조치를 취하려고 하는데도,

그 직원은 재차 설명하느라 전화를 끊지 않아서 오히려 문제를 해결할 수 있는 시간을 지연시켰다.

마음 헤아리기 방식으로 정보를 확인하라

회사생활에서의 소통에서 대부분은 전달받는 정보가 그다지 명확하지 않다. 이는 개인의 정보 전달 방식이나 우리가 정보를 수신하는 상황과 관련이 있다. 혹은 정보 자체의 특성과도 관련이 있다. 때로는 상급자에게서 하급자까지 여러 단계를 거쳐서 전달될 경우 그 과정에서 정보가 누락될 수도 있다. 때로는 정보 발송자가 명확하게 설명을 하지 않은 상태에서 여러 중간 단계를 거쳐 전달될 때는 정보를 이해하는 데 큰 어려움이 따른다.

예컨대 내가 젖소 한 마리를 사려 한다고 가정해보자. 그런데 나는 매우 바쁘거나 거만한 사장이어서 내 뜻을 명확하게 설명하지 않았다. 그저 사무실을 서둘러 나가면서 비서에게 이렇게 말했을 뿐이다. "젖소가 한 마리 필요한데, 급하니까 빨리 처리해줘요."

그럼 나의 비서는 어떻게 해야 할까? 물론 비서는 여러 해 동안 나와 함께 일해서 나의 뜻을 쉽게 헤아리고 어느 정도는 내가 원하는 대로 업무를 처리할 것이다. 그러나 만약에 평소 젖소에 관해서 나의 생각을 비서에게 언급조차 한 적이 없다면 어떨까? 아마도 비서는 나의 업무 일정상 객관적으로 내가 왜 젖소를 구매하려고 하는지 그 의도를 추측하기 힘들 것이다. 게다가 내 사무실에는 젖소를 들일 만한 공간이 없다. 이 점에 있어서는 아마도 내가 젖소를 사무실에서 키우려는 목적이 아니라는 사실은 대충 짐작할 수 있을 것이다. 그러나 그 젖소를 도대체 어떤 용도로 사용하려는지에 대해서는 도무지 종잡을 수 없을 것이다. 그렇다면 비서는 아마도 이렇게 구매부서에 지시 사항을 전달할 것이다. "사장님이 젖소를 구매하려고 하십니다. 품종은 알아서 선택하세요. 급하다고 하시는 걸 보면 내일 당장 필요하신 것 같아요. 그러니까 서둘러 구매해주세요!" 혹은 비서는 초조함에서 비껴 설 수 있다. 서두르는 대신 나에게 정보를 보낼 것이다. 젖소가 도대체 어떤 용도로 필요한지, 언제 필요한지 구체적으로 물어볼 수 있다.

만약 나의 비서가 전자를 선택한다면 〈매후(買猴)〉(중국의 만담. 평소 모든 일을 대충 하는 '마다하'라는 인물이 '동북각에서 원숭이표 비누 50상자를 구매하라'라는 통지서를 '동북 지역으로 가서 원숭이 50마리를 구입하라'라고 잘못 써서 구매부서 직원들이 전국 방방곡곡을 헤매다 결국 임무를 완수하지 못했다는 내용이다-옮긴이)에서 묘사한 촌극이 한바탕 벌어졌을 것이다. 다행히 이는 어디까지나 가설이다. 나 역시 젖소가 필요하지도 않고, 비서도 없다.

정보가 명확하지 않은 상태에서 당신의 평소 일 처리 방식은 그저 지시에 따라 자동적으로 행동하는 것인가, 아니면 상대방에게 다시금 확인하여 명확한 정보를 얻는 것인가?

이 질문은 일종의 함정이다. 자동적으로 지시를 따르는 것과 다시금 정보를 확인하는 것은 서로 대립되는 태도처럼 보일 것이다. 하지만 사실 이

둘은 결코 충돌을 일으키지 않으며, 둘 다 필요한 태도이다.

앞의 가설 속에서 비서는 여러 해 동안 나와 함께 일해서 나에 대해 잘 이해하고 있다. 그래서 나의 행동에 대해 일련의 추측을 할 수 있다. 바꿔 말하면, 나의 행동이 제아무리 모호하더라도 비서는 어느 정도 나에 대한 마음 헤아리기를 진행할 수 있다. 만약에 비서가 일의 경중을 따지지 않고 모든 일을 나에게 되묻고 확인한다면, 나는 아마도 비서가 머리를 쓸 줄 모른다고 생각할 것이다. 즉 마음 헤아리지 않기 상태에 있다고 받아들일 것이다.

마음 헤아리기 방식은 세 번째 비결을 따르는 것이다: '분명히'를 '어쩌면'으로 바꿔라. 비교적 마음 헤아리기 능력이 뛰어난 비서라면 나의 지시를 자동적으로 따르는 행위를 절대적으로 옳다고 생각하지 않을 것이다. 아마도 그는 마음 헤아리기를 통해 나의 행동 뒤편에 있는 의도, 즉 젖소를 구매하려는 원인이나 왜 젖소를 필요로 하는지 등을 생각할 것이다. 예컨대 이런 태도를 보였을 것이다. "사장님께서는 ……을 말씀하시는 건가요?", "사장님께서 젖소를 구매하시려는 이유가 ……라고 이해했는데, 맞습니까?"

무조건 자동적으로 지시를 따르지 않고 가능성을 위해 공간을 남겨두는 것은 마음 헤아리기의 태도이다.

그래서 우리는 이렇게 할 수 있다.

기존의 정보를 근거로 상대방에 대해 마음 헤아리기를 진행한다. 최대한 상대방의 방식으로 그의 정보를 해석한다.

결여되거나 모호한 정보는 곧바로 상대방에게 질문해야 한다. 가령 시간이나 장소, 구체적 목표 등이 있다.

자신이 이해한 내용을 상대방에게 피드백해서 확인을 받아야 한다.

명확한 전달, 정확한 수신, 마음 헤아리기를 통한 확인을 할 수 있다면, 기본적으로 소통 과정에서 최선을 다하는 것이다. 그렇다고 우리가 회사 생활에서의 소통에서 갈등이나 곤란한 일을 피할 수 있다는 뜻은 아니다. 그러한 갈등과 곤란은 자연적으로 존재하기 때문이다. 갈등이 발생하는 부분에 대해서는 다음 장에서 구체적으로 살펴보자(263쪽 '응용 케이스 3: 갈등이 생겼을 때' 참조). 필요하다면 곧바로 그 내용을 확인할 수 있다.

• 마음 단련 7: 행동을 이해하는 반응 방식

인간 상호작용 사슬을 통해 우리는 사람의 행동 뒤편에 온전한 하나의 영혼이 있다는 사실을 알 수 있다. 바꿔 말하면, 우리의 내재적인 마음 세계는 우리의 행동(언어와 광범위한 의미의 행동)을 통해 반영된다.

여기서는 하나의 상황을 가정해서 이야기 속 주인공의 행동을 이해하고, 당신이 비슷한 상황에서 전형적인 행동 반응 양식을 나타내는 것은 아닌지 사유해보자.

문제

쓰밍이 귀가했을 때 현관 앞에 어지럽게 놓인 신발들이 먼저 눈에 들어왔다. 순간 쓰밍은 짜증이 솟아났다. 수차례 말을 했건만 오늘도 룸메이트는 신발을 잔뜩 어질러놓은 채 외출한 듯싶었다. 쓰밍은 신발들을 헤치고 지나가며 못 본 척 지나치자고 스스로에게 말했다. 그러나 거실에 들어선 쓰밍은 탁자를 보자마자 다시 눈살이 찌푸려졌다. 룸메이트가 읽다 만 책이 널브러져 있었다. 쓰밍과는 전혀 다른 생활 습관을 가진 룸메이트였다. 책을 안 읽을 거면 덮어서 한쪽에 치워놓든가, 왜 이렇게 어지럽혀놓는 걸까? 책갈피를 여러 개 사다 놔뒀는데, 그건 왜 쓰지 않는 걸까?

잠시 뒤 룸메이트가 돌아왔다. 말이 룸메이트이지 사실은 대학 시절부터 친하게 지내던 친구 사이였다. 그래서 두 사람은 퇴근하고 집에 돌아오면 함께 저녁을 먹으며 그날 있었던 이야기를 나누곤 했다. 오늘도 룸메이트는 여느 때처럼 회사에서 있었던 일을 쏟아내기 시작했다. 하지만 쓰밍은 단 한마디도 내뱉지 않은 채 소파에 앉아서 휴대폰만 들여다봤다.

다음의 질문에 대해 생각해보자.

1. 쓰밍의 마음 세계는 어떨 것 같은가? 그는 무슨 생각을 하고 있을까?

_____

_____

_____

2. 쓰밍은 어떤 행동을 보이고 있는가? 왜 그러한 행동을 하는 걸까?

_____

_____

_____

3. 당신이 쓰밍과 비슷한 정서적 느낌에 휩싸였을 때 당신은 보통 어떻게 행동하는가?

_____

_____

_____

• 응용 케이스 2: 문제를 해결할 때

진실은 하나뿐만이 아니다

25년 전 내가 심리학과 2학년생일 때였다. 전공 강의 중에 교수님이 우리에게 강의실 칠판 위에 걸린 벽시계를 그려보라고 했다. 단순한 외관에 객관적으로 존재하는 시계는 학생들이 앉아 있는 위치에 따라 각기 다른 모습으로 그려졌다. 즉 우리가 본 시계의 모습은 동일하지 않았지만, 똑같은 시계라는 실체적 진실은 변함이 없었다. "그저 심리학 지식만 쌓지 말고 심리학적 사유 능력을 길러야 한다." 우리가 신입생이었던 시절부터 그 교수님이 다양한 방식으로 강조했던 이념이다. 지금 와서 돌이켜보면 그가 말한 심리적 사유란 아마도 학문을 연구하는 과학적 소양도 포함하고, 또 마음 헤아리기의 태도도 포함하고 있었던 것 같다.

마음 헤아리기의 태도는 모든 가능성을 아우르는 열린 마음이다. 다시 말해서, 마음 헤아리기 상태에서는 다원화된 시각으로 문제를 바라볼 수 있다. 이 세상의 복잡한 일에는 단일한 원인이 없다. 대부분 복잡한 여러 가지 원인이 뒤섞여서 발생한다. 또한 똑같은 일도 각기 다른 관점에서 보면 수많은 서로 다른 실체적 진실이 존재할 수 있다. 이처럼 다원화된 시각을 포함한 사유 방식은 우리가 회사생활에서 자기 발전을 이루는 데 크나큰 도움이 된다.

하지만 여러 가지 이유로 우리가 마음 헤아리지 않기 상태에 있을 때는 나의 시각을 전환하기가 매우 어렵다. 그저 단일한 관점에서 문제를 바라보고, 이로써 회사생활의 어려움이 생겨나게 된다.

마음 헤아리지 않기의 시각: 외골수

중국 사자성어 중에 찬우각첨(鑽牛角尖)이라는 말이 있다. 연구할 가치가 없거나 해결할 수 없는 문제에 고집스럽게 끝까지 매달리는 것을 의미한다. 한마디로 외골수라고 할 수 있다.

당신은 이런 의문을 가질 수 있다. 어떤 일을 맡았을 때 꼬치꼬치 캐물으며 죽기 살기로 덤벼서 최종적인 답안을 찾아내려고 최선을 다하는 것은 매우 훌륭한 근성 아닌가? 죽기 살기로 매달리지 않고서야 그 문제가 정말로 해결 방안이 없는 난제인지 어떻게 알 수 있겠는가? 다시 말해서, 이른바 비판적인 사유란 끊임없이 의구심을 품는 것인데, 그것이 외골수와 무슨 차이가 있단 말인가?

일단 '좋다', '나쁘다'라는 절대적이고 이분법적인 사고로 외골수에 대해 논하는 것은 잠시 미루도록 하자. 사실 외골수의 행위 속에는 우리가 존경할 만한 좋은 품성이 깃들어 있다. 가령 쉽사리 포기하지도 않고 굴복하지도 않는 꾸준한 근면성을 포함하고 있지 않은가.

그렇다면 마음 헤아리기 차원에서 외골수는 어떨까? 외골수의 행위 속에는 한 가지 문제가 있는데, 바로 절대적이고 궁극적인 답안을 추구한다는 것이다.

젖소를 한 마리 들이는 것을 다시 예로 들어보자. 외골수 비서라면 그의 태도는 이렇다. "안 돼, 나는 반드시 사장님이 왜 젖소를 구매하려고 하시는지 명확한 이유를 알아야겠어. 젖소를 꼭 구매해야 할까? 그걸 들이면 어떤 좋은 점이 있을까? 수지타산은 어떻게 되지? 이 젖소를 과연 구매해야 하는지 반드시 명확한 답안을 얻어내서 가장 좋은 해결 방안을 찾아야 돼!" 이런 생각 아래 외골수 비서는 최종적인 답안을 찾아내기 위해 복잡한 표식을 작성하고 반복적으로 생각하고 되씹으면서 많은 시간을 쏟아부을 것이다.

반면에 마음 헤아리기 태도는 모든 가능성에 대해 열린 마음을 갖고 있다. 그래서 마음 헤아리기 세계에서는 이른바 꽉 닫힌 결말이나 궁극적인 답안이 존재하지 않는다. 물론 마음 헤아리기 능력이 좋은 사람도 이 외골수 비서와 유사한 의구심을 품을 것이다. 하지만 그것은 단지 호기심일 뿐 명확한 답안을 얻으려고 애쓰지 않는다. 그래서 마음 헤아리기 능력이 좋은 비서라면 이렇게 말할 것이다. "어? 사장님이 왜 젖소를 들이려고 하시지? 젖소를 어디에 쓰려고 하시는 거지? 혹시 수익을 창출하려고 그러나? 수지타산이 과연 얼마나 될까? 이 젖소가 구매할 만한 가치가 있는지 한번 봐야겠는데. 어쩌면 뜻밖의 큰 수익을 얻을 수 있는 아이템인지도 몰라."

무릇 확정적인 답안을 얻고 나면 사유 활동에 마침표를 찍게 된다. 이는 곧 우리가 마음 헤아리기를 멈췄다는 의미이기도 하다. 사실상 마음 헤아리기 과정에서 우리는 여러 가지 의문을 품을 수 있다. 이는 우리가 다른 답안에 대한 가능성을 열어놓고 있기 때문이다.

마음 헤아리기 상태에서 우리는 끊임없이 나타나는 문제에 매몰되어 그 문제의 답안을 찾는 데 모든 생각과 시간을 쏟아붓지 않는다. 마음 헤아리기 상태에서는 확률이 높은 답안을 흔쾌히 받아들일 수 있다. 가령 이렇게 생각할 수 있다. '이 프로젝트의 확률은 이 정도이니 일단 이 방식으로 처리하자. 나중에 변화가 생기면 다시 조정하면 돼.' 그래서 마음 헤아리기 상태에서는 우리가 현재의 한계성을 인식하고 행동에 나선다. 동시에 다른 가능성은 없는지 살피며 여지를 남겨놓는다.

위에서 잠깐 언급했던 외골수와 비판적 사유의 차이점에 대해서 살펴보자. 외골수와 비판적 사유 모두 현존하는 관점에 의구심을 품는 것은 동일하다. 다만 비판적 사유는 불확실성과 모호성을 융통성 있게 포용한다. 비판적 사유를 하는 사람은 의문을 제기하는 것을 즐겨 한다. 그들은 마음 헤아리기 태도로 모든 것에 의구심을 품는다. 즉 모든 일에는 또 다른 가능성이 있다는 것을 염두에 둔다. 그래서 그들은 무작정 결론을 도출하는 데 애쓰지 않는다. 각기 다른 관점과 가설 속에서 비판적인 논증을 진행한다.

글자의 뜻대로 살펴보면, 외골수는 파고들면 들수록 협소하다. 좁은 통로로 들어가면 들어갈수록 더욱 좁아지거나 막다른 골목에 들어선다. 그래서 이런 상태에서는 우리의 시야나 인지 기능이 훨씬 좁아진다. 외골수의 태도로는 다른 관점으로 전환하기가 힘들다. 각기 다른 관점에서 유연하게 호환을 하는 것은 더욱 불가능하다. 그래서 종종 하나의 관점 속에 갇혀서 파면 팔수록 좁아지게 되는 것이다.

마음 헤아리기 태도는 그와 정반대로 훨씬 큰 공간을 지니고 있다. 우리는 이 커다란 공간을 마음 내부의 운동장으로 상상해볼 수 있다. 여기서 우리는 각기 다른 관점을 동시에 집어넣어 가지고 놀고, 논쟁하고, 시험할 수 있다.

마음 헤아리지 않기의 시각: 오로지 자기 방식만이 가장 좋다고 고집한다

우리는 어쩌면 자기의 관점을 외골수처럼 지속적으로 파고들지는 않을지라도, 자기의 방식만이 유일하고 또 가장 좋다고 맹목적으로 믿을 수 있다. 그래서 타인에게 자기의 업무 방식을 강요하거나 혹은 타인의 일 처리 방식에 쉽게 적응하지 못한다.

아마 적잖은 사람들이 이와 비슷한 경험을 했을 것이다: 회사의 선배가 수년 동안의 업무 경험을 토대로 좋은 업무 방식을 만들어냈다. 선배는 호의에서 자기의 업무 방식을 우리에게 전수하고 싶어 한다. 그러나 가끔은 그가 억지로 강요하고 있는 듯한 느낌을 준다. 기대감에 잔뜩 부푼 그의 눈빛에서 우리가 그의 방법대로 업무를 처리하기를 바란다는 것을 엿볼 수 있다. 또한 그 방법이 최고의 방법이라고 인정받고 싶다는 바람을 읽을 수 있다.

그러나 우리는 저마다 다른 업무 처리 방식에 익숙해져 있다. 물론 신입사원 시절에는 업무 경험이 부족하므로 선배가 알려주는 업무 방식은 아주 소중한 자산이 된다. 그러나 점차 업무에 익숙해지다 보면 자기에게 익숙한 업무 스타일이 만들어지기 마련이다.

사실 우리는 누구나 자기가 정성껏 만들어낸 업무 방식을 그야말로 심혈을 기울인 작품이라고 여긴다. 그래서 좀 더 많은 사람이 그 방식으로 혜택을 받을 수 있기를 바란다. 회사에 신입사원이 들어오면 자신의 방식을 고스란히 전수해주기도 한다. "난 그냥 좋은 방법이 있어서 알려준 거야. 네가 사용하든 안 하든 상관없으니까 부담은 갖지 마." 그런데 이때 우리의 마음은 정말 말 그대로일까? 그냥 입으로만 그렇게 말하는 건 아닐까? 순수한 호의로 알려준 방법을 타인이 사용하지 않거나 혹은 소중하게 여기지 않을 때 마음이 씁쓸하지는 않을까?

가끔 우리는 다른 사람의 방식이 좋다는 것을 쉽사리 인정하려 하지 않는다. 왜냐하면 단일한 관점에서 수렁에 빠졌을 때 가장 좋은 방식은 딱 하나밖에 없어 보이기 때문이다. 그래서 상대방의 방식이 좋다고 인정하기가 쉽지 않다. 자기의 방식이 나쁘다는 걸 증명하게 될까 봐 두려워서다. 그러나 마음 헤아리기의 다원화된 관점에서는 여러 가지 가능성이 동시에 존재할 수 있다.

마음 헤아리기 상태에서 우리는 이렇게 생각할 수 있다. '나의 방식도 매우 좋지만 어쩌면 그의 방식도 좋을지도 몰라.' 마음 헤아리기 능력이 비교적 높은 수준의 사람은 자기의 관점을 견지한다. 가령 이런 식이다. "그의 방식이 확실히 괜찮아 보여. 그러나 난 내 방식이 역시 좋은 것 같아. 이미 익숙해진 방식이니까 내 식대로 일 처리를 하는 게 좋겠어."

관점에 대한 논쟁에서도 비슷한 상황이 연출되곤 한다. 때로 우리는 자기의 관점이 옳다고 고집을 피운다. 이것 역시 단일화된 관점의 수렁에 빠져 '옳은' 관점은 하나밖에 없다고 여기기 때문이다. 그래서 당연히 다른 사람의 관점이 정확하다는 데 찬성하지 않게 된다. 단일한 관점의 논리에서는 일단 상대방이 '옳다'는 위치를 차지하면 나는 그저 '그르다'라는 위치로 밀려나기 때문이다.

마찬가지로 만일 우리가 마음 헤아리기 태도를 취한다면 필사적인 논쟁에 휘말리지 않고 자유로울 수 있다. 사람마다 다른 관점도 선택할 가치가 있다는 사실을 공정하게 바라볼 수 있다. 그렇게 한다면 우리는 타인과의 관계에서 '제로섬 게임'을 벌이지 않고 '포지티브섬 게임'으로 나아갈 수 있다.

<참고>
'제로섬 게임(zero-sum game)'은 상호작용하는 두 사람 중 승자가 얻는 이득과 패자가 잃는 손실의 총합이 '0'인 게임을 말한다. 즉 한쪽이 이익을 보면 다른 한쪽은 반드시 손해를 입는 승자독식의 게임이다.

'포지티브섬 게임(positive-sum game)'은 두 사람의 상호작용으로 순이익이 발생하는 것을 가리킨다. 즉 양쪽의 수익과 손실의 합계가 '0' 이상이어서 양쪽 모두 이익을 보는 윈윈 게임이라고 할 수 있다.

마음 헤아리지 않기의 시각: 마음의 지도에 휘둘린다

가끔 우리는 단일화된 관점을 취하곤 한다. 우리 마음속 깊이 숨어 있는 마음의 지도가 자동적으로 튀어나와 나의 마음을 지배하기 때문이다.

예컨대 당신 회사의 팀장은 평소 엄격해서 함부로 웃거나 말하지 않는다고 가정해보자. 그런데 오늘 탕비실에서 우연히 마주친 팀장이 느닷없이 당신에게 말을 건넸다. 요즘 날씨가 변덕스럽다는 둥, 건강은 괜찮냐는 둥. 그러더니 마지막에는 당신의 업무 태도를 칭찬했다. "자네 요즘 업무 실적이 아주 좋아. 마음에 들어. 앞으로도 계속해서 열심히 하게!"

평소와는 다른 팀장의 태도에 당신은 어떻게 반응하겠는가?

A. 큰 기쁨을 느꼈다. 그동안 많은 노력을 했는데, 마침내 팀장으로부터 주목을 받게 되었다. 팀장이 평소와 약간 다르기는 하지만 아마도 요즘 기분이 좋은가 보다. 어쨌든 당분간은 즐겁게 회사생활을 할 것 같다.

B. 왜 저러지? 팀장이 갑자기 왜 평소와 다르게 나를 대하지? 무슨 속셈이 있는 게 분명해! 당분간 조심해야겠어!

만일 당신이 두 번째 반응을 보였다면, 당신이 '사회생활에서는 항상 중상모략하는 소인배들이 있기 마련이다'라는 마음의 지도에 지배를 당하기 때문이다. 그래서 남들이 당신을 칭찬하거나 친절하게 대할 때 당신의 즉각적인 반응 혹은 유일한 반응은 즐거움이 아니라 위험을 느끼는 것이다. 그리하여 당신은 경계 태세를 취하게 된다. 이러한 상황에서 "위험하다! 반드시 나를 안전하게 보호해야 해!"가 유일한 진리가 되어 다른 가능성을 고려할 수가 없다.

아마 당신은 이렇게 말할 것이다. "열 길 물속은 알아도 한 길 사람 속은 모른다고 하지 않아? 팀장들 가운데는 위선자도 많아서 조심해야 해." 틀린 말은 아니다. 나 역시 팀장의 칭찬에 고지식하게 기뻐만 하라는 뜻은 아니다. 만일 팀장이 온전히 호의를 베푼 것이라고 여긴다면 이것 역시 절대화의 수렁에 빠지는 것과 같다. 그렇다면 당신이 첫 번째 반응을 보였다면 어떠한가? 당신은 평소와 다른 팀장의 모습에 주의를 기울이는 동시에 관찰할 수 있는 여지를 두었다. 그리고 잠시 의심은 접어두고 칭찬을 받은 기쁨을 만끽했다. 이와 반대로 두 번째 반응에서는 위기의식이 당신의 마음을 송두리째 차지하여 칭찬을 받는 기쁨조차 누리지 못했다. 비록 짧은 순간일지라도 누군가로부터 칭찬을 받는다는 것은 스스로 자부심을 느낄 만한 일이다. 그런데 마음의 지도에 지배되어 그 자부심을 느낄 기회조차 얻지 못한 것이다.

마음 헤아리기 방식을 취한다면 먼저 경각심을 머릿속에 장착하되 천천히 작동시킬 수 있다. 그리고 동시에 칭찬받은 데서 오는 자신의 가치에 대한 자부심을 실컷 만끽할 수 있다.

모든 선택에는 책임이 따른다

이런 생각을 하는 사람들이 있다. '회사생활은 너무 복잡다단해서 심사숙고해야 할 일들이 너무 많아. 게다가 날마다 처리해야 하는 업무도 산더미처럼 쌓여서 성취감은 사치야. 날마다 피곤에 절어 사는데, 이젠 지겹다. 회사에 죽어라 매달릴 필요 없어. 세계가 이렇게 넓은데 어디인들 내가 발붙일 곳이 없을까봐? 아니면 도연명처럼 시 한 편 남기고 이 지겨운 회사를 떠날까?' '저는 이제 관두렵니다. 좀 더 의미 있는 일을 하고 싶어요.' 이렇게 해도 될까?'

당연히 그렇게 해도 상관없다. 자기 인생을 어떻게 꾸려나갈지는 우리

개개인의 선택이다. 마음 헤아리기의 목적은 사람들을 좀 더 융통성 있고 좀 더 사회성 있는 사람으로 바꾸려는 데 있지 않다. 마음 헤아리기 능력을 향상시키려고 그 사람의 독특한 개성을 바꿀 필요도 없고 또 바꿀 수도 없다. 그러나 우리의 독특한 특성이 어떠하든, 마음 헤아리기를 통해 자기가 진정으로 원하는 것이 무엇인지 혹은 삶의 목표, 느낌 등을 깊이 있게 살펴볼 수 있다. 그리하여 자기에게 맞는 생활방식을 찾을 수 있다.

다만 기억해야 할 것이 있다. 마음 헤아리기 태도는 열린 마음을 갖는 것이라는 점이다. 만일 당신이 회사를 그만두기만 하면 암흑의 세계에서 탈출해 광명의 세계로 나아갈 것이고 모든 문제가 해결될 것이라고 생각한다면, 그건 오히려 마음 헤아리지 않기 상태라고 할 수 있다.

만일 우리가 마음 헤아리기를 통해 자기를 되돌아보고 반성할 수 있다면 그 어떤 선택도 극단적으로 '좋다' 혹은 '나쁘다'라고 판단하지 않을 것이다. 모든 선택은 저마다 그에 상응하는 결과가 있다. 이른바 좋은 결과와 나쁜 결과이다. 이미 선택했다면, 마찬가지로 우리의 선택이 가져오는 결과도 당연히 책임질 수 있어야 한다.

회사에 남아 있든 혹은 사직서를 내든 모두가 선택이다. 모든 선택에는 우리에게 이로운 부분이 있고, 마찬가지로 우리가 포기해야 할 부분도 있다. 이러한 생각을 토대로 선택을 한다면 어떤 결정을 하든 마음 헤아리기에 따른 선택이라고 할 수 있다. 직장인이든 백수든, 다원화된 시각으로 각기 다른 관점을 수용하는 것은 우리의 삶에서 매우 중요하다.

• 마음 단련 8: 다각도의 사유 단련

내재된 심리 상태는 볼 수도 없고 만질 수도 없다. 그래서 마음 헤아리기는 일종의 상상력에 관한 활동이라고 말할 수 있다.

나 자신에 대해서도 이따금씩 자기의 내면 상태를 완전히 파악하지 못할 때가 있다. 또한 상상력을 동원하여 자기의 내면 상태를 추측해야 할 때도 있다. '어? 내가 왜 이런 일을 했지? 얼마 전에 있었던 그 일 때문에 그랬을까?'

타인에 대해서는 상상력을 한층 더 활발하게 가동해야 한다. 물론 이러한 상상은 타인에 대한 기본적인 이해와 내가 수신한 정보를 토대로 이뤄져야 한다.

그런 의미에서 마음 헤아리기는 풍부한 상상력으로 열린 마음을 유지하고 각기 다른 가능성을 상상하는 것을 의미한다. 하지만 '분명히'를 '어쩌면'으로 바꾸라는 세 번째 비결을 잊어서는 안 된다. 모든 일에는 여러 가지 가능성이 있다. 만일 우리가 상상해낸 한 가지 상황만을 정확한 답안으로 간주한다면 마음 헤아리기를 진행하지 않은 것이다.

풍부한 상상력과 우리의 사유는 서로 연결되어 있다. 만약에 우리의 사유 활동이 비교적 강직되어 있다면 각기 다른 가능성을 다각적으로 상상하기가 어렵다. 다음 연습은 우리의 사유 능력을 단련시켜주고, 또 활발한 사유 활동을 통해 마음 헤아리기 능력을 향상시킬 수 있다.

문제

다음 5개의 단어를 이용하여 이야기를 꾸며보라.

커피, 약점, 낙타, Wi-Fi, 바람

그림 4-4   5개 단어를 이용하여 이야기를 꾸며보라

_____

_____

_____

_____

_____

앞으로도 5개의 단어를 무작위로 뽑아 계속해서 자기에게 문제를 낼
수 있다.

3. 일반적인 인간관계를 더욱 순조롭게 하다

• 응용 케이스 1: 베풀 때

마음 헤아리기 능력을 향상하여 직장 내 의사소통을 최적화하라

일본 도호쿠 메디컬 메가뱅크의 교수로 재직 중인 뇌과학자 다키 야스유키는 그의 책에서 사람들과의 교류는 대뇌를 한층 건강하게 해준다고 서술했다. 사람들과 교류할 때 대뇌의 다양한 부분이 자극을 받는다고 한다. 왜냐하면 교류는 상대방의 말을 이해하고 생각한 뒤 다시 대답하게 하고, 상대방의 마음을 헤아려야 하며, 약속 시간과 장소 등을 잘 지켜야 하기 때문이다. 이러한 활동에는 뇌의 전두엽이 중요한 역할을 수행한다. 의과대학 교수인 다키 야스유키는 '마음 헤아리기'라는 주제에 관심을 기울이지 않았지만, 사실상 그가 서술한 이러한 상황들은 대뇌의 건강한 교류 활동, 즉 마음 헤아리기식 교류 활동을 가능하게 해준다.

마음 헤아리기 방식과 교류 관계는 우리의 인간관계를 순조롭게 만들어줄 뿐만 아니라 뇌를 건강하게 해주는 뜻밖의 이점도 있다. 그러므로 마음 헤아리기 태도로 교류하는 법을 터득하는 것은 우리가 추구해야 할 바람직한 목표라고 할 수 있다.

사람들과 교류를 하다 보면 타인에게 베풀고 또 그로부터 얻는 것은 일상다반사이다. 가끔 자기는 많은 것을 베풀었음에도 상대방은 전혀 인식하지 못할 때가 있다. 그로 말미암아 억울하거나 불공평하다고 느낄 때가 많다. 그래서 때로는 이처럼 탄식을 늘어놓기도 한다. "난 분명 호의의 뜻으로 베풀었는데, 왜 저 사람은 그걸 모르지? 그(그녀)를 위해서 진심을 다했는데, 환심을 얻기는커녕 오히려 그(그녀)가 나의 호의를 악의로 받아들였어. 너무 억울해!"

내가 베푼 호의를 상대방이 제대로 받아주지 않고 심지어 오해까지 한다면 매우 불쾌한 경험인 것은 분명하다. 그러나 이 문제에서 우리는 마음 헤아리기를 통해 나를 되돌아볼 수 있다. 때로는 베풀기가 헛수고로 끝나버리는 이유가 나의 행동 자체에 마음 헤아리기식 사유가 부족했기 때문이기도 하다. 진심을 다해 베풀 때 상대방이 무엇을 원하는지, 그의 느낌이나 기대는 무엇인지를 전혀 고려하지 않아서다.

우리가 타인의 느낌을 충분히 이해하고 존중하며 그들이 원하는 것을 헤아린다면, 우리의 베풀기는 진정으로 이해받고 잘 전달될 수 있다. 이를 위해 마음 헤아리기 사유 활동을 진행하다 보면 역시 대뇌의 적극적인 참여가 필요하다. 따라서 마음 헤아리기는 우리의 교류 활동을 한층 순조롭게 해줄 뿐만 아니라 대뇌 활동을 활성화시켜 대뇌 건강에도 도움이 된다.

마음 헤아리지 않기의 베풀기: 의심할 여지도 없는 동일시

교류 활동에서 우리는 다양한 방식으로 베풀기를 한다. 물질적인 선물을 하기도 하고, 정보를 제공하며, 또 관점을 공유한다. 이처럼 다양한 유형의 베풀기는 일상생활에서 흔히 일어난다.

- 이 드라마 너무 재미있어. 요즘 엄청 인기를 끄는 것 같아. 너도 시대에 뒤처지면 안 되니까 꼭 챙겨 봐.
- 오늘 구내식당의 반찬이 너무 맛있었어. 너도 얼른 가서 먹어. 괜히 귀찮다고 거르지 말고. 꼭 두 점 이상 먹어야 돼.
- 오늘 당신을 위해 베개를 새로 두 개 샀어요. 목디스크에 좋은 베개예요. 내가 써봤는데 너무 편해서 당신 것도 산 거예요. 집에 가져가서 당장 써봐요. 예전 베개는 내던져버리고요.
- 내가 이메일로 보낸 글 읽어봤어요? 너무 좋은 글 같지 않아요? 우리 삶에 아주 좋은 지혜만 모아놓은 것 같아요! 글 속의 팁이 완전히 우리 연령대와 교육 수준에 꼭 들어맞는 것 같아요. 그러니까 그 글대로 날마다 꾸준히 연습해봐요. 서로 피드백 주고받으면서 날마다 실천하면 우리 삶이 훨씬 좋아질 것 같아요.
- 이번 주에 꽃을 너무 많이 사서 집에 둘 데가 없어요. 당신 책상에 놓도록 해요. 꽃병에 꽃을 꽂아놓으면 사무실 분위기가 화사해질 것 같아요.
- 내가 전에 말했잖아. 자네는 편두통 때문에 옷을 따듯하게 입어야 한다고. 평소에도 찬물을 마시거나 에어컨이나 선풍기 바람을 쐬는 것은 피해야 돼. 대신 하루에 고량주 한 잔씩은 꼭 마셔야 하네. 내 말대로만 따른다면 편두통은 말끔히 사라질 거야. 그러니 꼭 내 말을 믿어보게. 내가 이래 봬도 이

방면에서는 경험이 아주 많거든.

　이 사례들을 보면, 이 표현들은 모두 진심에서 우러나오는 말이라는 걸 알 수 있다. 이처럼 '좋은 것'을 베푸는 사람들은 상대방이 그것의 좋은 점을 느낄 수 있기를 진심으로 바란다.

　그러나 이 표현들은 다짜고짜 의심할 여지 없이 내가 좋다고 느끼는 것은 너도 반드시 인정할 것이라는 느낌이 담겨 있다. 이런 상황에서 우리는 상대방과 자기를 완전히 동일시한다. 상대방이 나와 아무런 차이가 없는 똑같은 사람이라고 여긴다. 좀 더 과장되게 표현한다면, 바로 이 순간만큼은 상대방은 독립적인 인격이 없는 꼭두각시가 된다.

　순수한 호의에서 베풀기를 즐겨 하는 사람들은 나의 이러한 해석에 적잖은 억울함을 느끼며 이렇게 말할 것이다. "난 그런 뜻이 아니었어요. 왜 나를 그렇게 나쁜 사람으로 생각하죠?" 이러한 억울함은 충분히 이해할 수 있다. 호의에서 출발했다는 점은 확실하니까. 하지만 마음 헤아리지 않기 상태에서 그들은 상대방이 자기의 호의를 어떻게 받아들일지 헤아리지 않았다. 상대방이 다른 관점에서 그와는 다른 생각이나 느낌을 가질 수 있다는 점을 전혀 고려하지 않은 것이다.

　내가 종종 안타까움을 느끼는 지점은 이렇다. 행동의 본래 취지는 호의였지만 결과적으로 상대방이 불편을 느끼게 된다. 그래서 결국에는 호의를 베푼 자기조차도 억울함을 느끼게 된다. 문제가 발생하는 관건은 바로 마음 헤아리기의 부족이다. 그 결과 본래 호의에서 나온 행동이 오히려 상대방에게는 나쁜 경험을 줄 수 있다.

우리의 세 번째 비결을 잊지 말라. '분명히'를 '어쩌면'으로 바꾸어라. '다른 사람'이 다른 사람인 이유는 그가 나와는 전혀 다른 개체이기 때문이다. 우리가 좋다고 생각하는 것을 다른 사람들도 좋다고 느낄 수도 있고, 또 아무런 느낌도 갖지 않을 수도 있다. 심지어 나와는 정반대로 싫다고 느낄 수도 있다.

물론 우리는 계속해서 주위 사람들에게 호의적인 베풀기를 할 수 있다. 다만 이렇게 말해야 한다. "내 생각에는 이게 참 좋은 것 같아. 어쩌면 너도 좋다고 여길지도 모르니 한번 시도해봐." 혹은 "이번 주에 꽃을 너무 많이 사서 놔둘 데가 없어. 네가 좀 가져가서 책상 앞에 두는 건 어때? 뭐 귀찮다면 상관없지만."

인간 상호작용 사슬을 이용하여 단계별로 상호작용 과정을 분석해보자. 먼저 우리는 자기를 되돌아보며 '베풀고 싶은' 동기를 곰곰이 따져볼 수 있다. 나의 생각이 100% 정확할까? 이것만이 유일하게 정확한 걸까? 그다음에는 상대방이 내가 말한 대로 따르지 않을 때를 상상해보자. 가령 어떤 음식이 참 맛있어서 그 메뉴를 추천했는데 상대방이 당신의 말을 따르지 않았다. 그러한 상대방의 행동을 어떻게 이해(3단계, 이해)해야 할까? 상대방의 관점이 우리의 관점과 다르다고 이해할 것인가? 아니면 나를 거부하거나 부정하는 것으로 이해할 것인가? 그로 말미암아 마음의 상처(4단계, 느낌)를 받을 것인가?

언젠가 나의 친구가 출장 갔을 때의 경험담이다. 당시 저녁에 호텔방으로 돌아온 친구는 자기가 벗어놓은 속옷이 깨끗하게 세탁되어 화장실에 놓여 있는 것을 발견했다. 속옷 옆에는 이런 메모가 한 장 놓여 있었다.

"사랑하는 고객님. 고객님이 바쁘신 탓에 미처 세탁하지 못한 속옷을 저희가 발견했습니다. 고객님께 집에 돌아온 듯한 편안한 느낌을 드리기 위해 저희가 대신 세탁해놓았습니다. 저희 호텔에서 좀 더 안락한 휴식을 취하며 좋은 시간을 보내시기 바랍니다."

만일 당신이 내 친구라면 어떤 느낌이 들겠는가? 나의 친구는 그야말로 소스라치게 놀라고 말았다. 너무나 황당하다는 느낌마저 들었다. 그 호텔의 서비스는 대단히 열정적이고 세심한 것을 넘어 막무가내식이었다. 과연 그들이 진정으로 고객을 위한 '배려(마음 헤아리기)'를 했다고 볼 수 있을까? 아마도 그렇다고 할 수는 없을 것이다. 왜냐하면 이처럼 고객을 가족처럼 여긴다며 강제적으로 보살피는 것은 오히려 고객을 매우 불편하게 하기 때문이다. 내 친구 역시 두 번 다시는 그 호텔을 이용하지 않겠다고 투덜댔으니 말이다.

마음 헤아리지 않기의 베풀기: 정반대의 위로

교류 활동에서 다른 사람이 우리의 위안을 필요로 할 때도 엇갈리는 상황이 자주 일어난다.

이런 가정을 해보자. 친구가 최근에 매우 안 좋은 일들을 겪었다고 털어났다. 가령 투자 실패로 경제적으로 큰 손실을 입었다거나(경제적 위기), 연인과 말다툼이 끊이질 않아 아무래도 헤어져야겠다거나(감정적 위기), 올해 건강검진에서 여러 항목에 위험 신호가 켜졌다거나(건강의 위기) 등등.

친구가 어려움을 털어났을 때 당신은 어떤 반응을 보이겠는가?

내가 추측건대, 곤경에 처한 친구를 보고 당신은 어떻게 위로를 해야 할지 몰라서 안절부절할 것이다. 타인의 고통은 우리 마음속에 두려움을 불러일으키는데 이는 매우 자연적인 현상이다. 그래서 우리는 본능적으로 반응하게 된다. 즉 그 고통으로부터 빨리 벗어나려고 애쓰게 된다.

고통에서 벗어나는 방법은 고통으로부터 멀리 떨어져 앉는 것이다. 우리는 아무것도 듣지 않은 척 재빨리 화제를 바꾸게 될 것이다. 혹은 우리의 느낌을 격리한 채 매우 이성적으로 상대방에게 현실을 확인시키고 어떻게 대처하라고 문제 해결 방안을 제시할 수 있다. 여기서 주의해야 할 점은, 그렇게 현실을 직시하고 이치를 설명하는 것이 나쁜 태도라는 뜻은 아니다. 다만 만일 이성과 감정을 우리의 왼쪽 다리와 오른쪽 다리라고 가정했을 때, 두 다리를 서로 조화롭게 움직여야만 순조롭게 보행할 수 있다. 따라서 만약에 우리가 서둘러 그 감정에서 벗어나 이성적으로만 분석한다면, 이는 다리 하나는 질질 끌려오는 것을 외면한 채 나머지 다리 하나로만 걷는 것과 같다. 다른 사람이 위로를 구할 때 우리가 이성적인 해결책만 제시했다가 종종 상대방의 분노를 불러일으키는 이유이기도 하다.

상대방이 느닷없이 분노를 터트리면 우리는 억울하다는 느낌이 들 수 있다. 상대방을 위해 매우 좋은 방법을 알려주었는데 고마워하기는커녕 오히려 화를 내니 말이다. 사실 상처를 입고 질질 끌려오는 나머지 다리 하나에도 주의를 기울이며 두 다리 모두에 관심을 가져야만 두 다리가 조화를 이루며 걸음을 내딛을 수 있다. 다시 말해서, 상대방의 감정을 살펴보고 충분한 위로를 해줬다는 전제 아래 이성적인 분석과 해결책이 비로소 효력을 발휘할 수 있다.

고통에서 벗어나는 또 하나의 방법은 고통의 심각성을 외면하거나 혹은 상대방에게 비현실적인 희망을 불어넣는 것이다. 가령 우리가 익히 들어온 일반적인 반응은 대체로 이렇다. "괜찮아질 거야. 뭘 그렇게 걱정을 해?", "아니야, 건강검진을 다시 받아보면 분명 아무런 이상이 없을 거야", "걱정하지 마, 모든 일이 금방 호전될 거야." 대다수의 사람은 이러한 "괜찮아", "걱정하지 마"라는 말을 들으며 자랐다. 마치 "괜찮아"라는 말 한마디면 엉망진창이던 일이 단번에 사라지는 것처럼 말이다. 그러나 현실은 결코 그렇지 않다. 고통 역시 그 말 한마디에 사라지지도 않는다. 그럼에도 이러한 방식은 종종 우리에게 익숙한 위로의 방법이 되었다. 그래서 다른 사람을 위로할 때면 우리는 거의 무정하리만큼 습관적으로 "괜찮아"라는 말을 되풀이한다.

때로는 고통을 운명 탓으로 돌리기도 한다. 예를 들어 "요즘 운세가 안 좋은 것 같아", "이것도 하늘의 뜻이야"와 같은 말들로 상대방의 고통을 덜어주려고 한다.

이 방법들이 모두 효과가 없는 것은 아니다. 어차피 우리는 각자 자기만의 방식으로 친구를 도와주지 않는가? 게다가 이러한 방법들이 어떤 특정한 시기에는 대단히 큰 효과가 있다.

그러나 나는 여기서 두 가지를 지적하고 싶다.

첫째, 상술한 것과 같은 위로와 도움의 방식은 고통으로부터 서둘러 벗어나는 데만 급급하다.

물론 우리 모두 고통받기를 원하지 않는다. 다만 관건은, 육체적인 고통이든 정신적인 고통이든 단 몇 마디 말로 사라지지 않는다. 때로는 잠시나마 고통에서 벗어나는 것처럼 보이지만, 실은 잠깐 그 고통을 외면하는 것일 뿐 진정으로 문제가 해결되는 것은 아니다.

우리가 마음 헤아리기를 통해 자신의 이러한 반응을 이해하면 깨달을 수 있을 것이다. 고통으로부터 서둘러 벗어나기 위해 이와 같은 방법들을 선택하는 것은, 실상은 어떻게 해야 할지 알 수 없고 실질적인 도움을 줄 수 없다는 무력감에서 벗어나기 위해서라는 사실을. 그래서 고통을 마주했을 때 나는 물론이고 나의 친구가 빨리 고통으로부터 벗어날 수 있는 방법을 터득해야 한다. 고통받는 사람을 속수무책으로 지켜보기만 해서는 안 된다.

솔직히 이 방법들은 크게 비난할 것이 없다. 왜냐하면 자기 보호를 위해 선택하는 본능적인 행동이기 때문이다. 고통을 견디기 힘들 때는 먼저 그 고통에서 벗어나 자기의 안전을 보장해야 한다. 그래야만 상대방을 도울 방법을 찾을 여유가 생긴다. 이는 비행기를 타고 가는 도중에 긴급상황이 발생했을 때 산소마스크가 필요한 것에 비유할 수 있다. 이러한 긴급상황에서 우리는 나 자신부터 먼저 산소마스크를 착용하고 안전을 확보해야만 비로소 다른 사람을 도와줄 수 있다. 따라서 친구가 고통을 겪을 때 우리에게 여유가 있다면 결코 '산소 부족'이나 '질식' 상태에 빠지지 않는다. 혹은 서둘러 고통에서 벗어나기보다는 상대방과 함께 고통스러운 수렁 속에서 잠시 함께 머무를 수 있다. 사실 고통받을 때 누군가 옆에 함께 있어준다는 것은 굉장히 큰 위로가 되기도 한다.

둘째, 특히 이 점에 주의를 기울이길 바란다. 마음 헤아리기 관점에서 봤을 때 상술한 방법들이 상대방의 사유 활동을 촉진시킬까, 아니면 사유 활동을 멈추게 할까?

우리의 본래 취지는 상대방이 지나치게 고민에 빠져 괴로워하지 않았으면 하는 바람일 것이다. 지나친 고민 역시 마음 헤아리지 않기 방식이라고 할 수 있다. 이런 상황에서는 마음이 온통 그 고민거리에 빠져 있다. 그래서 자신을 되돌아보고 반성할 사고의 공간을 만들어낼 수가 없다. 만일 이러한 전제 아래라면 상대방에게 지나치게 생각에 파묻히지 말라고 충고하는 것도 대단히 큰 도움이 된다. 이때 우리는 상대방에게 마음챙김 연습을 권유할 수 있다. 이 연습은 생각과 느낌을 현재 상태에 머무르도록 하는 데 도움이 된다. 뒷장의 마음 단련에서 구체적인 연습 방법을 살펴보기로 하자.

그런데 만일 우리가 그저 고통으로부터 빨리 벗어나기 위해 "아무 일도 아니야. 깊이 생각할 필요 없어"라고 말한다면, 그건 단지 상대방의 자기반성을 멈추게 할 뿐이다. 모든 걸 운명 탓으로 돌리거나 혹은 이성과 감정을 서로 단절시키고 오로지 이성적으로만 문제를 분석하는 것도 상대방으로 하여금 자기반성을 멈추게 만든다.

본래는 친구를 위로하고 고통에서 벗어나 좀 더 편하게 지내도록 도와주고 싶은 마음, 혹은 상대방이 마음 헤아리기 능력을 회복하여 유익한 사유 활동을 했으면 하는 막연한 바람이었을 것이다. 하지만 결과는 나도 모르는 사이 상대방에게 생각을 멈추라고 말하는 것이나 다름없다. 그야말로 정반대가 된 셈이다.

마음 헤아리기의 베풀기는 건강한 베풀기이다

앞에서 언급했다시피, 타인에게 베풀기를 할 때 우리는 흔히 두 종류의 '지뢰'를 밟기 쉽다. 만일 마음 헤아리기를 통해 그러한 지뢰밭을 인식하고 의식적으로 자기반성을 하며 지뢰밭을 피한다면 점차 한층 더 나은 마음 헤아리기식 베풀기를 할 수 있다.

그 밖에 나는 당신이 이 점을 명심하기를 바란다. 이른바 건강한 베풀기는 상대방이 자기가 남으로부터 베풂을 받을 만한 가치가 있는 좋은 사람이라고 느낄 수 있어야 한다. 또한 건강한 베풀기는 베풀기를 통해 상대방의 주체성과 능력을 훼손해서는 안 된다. 다시 말해서 상대방이 자기가 무능해서 문제를 혼자 해결하지 못하기 때문에 베풂을 받는다고 느껴서는 안 된다. 반대로 상대방이 자기가 매우 소중하고 가치가 있는 존재이기에 베풂을 받는다고 느끼도록 해야 한다.

이는 베푸는 사람이나 베풂을 받는 사람이나 모두에게 긍정적인 역할을 한다. 서로의 주체성을 촉진하기 때문에 매우 건강한 베풀기라고 할 수 있다. 또한 이러한 인간관계야말로 매우 건강한 인간관계라고 할 수 있다.

문득 여러 해 전의 일이 떠오른다. 당시 30대 초반의 젊은 남성이었던 친구가 이런 탄식을 내뱉은 적이 있다.

"왜 우리 부모님은 항상 내 방식을 얕잡아보는 식으로 사랑을 주시는지 모르겠어!"

당시 내 친구의 부모님은 모든 것을 아낌없이 헌신하며 그를 보살폈다. 그 역시 이성적으로는 부모님이 순전히 자식을 사랑하는 마음에서 하시는 행동이라는 사실을 잘 알고 있었다. 그러나 그를 도와줄 때마다 부모님의 방식은 항상 이랬다. "너는 안 돼, 내가 처리해주마. 너는 분명 그 일을 망칠 거야."

예를 들면 이랬다. 그가 야식으로 냉동 만두를 삶아 먹으려고 하면 부모님이 곧장 다가와서 냄비를 빼앗으며 이렇게 말했다. "에이, 그냥 놔둬라. 괜히 아까운 만두 망친다. 내가 할 테니 너는 저기 가서 쉬려무나."

이러한 부모님은 우리 주변에서 쉽게 볼 수 있는 평범한 부모님의 모습이다. 그들의 행동은 진심으로 자식을 아끼는 사랑과 호의에서 나온 것이 분명하다. 그러나 이러한 행동은 그들 자신도 모르는 사이 일종의 미묘한 분위기 속에서 자녀들이 자기는 제대로 할 줄 아는 게 없다는 느낌을 갖게 한다.

이러한 상호작용 방식은 이미 30여 년 동안 지속되어왔다. 나의 친구는 충분히 성숙한 성년으로서 부모님과의 상호작용을 마음 헤아리기를 통해 되돌아보고 나서야 그처럼 무력감에 찬 탄식을 내뱉은 것이다. 당시 그의 깨달음과 탄식은 옆에서 보는 내 마음이 짠하다는 느낌이 들 정도로 힘들어 보였다. 벌써 10여 년도 전의 일인데 아직까지도 그의 모습이 기억 속에 또렷이 남아 있다.

베풀어주고 또 베풂을 받는 것은 본래 일방적인 선물을 의미한다. 다른 한쪽만이 필요한 것이기 때문에 주의를 기울이지 않으면 불평등의 온상이 될 수 있다. 그래서 우리는 베풀기를 할 때는 상대방이 친구이든 가족이든 동료든 혹은 부하직원이든, 아니면 이웃이나 동기이든 마음 헤아리기를 통해 세심하게 살펴야 한다. 자기가 자신도 모르는 사이 타인을 통제하는 수단으로 베풀기를 하고 있는 건 아닌지 말이다.

● 마음 단련 9: 건강한 뇌의 행동

마음 헤아리기를 통한 교류 활동은 대뇌를 한층 건강하게 해준다. 반대로 대뇌의 활력도 역시 마음 헤아리기 능력에 영향을 미친다. 양자는 서로 인과관계를 이루며 상호 촉진하는 결과를 낳는다. 이번 마음 단련에서는 연습을 통해 우리의 뇌에 활력을 불어넣어보자.

일상적인 단련

이 단련은 매우 간단해서 모두가 쉽게 할 수 있지만 또 어려운 부분도 있다. 당신의 고유의 습관을 바꾸는 것이 쉽지 않기 때문이다. 일상생활에서 꾸준히 연습할 수 있기를 희망한다.

이 단련의 목적은 당신에게 익숙하지 않은 일을 하는 것이다. 즉 새로운 사물이나 일에 도전하는 것이다. 이러한 간단한 변화를 통해 당신의 대뇌는 활력을 유지할 수 있다.

- 평소 책을 멀리하던 사람은 독서에 도전해보라. 당신 손에 쥐고 있는 휴대폰이나 전자책이 아니라 형식을 바꿔서 종이책으로 읽어보라. 손가락으로 휴대폰 화면을 움직이는 것이 아니라 책의 페이지를 한 장 한 장 넘기면서 읽는다면 우리의 대뇌에 새로운 자극을 줄 수 있다. 어쩌면 무의식적으로 책의 글자 크기를 조절하려고 손가락을 움직일지도 모른다. 이는 우리의 대뇌가 오랫동안 전자기기 사용에 익숙해져 있기 때문이다.

- 문자책만 즐겨 읽은 사람은 만화책에 도전해보라. 그림과 문자가 섞여 있는 만화책은 그림을 통해 줄거리를 이끌어나간다. 이는 문자책의 논리와는 사뭇 다르다. 만화책을 보는 것이 문자책보다 수준이 낮아서 훨씬 쉽다고 여겨서는 안 된다. 나의 내담자들 중에서 한 번도 만화책을 접해본 적이 없는 사

람들은, 난생처음 만화책을 읽으려니 이해가 잘 안 돼서 어느 정도 적응할 시간이 필요하다고 입을 모아 말했다.

· 커피나 밀크티를 살 때 이제껏 마셔보지 않았던 새로운 맛의 음료에 도전해 보라. 맛있는지의 여부는 잠시 제쳐두어라. 지금 우리의 목적은 미각을 통해 당신의 대뇌에 신선한 자극을 주는 데 있다. 새로운 음료의 맛을 자세히 음 미하며 당신이 평소 마시던 것과 어떤 차이가 있는지 살펴보라. 당신의 감각 기관의 민감도를 높일 수 있다. 이처럼 사소한 일들로 판별력과 판단력을 향 상시킬 수 있다.

· 만일 구기종목의 경기를 즐겨 관람한다면, 그동안 한 번도 관람한 적이 없는 경기 종목에 도전해보라. 가령 축구를 좋아한다면 이번에는 럭비 경기를 관 람해보라. 구기 종목마다 경기 규칙이나 전술이 저마다 다르기 때문에 그러 한 새로운 지식을 익히느라 당신의 대뇌는 활발하게 움직이게 될 것이다. 마 찬가지로 무용 공연을 즐겨 관람했다면 생소한 무용 공연에 도전해보라. 내 말인즉슨, 크나큰 변화를 시도할 필요는 없다는 뜻이다. 가령 스포츠 종목 을 좋아하는 사람이 하루아침에 억지로 예술 공연을 관람하려고 한다면 이 는 도리어 자기를 괴롭히는 일이 될 수 있다. 나는 당신의 일상생활에서 작 은 변화를 시도하는 동시에 삶을 즐길 수 있기를 희망한다. 또 다른 나로 변 화할 필요는 없다. 자기의 개성을 토대로 약간의 조정만 하면 된다.

· 만일 컴퓨터 자판을 주로 이용하고 손글씨를 써본 적이 오래됐다면, 이번에 는 손글씨에 도전해보라. 약간의 난이도를 더해서 붓글씨나 혹은 만년필 같

은 생소한 필기도구를 이용하는 것도 좋다.

당신의 습관을 토대로 다른 새로운 사물이나 일에 도전하는 방법을 생각해낼 수 있다. 그 방법을 나열해보고 수시로 자신을 일깨워 시도해보라.

_____

_____

_____

_____

_____

• 응용 케이스 2: 필요한 것이 있을 때

필요한 것이 있어야 성장할 수 있다

인간은 태생적으로 여러 가지를 필요로 한다. 배를 채울 먹거리가 필요하고, 몸의 체온을 유지해줄 옷가지가 있어야만 생존할 수 있다. 또한 우리는 휴식이 필요하다. 지친 육체와 영혼을 회복해야 하기 때문이다. 생활에 즐거움을 가져다주는 오락도 필요하다. 우리는 끊임없이 자아를 초월하는 성장이 필요하다. 또한 사교 활동을 통해 귀속감을 느낄 필요가 있다. 반면에 자기의 내면에 침잠할 수 있는 혼자만의 시간도 필요하다. 뿐만 아니라 좌절했을 때 다시 일어날 수 있는 힘을 주는 응원도 필요하다. 심지어 자기의 독립성을 유지하면서 내면의 균형을 잃지 않으려면 타인을 거부할 필요도 있다.

그러나 정작 자기에게 필요한 것이 무엇인지를 살펴볼 때, 우리는 종종 자기도 모르게 외부의 사물이나 타인이 필요하지 않게 되기를 희망한다. 하지만 완전한 의미의 자급자족이나 혹은 일체의 수요를 배제하는 것은 오직 전지전능한 신만이 가능할 것이다. 바로 그 때문에 오히려 우리는 자기가 무언가를 필요로 한다는 것을 인정하기가 쉽지 않다. 왜냐하면 그것은 곧 내가 일개 평범한 인간에 불과하며, 자기의 한계에 직면해야 한다는 사실을 인정하는 것이기 때문이다.

하지만 이러한 필요한 것들이 있기에 우리는 생생하게 살아 있는 인간이 될 수 있다. 무언가를 필요로 하는 것은 우리의 약점이 아니다. 우리 인성의 사실적인 모습이자 우리가 이 세상에 존재한다는 각인이다. 그래서 자기가 필요로 하는 것이 있다는 사실을 인정하는 것은 자기가 약한 존재라고 인정하는 것과는 다르다. 반대로 그것은 일종의 용기의 표상이며, 자기를 받아들이는 자세이다.

필요한 것이 있기에, 한계가 있기에 인간은 비로소 성장할 수 있다.

마음 헤아리지 않기의 방식: 중요한 순간에 마음의 지도가 방해한다

자기에게 필요한 것이 있다는 사실을 깨닫는 것은 자기가 어느 방면에서 무엇이 결핍되어 있거나 혹은 부족하다는 것을 의미한다. 이러한 결핍은 먹거리일 수도 있고, 두 시간의 수면일 수도 있으며, 존중받는다는 느낌일 수도 있고, 자기 가치감일 수도 있다.

우리에게 결핍된 것은 외부 환경으로부터 제공받을 수 있는데, 이는 객관적으로 확실히 불균형이라고 할 수 있다. 그래서 우리는 불평등의 마음 지도가 작동하기 쉽다. 이러한 불평등 혹은 자기가 미약한 존재라는 느낌에서 벗어나기 위해, 우리는 자기에게 필요한 것이 있다는 사실을 외면하거나 혹은 설령 그 필요성을 인정해도 그 수요를 충족해줄 지지자를 찾아 나서지 않는다.

이것을 내면의 마음 지도가 작동한 것이라고 말하는 이유는, 그러한 불평등, 나약한 느낌이 나의 수요와 완전히 연계된 것은 아니기 때문이다. 즉 "나는 갖고 있지 않지만 외부 세계는 갖고 있다." 만일, 이러한 상황을 일종의 수요와 공급의 불균형으로 이해한다면 어떨까? 아마도 당신은 한쪽이 다른 한쪽보다 훨씬 우월하다는 느낌을 받지 않을 것이다. 사실 이는 서로 도움이 되는 관계로서 상호작용 속에서 쌍방 모두 충족감을 누릴 수 있다.

연구에 따르면, 안정형 애착유형에 속하는 사람의 주된 애착 전략은 자기의 애착 관계에 필요한 점이 있음을 인정한다는 것이다. 그리고 언어나 비언어로 필요한 것을 전달한다. 이는 우리가 양육 과정에서 필요한 것이 있을 때 양육자가 우리의 필요를 존중해주고, 또 마음 헤아리기를 통해 당시의 상황을 판단하고 합리적으로 호응을 해주었기 때문이다. 그래서 우리 마음에는 '내가 뭔가를 필요로 하는 것은 더할 나위 없이 정상이다', '불완전한 나도 가치가 있다', '필요한 것이 있을 때 표현하는 것은 나에게 손해가 되지 않는다' 등등의 마음의 지도가 만들어져 있다.

여기서 말하는 양육자의 합리적인 호응이란 양육자가 우리의 수요를 반드시 충족시켜줬다는 뜻이 아니다. 이른바 '합리'는 양육자가 당시의 자기의 상황, 우리의 상황, 환경의 상황 등을 근거로 마음 헤아리기 판단을 할 줄 안다는 것이다. 그러한 판단 아래 우리의 수요가 충분히 충족되지 못하기도 한다. 그러나 그들은 단지 우리의 수요를 충족시켜주지 못할 뿐 여전히 우리의 수요를 존중해준다.

예컨대 내가 콜라를 마시고 싶어 한다고 가정해보자(이는 나의 첫 번째 수요이다). 하지만 나의 양육자는 합리적인 판단을 거쳐 콜라를 허락하지 않았다. 그래서 나의 수요는 충족되지 못했다. 단 마음 헤아리기 수준이 높은 양육자는 이렇게 말하지 않는다. "너는 어떻게 이상한 생각만 하니? 너는 어려서 콜라를 마시면 안 돼. 그건 나쁜 생각이야"(비평), 혹은 "지금 살찐 것도 부족해서 또 마시려고?"(지적, 조소). 그들은 또한 이런 말도 하지 않는다. "콜라가 뭐가 맛있다고 마시려고 해? 하나도 안 맛있어. 콜라가 얼마나 맛없는데?"(부정) 혹은 "우리 꼬맹이는 콜라 마시고 싶지 않아요. 전혀 눈곱만큼도 마시고 싶지 않아요"(사실 왜곡). 대신 마음 헤아리기 수준이 높은 양육자는 우리가 이런 느낌을 갖게 해준다. 비록 콜라를 마시고 싶다는 나의 수요는 충족되지 못하지만, 콜라를 마시고 싶은 나의 생각을 충분히 이해받고 있다는 느낌 말이다.

그러나 생애 초기에 마음 헤아리기 능력이 뛰어난 양육자를 만나느냐 그러지 않느냐는 순전히 운에 달려 있다. 아마도 대다수 사람 중에 그런 행운을 거머쥔 이는 그다지 많지 않을 것이다. 그래서 우리는 대개 자기의 수요가 진지하게 받아들여지기는커녕 무심하게 부정당하는 경험이 많다. 그리하여 우리가 얻은 마음의 지도는 이렇다. "필요한 것이 있는 것은 창피스러운 일이다", "나의 수요를 표현한다면 거절당하는 고통을 받게 될 것이다", 혹은 "다른 사람이 나의 수요를 충족시켜주더라도 그에 합당한 대가를 지불해야 한다."

타인으로부터 지지를 받아야 하는 중요한 순간에 오래전에 만들어진 마음의 지도가 잽싸게 작동한다. 그래서 생각을 거치지 않고 자동적으로 판단을 하게 되어 타인으로부터 지지를 받는 데 방해를 받게 된다. 이러한 마음 헤아리지 않기 반응은 또다시 우리를 자기의 세계 속에 가둬놓고 만다.

어린 시절 마음 헤아리기 능력이 훌륭한 양육자의 보살핌을 받은 것은 대단히 큰 행운이다. 하지만 만일 그런 행운이 없었다면 우린 어떻게 해야 할까?

마음 헤아리기 능력이 낮은 사람과 일정한 거리를 유지하며 그들이 자기에게 미치는 영향을 줄여야 한다. 대신 마음 헤아리기 능력이 뛰어난 사람과 많은 시간을 가지도록 해야 한다. 그리고 끊임없는 자기반성과 깨달음 속에서 자기의 마음 헤아리기 능력을 향상해야 한다. 가령 이 책의 마음 단련을 꾸준히 연습하는 것도 좋다. 자기를 가둬놓은 새장을 박차고 나오는 것이야말로 "내 인생은 하늘이 아니라 내가 결정하는 것이다."

자기가 주변의 지지를 얻는 데 방해를 하는 마음 지도에 대해서는, 먼저 마음 헤아리기를 통해 자기를 되돌아보고 깨달아야 한다. 도대체 내가 가진 마음의 지도는 어떤 것이지? 우리는 첫 번째 비결의 '일시정지, 벗어나기'를 통해 나의 상태를 살피고, 또 어떤 마음의 지도가 나의 행동에 영향을 미치는지 사유해야 한다.

그다음에는 '분명히'를 '어쩌면'으로 바꾸라는 세 번째 비결을 이용하여 나의 마음의 지도를 고쳐야 한다.

- 내가 필요한 것을 표현했을 때 상대방에게 거절을 당할 수 있다. 하지만 반드시 거절당할 거라고 단정할 수 없다.
- 타인이 악의적으로 나의 수요를 거절할 수도 있지만, 어쩌면 다른 이유 때문에 거절할 수도 있다.
- 수요를 표현하면 타인에게 비웃음을 당할 수도 있지만, 반드시 그런 것은 아니다.

이렇게 하면 마음의 지도가 가리키는 결과가 그저 여러 가능성 중의 하나일 뿐 반드시 발생하는 것은 아니라는 사실을 깨달을 수 있다. 그것이 유일한 결과라고 확신할 때는 그 결과가 이미 상상 속에서 발생하는 법이다.

이러한 자기반성에 익숙해지면 좀 더 마음 깊이 숨어 있는 마음의 지도를 찾아서 사유 활동을 진행해야 한다. "나는 왜 이럴까?"

- 어차피 그러한 가능성의 결과가 이미 발생했어. 그게 뭐 대수인가?

우리에게 이런 마음의 지도도 있을 수 있다.

- 만일 그러한 무서운 결과가 발생한다면, 내 인생은 끝장이다.

그렇다면 우리는 세 번째 비결을 활용하자.

- 만일 그러한 일이 발생하면, 정말로 내 인생은 끝장나는 걸까? 그러한 거절 당한 고통, 비웃음당한 치욕 속에서도 살아남을 수 있지 않을까?

한층 수준 높은 마음 헤아리기 태도로 내 안에 숨은 마음의 지도를 살펴보자. 자신을 너무 성급하게 바꾸려고 하지 말라. 땅따먹기 게임을 하는 것처럼 조금씩 조금씩 자기의 능력을 단련시키면서 우리 마음의 지도를 훨씬 넓게 확장해갈 수 있다.

마음 헤아리지 않기의 방식: 표현이 너무 모호하여 얻을 수 없다

때로는 나에게 필요하지만 필요하다는 말을 어떻게 전해야 할지 모를 때가 있다. 이것 역시 우리 마음 지도의 영향을 받아서 직접적으로 표현하는 데 감히 엄두를 못 내는 것이다.

상대방으로부터 거절당하는 고통과 수치심을 완화하기 위해 우리는 암시적인 방법으로 수요를 표현하는 데 익숙하다. 물론 과거의 경험으로 볼 때 이런 암시적인 방법도 나쁠 것은 없다. 우리는 반드시 자기를 보호해야 하고, 자신이 상처받지 않기를 바라기 때문이다. 그래서 그처럼 모호한 표현 방식으로 만일의 경우에 대비해 자신이 빠져나갈 길을 남겨두곤 한다. 이는 우리가 과거의 참담했던 경험에서 배운 일종의 소득이자 총명한 지혜라고도 할 수 있다.

원인이 무엇이든 만약에 당신이 여전히 위태로운 환경에 놓여 앞에 나설 수 없는 상태라면, 자기가 진정으로 필요한 것을 감춘 채 모호한 방식으로 표현하는 것은 생존을 위한 가장 좋은 방법임은 확실하다. 그러나 만약에 당신이 그렇게까지 불행하지 않아서 현재의 생존 환경이 상대적으로 안전하다면 스스로를 이렇게 일깨워야 한다: 나는 저렇게 절대화된 방식으로 나를 보호할 필요는 없어. 나도 이미 성년이잖아. 만일 상대방이 이유 없이 나를 거절하거나 나를 존중해주지 않으면 그 사람과 관계를 끊고 멀리하면 그만이야.

바꿔 말하면, 만약에 우리가 정말로 어떤 감옥에 갇혀서 생명과 안전이 위협을 받을 경우를 가정해보자. 이때는 자기가 진정으로 필요로 하는 것을 잠시 숨기는 것도 좋은 전략이다. 그러나 대다수 상황에서 우리는 과거의 경험으로 만들어진 마음의 감옥에 자신을 가두고서 이곳을 빠져나갈 수 없다고 오해한다. 이런 상황에서 모호한 표현은 우리가 유연하게 활용하거나 혹은 폐기해도 무방한 전략이 아니라 고착된 유일한 방식이 된다.

만약에 타인의 마음을 잘 헤아리는 사람을 만난다면, 게다가 그가 열정적으로 당신의 암호를 해석하기를 원한다면, 우리는 모호한 방식으로 내가 필요한 것을 암시할 수 있다. 그리하여 크든 작든 수요를 충족시킬 수 있다. 그러나 이는 윷놀이처럼 모든 것을 운명에 맡기는 것과 비슷하다. 나의 수요가 충족이 되는지 안 되는지가 하나의 도박이 되는 셈이다.

교류 활동은 일종의 상호작용이다. 우리 모두 그 상호작용 속에서 권리와 책임이 있다. 우리는 필요로 한 것을 요구할 권리가 있다. 우리가 필요한 것이 얼핏 듣기에 황당하기 짝이 없더라도 존중받을 권리가 있다. 바꿔 말하면 인간관계는 도박하는 것처럼 패를 던지면 그만인 것과는 다르다. 사실상 지원, 도움 혹은 만족감을 얻으려면 우리는 우리가 필요로 하는 것이 도대체 무엇인지 상대방에게 알려줄 책임이 있다.

두 번째 비결을 잊지 말라. 다른 사람이 나를 이해하지 못하는 것은 지극히 정상적인 일이다. 만약에 내가 필요한 것을 아직 설명하기도 전에 상대방이 이미 파악하고 이해해준다면, 그런 상황을 당연하게 받아들여서는 안 된다. 이번은 그야말로 로또에 당첨된 것처럼 뜻밖의 크나큰 행운을 얻었다고 생각해야 한다.

우리의 마음의 수요가 그에 상응하는 응답을 얻지 못할 때, 우리는 극도의 실망에 빠지며 마음이 원망으로 가득 차게 될 것이다. 그러나 잠시 마음을 가라앉히고 자기를 위해 반성하는 공간을 남겨두는 건 어떨까? 두 번째 비결과 모호한 표현 방식을 결합해서 나를 되돌아보고 사유를 해보라. 그러면 발견하게 될 것이다: 내가 필요로 하는 것을 다른 사람이 이해하지 못하는 것은 지극히 정상적인 일이다. 이는 마치 두 사람 사이에 안개가 끼어 있는 것과 같다. 내가 모호하고 애매한 방식으로 나의 수요를 표현하는 것은 안개를 한층 짙게 만들어서 이해의 난이도를 높이게 된다. 그리하여 내가 상대방의 응답을 들을 가능성이 크게 떨어진다(그림 4-5 참조).

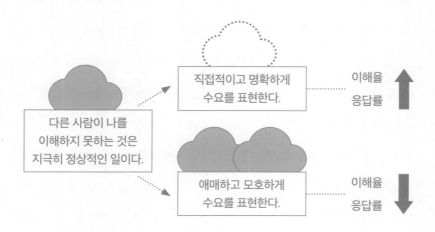

그림 4-5 수요를 표현하는 방식이 다르면 이해와 응답을 하는 비율도 다르다

어쩌면 과거 인생의 어느 순간에 이러한 모호한 표현 방식이 우리에게 보호 작용을 일으켰을 수도 있다. 그러나 지금은 더 이상 나를 보호해줄 수도 없을뿐더러 오히려 타인의 거절 혹은 홀대에 감정이 상하고 우리 자신에게 상처를 주는 방식이다.

과거에 만들어진 마음의 지도는 우리에게는 낡은 교복과도 같으며, 이 제는 그 낡은 옷들을 처분할 때이다. 지금의 나의 몸매와 신분에 걸맞은 옷으로 갈아입어야 한다. 이처럼 모호하고 애매한 표현 방식을 버리고, 자신의 필요와 기대에 용감하게 맞서며, 좀 더 직접적이고 명확한 방식으로 세계와 교류하라. 그래야만 훨씬 많은 응답과 지지를 얻을 수 있다.

마음 헤아리지 않기의 방식: 억지웃음을 짓는 것이 습관이다

심리상담실에서 내담자가 자신이 겪은 고통을 이야기할 때 이런 모습을 자주 본다. 마치 남의 이야기를 하는 것처럼 표정이나 말투가 매우 침착하고 심지어는 미소마저 짓는다. 때로는 생동감 넘치고 익살스럽게 이야기하기도 한다. 그러다가도 고통스러운 대목에 들어서면 마치 말실수를 한 것처럼 대충 간단한 몇 마디로 황급히 끝낸다. 그들은 자기의 느낌과 실제 경험을 분리하는 경향이 있는데, 이런 현상을 심리학에서는 감정 분리라고 한다. 그들은 이러한 방식으로 자기를 보호하며 고통과 거리를 둔다.

심리상담실에서 이런 모습을 자주 본다고 해서 일상생활에서는 보기 드문 현상이라는 뜻은 아니다. 단지 일상생활에서는 이처럼 분리된 감정을 알아채기가 매우 어렵다. 우리는 미소 뒤에 감춰진 눈물을 판별하기가 힘들며, 그 속에 담긴 고통을 느끼기 힘들다.

심리상담이라는 특수한 환경에서 단련된 심리상담사는 내담자의 말에 귀를 기울이고, 또 그들의 미묘한 비언어적 행동을 관찰할 수 있다. 더욱 중요한 것은, 상담사는 모든 촉각을 곤두세워서 내담자가 차마 말로 표현하지 못한 감정을 느낀다. 여기에는 상담 과정에서 내담자로부터 상담사가 받는 느낌도 포함된다. 대부분의 심리상담에서 상담사는 서둘러 조언을 하지 않는다. 자기의 감각기관과 마음 헤아리기 능력을 총동원하여 내담자의 이야기와 행동으로 표현하는 모든 것을 복합적으로 이해한다. 상담사도 마지막에는 언어로 내담자에게 응답한다. 가끔은 내담자에 대한 응답이 언어를 초월한 것이기도 하다. 여기에는 수많은 심리상담의 원리가 관련되어 있는데, 특히 정신역동학 심리상담 이론과 관련이 깊다. 다만 이는 이 책의 중점이 아니기 때문에 생략하기로 한다.

이와는 다르게 만일 일상생활에서 누군가가 이런 방식으로 우리에게 자기의 경험을 서술한다면, 우리는 겉으로 드러나는 표상에 쉽게 속아 넘어가 상대방의 경험을 대수롭지 않다고 오해한다. 우리는 현재 그가 처해 있는 어려움을 진정으로 이해하기 어렵고, 또 그가 마음속 깊은 곳에서는 우리의 지지와 도움을 갈망하고 있다는 사실조차 알아차리기 어렵다.

또한 상대방은 마음속으로 과거의 마음의 지도를 한층 강화할 수 있다: 그럼 그렇지, 나를 도와줄 사람은 아무도 없어. 이러한 상호작용의 발생 과정은 257쪽의 그림 4-5를 참조할 수 있다. 이는 일종의 강박적인 반복으로 고통의 경험을 다시금 재연하게 된다. 의식적으로는 이 고통이 반복되는 것을 피하고 싶어 하지만, 무의식적으로 그러한 고통을 다시 불러들여 반복한다. 원래는 자기를 보호하기 위해 취한 행동이 오히려 나를 다시금 그 고통 속으로 빠뜨리고 마는 것이다.

심리상담에서 상담사는 자기의 마음 헤아리기 능력을 적극적으로 활용하여 내담자의 내면 세계를 이해하며 그의 마음을 다독이고 향상시킨다. 억지웃음에 익숙한 내담자는 종종 상담 과정에서 사실 그들이 타인에 대한 수요를 포기하지 않았다는 사실을 깨닫는다. 그리고는 이내 실망하거나 혹은 억울해하며 의문을 드러낸다. "왜 내가 도움을 필요로 할 때 아무도 쳐다보지 않죠?" 그리고 점차 마음 헤아리기를 통해 자기와 타인의 상호작용을 되돌아보며 자기반성적인 질문을 한다.

- 다른 사람들은 내가 도움이 필요하다는 것을 알까요?
- 나의 어려움을 그들이 일부러 외면하는 걸까요, 아니면 나의 말하는 방식 때문에 다른 사람들이 나의 어려움을 보지 못하는 걸까요?
- 나의 고통과 나약한 모습을 인정하기를 거부하는 모습을 보고서 다른 사람들이 나의 어려움을 알면서도 쉽사리 도와주지 못하는 걸까요? 그들이 냉정해서가 아니라 나의 마음을 존중해서 일부러 그런 행동을 보여준 걸까요?

내가 강조하고 싶은 점은 이렇다. 우리가 이러한 마음 헤아리기 사유 활동을 진행하게 되면, 자기의 어려움과 필요로 하는 것을 직접적으로 표현할 수 있도록 곧바로 행동이 변화한다는 뜻이 아니다. 사실상 우리가 경험한 상처와 고통은 천천히 치유할 시간이 필요하다. 우리는 단숨에 완전히 다른 사람으로 변화할 필요가 없다. 다만 우리가 이러한 사고 능력을 갖추고 난 뒤에는 행동이 변화하기까지 많은 시간이 필요하다. 하지만 마음가짐은 바꿀 수 있다. 새로운 방식으로 나와 타인의 관계를 바라볼 수 있게 된다. 그런 의미에서 우리는 더 이상 내면의 감옥에 갇히지는 않게 된다.

• 마음 단련 10: 자기의 어려움을 이해하기

이번에는 자기가 겪는 어려움에 주안점을 두자. 우리는 흔히 정서적 곤란에서 벗어나고 싶다고, 나쁜 정서에서 탈출하고 싶다고 말한다. 하지만 사람마다 정서적인 곤란이 다르다는 점은 미처 살피지 못한다.

이번 단련은 당신 자신의 독특한 특성에 주의하며, 어떤 정서가 당신을 가장 힘들게 하는지 살펴볼 수 있기를 바란다. 또한 어떻게 해야 자기를 잘 도울 수 있는지 파악하는 데 이 연습이 도움이 될 것이다.

문제

다음의 문제에 대해 생각해보라.

1. 과거의 경험을 되돌아보라. 어떤 정서가 당신을 가장 힘들게 했는지 생각해보라.

_____

_____

_____

2. 이전에 당신은 어떤 방법 혹은 생각을 취했는가? 당신이 경험한 이러한 정서에 그것들이 도움이 되었는가?

_____

_____

_____

3. 앞으로 이런 정서를 또 겪을 때 도와줄 수 있는 다른 방법을 생각해본 적이 있는가? 생각나는 모든 방법을 나열해보라.

_____

_____

_____

4. 만약에 이런 정서에 휩쓸리기 전에 당신이 가장 신뢰하는 사람이 옆에 있다고 가정해보자. 그렇다면 그(그녀)는 당신의 어떤 표현을 통해

당신이 그 정서에 빠지려는 것을 발견할 수 있을까?

_____

_____

_____

5. 그렇다면 그(그녀)는 어떤 방식으로 당신을 도와줄 수 있을까?

_____

_____

_____

• 응용 케이스 3: 갈등이 생겼을 때

갈등의 가열화: 양쪽 모두 마음 헤아리지 않기 상태로 돌입한다

사람들과의 교류 과정에서 우리는 갈등을 피하기 힘들다. 갈등이나 충돌이 생겼을 때 우리의 마음 헤아리기는 일련의 시험에 들게 된다. 갈등이 가열화되면 교류하는 양측 모두 마음 헤아리기를 멈추고 마음 헤아리지 않기 단계로 접어들기 쉽기 때문이다. 우리가 3장에서 살펴봤던 자원과 샤오난의 이야기는 좋은 사례이다. 두 사람의 관계가 순탄할 때는 상호작용 사슬이 지속적으로 진행된다. 하지만 두 사람의 정서가 격앙되기 시작하면서 마음 헤아리기 상태는 멈추고 만다. 상대방에 대한 자기의 추측이 절대적으로 옳다고 여기고, 심지어 반사적인 반응을 나타내며 자신과 상대방에 대한 이해가 멈추고 만다. 앞에서 보았듯이 두 사람 사이의 상호작용 사슬이 끊어지면서 교류도 더 이상 지속할 수 없게 되지 않았는가?

갈등이 생겼을 때 실망, 분노, 억울함, 수치심 등 격렬한 정서에 휘말리면, 양쪽 모두 자기와 상대방의 심리 상태에 관심을 기울일 수가 없게 된다. 다시 말해서 이때는 마음 헤아리기가 실패로 돌아가는 것이다(그림 4-6 참조).

양쪽의 마음 헤아리기가 실패한 상황에서는 효과적인 소통이 이뤄지지 못한다는 것을 우리도 보았다. 그때는 두 사람의 교류가 그저 소 귀에 경 읽기에 불과하다. 저마다 자기가 할 말만을 하기 때문이다. 우리 모두 마음속에 숨어 있는 마음의 지도가 작동하면서 반사적으로 반응을 하게 된다.

그렇다면 이럴 때는 어떻게 마음 헤아리기 상태로 다시 돌아갈 수 있을까? 우리의 비결을 다시금 되새길 때이다.

첫 번째 비결: 일시정지, 벗어나라. 그리고 상대방은 왜 저러는지, 나는 왜 이러는지 사유하라.

이때는 첫 번째 비결을 되뇌며 가열된 전쟁터에서 한 발 뒤로 물러서야 한다. 전쟁이 너무 격렬해지면 우리 마음은 완전히 감정에 매몰되어 자기반성의 사고를 할 공간이 없어진다.

일시정지를 하면 폭발 직전의 뜨거운 분위기를 어느 정도 식힐 수 있다. 뒤로 한 발 물러나면 마음속에 여유의 공간을 만들어낼 수 있다.

마음 헤아리기

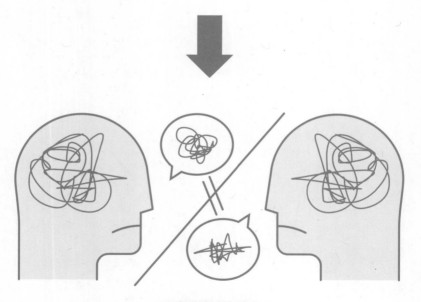

마음 헤아리기 실패

그림 4-6   마음 헤아리기에서 마음 헤아리기 실패로

우리는 이렇게 만들어낸 내재적 공간에서 점차 자기에 대한 마음 헤아리기 상태로 돌아올 수 있다. 그리고 천천히 자기의 마음을 진정시키고 나면 더욱 큰 공간에서 상대방에 대한 마음 헤아리기를 진행할 수 있다 (그림 4-7 참조).

마음으로 마음을 성장시키는 것처럼 마음 헤아리기는 또 다른 마음 헤아리기를 가져온다. 우리가 마음 헤아리기 상태로 다시 되돌아가면 다

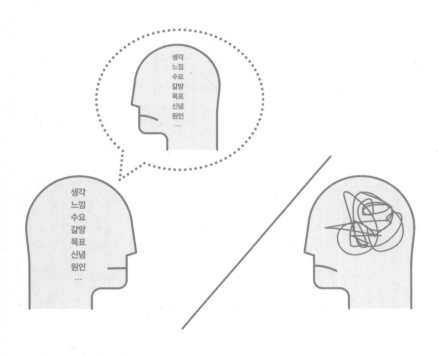

그림 4-7 다시 마음 헤아리기 상태로 돌아가다

시 대화를 이끌어갈 수 있다. 만일 우리가 상대방의 마음 헤아리기를 시도하고 있는 상태라고 설명해준다면, 상대방도 서서히 감정을 진정시킬 수 있다. 격앙된 정서에서 벗어나 그 역시 마음 헤아리기를 진행할 수 있는 것이다.

마음 헤아리기 상태로 되돌아온 후의 표현: 두 번째 비결을 잊지 말라

이젠 두 번째 비결이 등장할 차례이다: 다른 사람이 나를 이해하지 못하는 것은 지극히 정상적인 일이다.

이는 우리가 어떻게 마음 헤아리기 방식으로 표현을 해야 하는지와 관련되어 있다. 그 표현에는 한층 명확하게 자기의 관점을 설명하는 것도 포함되어 있는데, 이는 어쩌면 나와 상대방 사이에 갈등이 생긴 관점일 수도 있다. 또한 방금 전에 자기의 정서가 왜 그렇게 격렬해졌는지에 대한 설명도 포함된다. 물론 우리의 표현에는 상대방에 대한 마음 헤아리기도 포함될 수 있다. 예컨대 이런 것이다. "어쩌면 내 느낌이 틀렸는지도 모르지만, 방금 네가 그렇게 감정이 격해진 이유는 혹시⋯⋯."

때로는 우리 내면에서 자기와 타인 간의 갈등과 충돌을 감지하면 마음속에서 거대한 풍랑이 일어나는데, 겉으로 드러나는 태도는 오히려 차분할 때가 있다. 그건 우리가 회피를 선택하기 때문이다. 그래서 가끔 이런 사람들도 있다. 이미 마음속으로는 상대방과 관계를 끊기로 결정했다. 즉 인간 상호작용 사슬이 잠시 단절된 데서 멈추지 않고 전체 관계마저 끝내는 것이다. 그러고서 겉으로는 전혀 표현하지 않는다.

회피를 하기 때문에 상대방과 격렬한 말다툼은 피할 수 있다. 그러나 암암리에 불만을 표시하기 마련이다. 그렇다면 두 번째 비결로 돌아가서, 우리가 직접적으로 명확하게 표현을 해도 상대방이 우리의 불만을 이해하지 못할 수 있다. 특히 암암리에 표시하는 것은 상대방의 이해율을 한층 떨어뜨리게 된다. 그렇게 시간이 지나다 보면 이런 방법은 오히려 불만만 키우게 된다.

그 밖에 암암리에 표현하는 것은 종종 상대방에 대한 보복을 내포하기 마련이다. 때로는 이런 상황을 수동적 공격이라고도 한다. 한마디로 비록 내가 명명백백하게 불만을 말할 수는 없지만 네가 잘 지내는 걸 두고 볼 수는 없다는 식이다. 그러면 아마 상대방도 뭐라고 딱히 꼬집어 말할 수 없지만, 왠지 미묘하고 꺼림칙한 불편감을 느끼게 될 것이다. 만일 이런 방식으로 교류를 한다면 인간관계가 크게 훼손될 것이 뻔하다.

한편 자기의 솔직한 느낌을 참고 누르는 경우도 있다. 즉 아예 표현을 하지 않는 것이다. 최소한 자기가 의식할 수 있는 범위 내에서는 전혀 표현을 하지 않는다. 그러나 자기의 감정을 완전히 억누를 수는 없다. 자기도 모르는 사이 암암리에 감정을 드러내기 마련이다.

전체적으로 자기의 감정을 억압하는 방식으로 교류하는 관계는 끊임없이 불만이 쌓여서 언젠가는 한계에 도달하고 만다. 그때는 감정이 마치 폭탄처럼 폭발한다. 이러한 방식을 우리가 적극적으로 고치지 않으면 '감정 억압 → 억압하려고 노력 → 한층 더 억압하려고 노력 → 폭발'이라는 하나의 전형적인 방식이 되어 계속해서 반복된다. 이는 우리가 밥 지을 때 사용하는 압력솥과 마찬가지이다. 반드시 제때에 적절하게 압력을 배출해 줘야 한다. 만일 압력추가 고장이 나서 막히면 압력솥 안에는 기체가 계속해서 팽창하다가 마지막에는 고압을 견딜 수 있는 한계를 초월하여 대단히 위험한 방식으로 폭발하게 된다.

일부 사람들이 억압하는 방식으로 갈등을 회피하는 이유는 합리적으로 '압력을 배출'하는 방법을 몰라서이다.

자기의 관점을 합리적으로 표현해야 한다는 말에서 일부 사람들은 이런 반응을 보일 수 있다. 두 사람의 관점이 불일치하는 상황에서 자기의 관점을 설명하는 것이 합리적이라는 생각을 하기가 힘들다고 말이다. 그들이 생각할 수 있는 유일한 방법은 상대방에게 상처 주는 표현을 하는 것이기 때문이다.

어쩌면 그들은 인생에서 그러한 상처 주는 말로 표현하는 방식을 다른 사람에게 배웠을지도 모른다. 혹은 과거에 불같이 화를 내거나 혹은 신랄하고 매몰찬 말을 해야만 타인에게 자기의 느낌을 전달할 수 있다는 걸 터득했을지도 모른다.

이 책의 마음 단련을 적극적으로 연습하면서 자기의 성찰 능력을 키워라. 그러면 저마다 표현하는 과정에서 겪는 특정한 어려움이 있다는 사실을 발견할 수 있을 것이다. 동시에 그 어려움이 우리의 마음 지도에 영향을 줘서 마음 헤아리기에 영향을 준다는 사실도 알 수 있을 것이다. 지속적인 연습을 통해 우리는 한층 발전한 마음 헤아리기 방식으로 자기의 의견이나 감정을 합리적으로 표현할 수 있다.

마음 헤아리지 않기의 반응: 모든 것이 끝장났다는 느낌이다

일단 갈등이나 충돌이 일어나면 어떤 이들은 마음 헤아리지 않기 반응 상태로 곧바로 빠져든다. 그래서 모든 것이 끝장나서 돌이킬 수 없다는 절망감에 사로잡힌다. 이것 역시 우리가 소통을 회피하는 또 다른 원인이기도 하다. 앞에서 말했던 것처럼, 마음속으로는 모든 것이 다 끝났다고 체념하며 암암리에 상대방과의 관계를 단절하면서도 겉으로는 직접적으로 표현하지 않는다. 그 결과 상대방은 오랜 기간 동안 자기가 이미 절교당한 것을 모른 채 지내게 된다.

이들은 어쩌면 과거에 갈등이나 말다툼이 일어났을 때 관계를 호전시키려고 노력을 했을 것이다. 그러나 그 과정에서 양측이 여전히 마음 헤아리지 않기 상태에 놓인 채 각자 자기가 하고 싶은 말만 했을 것이다. 이렇게 마음 헤아리기가 실패한 상태에서 무의미한 소통만 했을 것이다. 그래서 결국 일단 갈등이 생기면 다시 설명하고 관계를 회복하려고 하는 것이 너무 피곤하다는 결론에 이르게 된다. 관계를 회복시키려고 제아무리 노력해도 오히려 절망감만 들기 때문이다. 그래서 인간관계에서 갈등이 또다시 생기면 모든 것이 끝났다고 곧바로 단념한다. 엎질러진 물은 주워 담을 수 없다는 생각으로 말이다.

용기를 내 자기의 방식을 바꾸는 것은 그들에게 결코 쉬운 일이 아니다. 왜냐하면 그들은 한때 '갈등 발생 → 회복 시도 → 무의미한 소통 → 기진맥진'의 커다란 수렁에 빠져서 온몸에 상처를 입은 경험을 했다. 그래서 지금 비슷한 상황이 발생하자 그저 그 수렁 속에 다시 빠지지 않기 위해 길을 에둘러 가는 것이다. 이는 충분히 이해할 수 있다. 만약에 당신도 이와 비슷한 상황이 생긴다면 자기를 강요할 필요가 없다. 그러나 당신의 방식을 조정하고 싶다면, 마음의 준비를 갖췄다면, 우리의 비결을 되뇌고 마음 헤아리기 방법을 통해서 훨씬 효과 있는 소통에 도전해보라. 다만 한 가지 잊지 말아야 할 점이 있다. 상대방은 우리의 소통 방식이 달라졌다고 해서 곧바로 그에 따라 변화된 모습을 보여주지는 않는다. 그들 역시 시간이 필요하고, 어쩌면 그들 자신도 마음의 준비를 하고 천천히 조정하느라 훨씬 많은 시간이 소요될지도 모른다. 그러므로 상대방이 당신의 변화에 보조를 맞춰서 따라주지 않더라도 실망해서는 안 된다.

한편 이런 경우도 있다. 갈등이 발생하면 모든 것이 끝장났다고 생각하는 이유가 자기의 잠재적인 신념 때문일 수도 있다. "교류 관계는 모든 것이 질서정연해야 해. 우리는 반드시 모든 것에 일치를 이뤄야 해." 이러한 신념으로 말미암아 그 어떤 충돌이나 갈등이 일어나는 것도 두려워하거나, 혹은 서로 관점이 다른 것을 용납하지 못한다.

이러한 신념은 일종의 절대화된 신념이다. 절대화는 마음 헤아리지 않기 태도이다. 반면에 마음 헤아리기 태도는 열린 마음으로 모든 가능성을 아우르는 것이다. 그러므로 '분명히'를 '어쩌면'으로 바꾸라는 세 번째 비결을 잊지 말라. 일단 갈등이 생기면, '분명히 끝장났어'가 아니고 '어쩌면 끝장날지도 몰라'라고 생각해야 한다. 어쩌면 내 생각보다 심각하지 않을 수도 있고, 또 어쩌면 우리 관계가 한층 돈독해지는 계기가 될 수 있기 때문이다.

만약에 사람은 누구나 독립적인 인격체이고, 사람마다 모두 다르다는 사실을 온전히 받아들인다고 가정해보자. 그러면 필연적으로 두 사람이 완전한 하나가 될 수는 없다(흥미로운 것은 나는 여기서 '필연적'이라는 단어를 사용하면서 정작 사물의 불확정성을 강조했다. 언어 역시 기타 사물과 마찬가지로 전체 맥락에서 이해해야 하며 절대적으로 해석해서는 안 된다)는 사실을 이해할 수 있다. 사람마다 차이가 있고, 그 차이란 서로 다를 수 있으며 충돌이나 갈등이 생길 수 있다는 걸 의미한다. 독립된 개체의 두 사람이 만약에 서로 관점이 일치한다면 이는 뜻밖의 좋은 일이다. 설령 일치하지 않더라도 이는 지극히 자연스러운 일이다.

그러므로 갈등이나 충돌, 심지어 말다툼이 벌어질 때는 너무 심각하게 생각하지 말라. 지구가 멸망하는 것도 아니지 않은가? 그저 서로 불일치하는 지극히 자연스러운 일이 생겼을 따름이다. 이때는 먼저 자기의 생각이나 느낌을 하늘이 무너진 것 같고 모든 것이 끝장났다는 상태에서 빼내야 한다. 그리고 마음 헤아리기를 통해 천천히 문제를 해결해야 한다.

제갈량은 이런 말을 했다. "권세와 이익으로 사귀는 교유는 오래가기 어렵다. 선비가 벗을 사귈 때는 날씨가 따뜻하다고 화려한 꽃을 피우지 않으며, 추위가 닥쳐도 잎을 바꾸지 않는다. 사계절을 거쳐도 결코 쇠하지 않으니 오히려 온갖 어려움을 겪으며 견고함이 더해질 뿐이다." 사람과 사람의 교류에서 맞닥뜨리는 각양각색의 상황을 사계절의 자연적 변화라고 생각하라. 서로 마음이 통할 때도 있고, 또 서로 크게 이견이 생길 때도 있다. 또 공통된 취미로 즐길 수 있는 일도 있고, 반면에 상대방이 열정을 쏟는 것이 도통 이해가 안 가는 일도 있다. 이는 모두가 자연스럽게 일어나는 일이다. 대자연의 사계절이 달라서 따뜻한 날도 있고 추운 날도 있는 것과 똑같다. 이러한 생각으로 교류 관계를 대한다면 우리는 타인의 특정한 행동 하나에 상대방이 변덕스럽거나 종잡을 수 없는 사람이라는 느낌 따위는 갖지 않게 된다.

만약에 당신이 누군가와의 관계에서 여전히 일단 갈등이 생기면 끝장 날 것만 같아 항상 살얼음판을 걷는 것처럼 조심스럽다면, 이제 그 사람과의 관계를 되돌아볼 때가 됐다. 이는 최소한 당신의 느낌이나 상상 속에서는 두 사람의 관계가 대단히 나약하다는 것을 의미한다. 이런 관계는 사계절의 변화를 이겨낼 수 없어서 그저 최적의 따뜻한 온도가 유지되는 보호막 속에서만 이어진다. 이러한 관계는 인위적인 관계이지 자연스러운 관계가 아니다.

마음 헤아리기 방식으로 당신이 맞닥뜨린 곤란한 인간관계를 되돌아보라. 우리는 모두가 '사계절을 거쳐도 결코 쇠하지 않는' 인간관계를 가질 가치가 있다.

● 칼럼: 심리 상태와 인간관계가 마음 헤아리기 능력에 미치는 영향

마음 헤아리기 능력은 다양한 요인의 영향을 받아서 비교적 낮은 수준으로 퇴화되기도 하고, 심지어 마음 헤아리기가 실패할 때도 있다. 정서는 그중 중요한 요인이다. 그 밖에도 과도한 피로나 몽롱한 의식 혹은 음주 등등의 요인도 모두 우리의 마음 헤아리기 능력에 영향을 미친다.

육아 경험이 있는 사람은 모두 느껴본 적이 있을 것이다. 극도의 수면 부족 상태에서 어렵사리 잠깐 눈을 붙였는데 아기가 울기 시작했다고 가정해보자. 그렇다면 정신이 몽롱한 상태에서 우리는 순간 아기가 사랑스러우면서도 얄밉기 짝이 없는 복잡한 감정이 들기 쉽다. 혹은 지난 며칠 동안 업무에 시달려 잔뜩 지친 상태에서 겨우 여유를 얻어 잠시 졸고 있는데 갑자기 팀장이 전화를 걸어왔을 때는 어떨까? 아마도 우리 대다수는 속으로 욕을 퍼부을 것이다. 팀장이 사람을 한시도 가만 놔두지 않는 악당처럼 느껴질 테니 말이다.

이때 우리는 마음 헤아리지 않기 상태에 놓여서 그 순간만큼은 상대방을 적의가 가득한 악당처럼 절대화시켜 인식하게 된다.

어쩌면 당신은 이런 질문을 할 수 있다. 그 순간만큼은 상대방이 악의

로 가득한 것이 분명하다고, 나의 판단은 옳다고!

다시금 설명하지만, 마음 헤아리기가 강조하는 것은 관점이 옳고 그르다에 있지 않다. 우리의 자기반성, 가능성, 불확성을 위해 마음속에 공간을 남겨두는 것에 있다. 예컨대 상대방이 악당일 가능성이 있다는 의구심을 가지고 조심스럽게 증거를 찾는다. 나의 판단에 근거하면 상대방은 악당일 것 같은 느낌이 든다. 그러므로 자기 보호를 위해 그를 멀리하는 것이 좋다. 이러한 태도가 바로 마음 헤아리기 태도에 속한다.

만약 어떤 사람이 마음 헤아리지 않기 상태로 퇴화했다고 가정해보자. 이때 주변에 그가 가장 신뢰하고 안정감을 얻는 사람이 있고, 또 그를 포용하는 모습을 보여준다면 그는 비교적 빨리 마음 헤아리기 상태로 회복될 수 있다. 이는 또 다른 한 사람의 존재로 마음이 마음을 성장시켜줌으로써 절대화된 느낌에서 멀어질 수 있기 때문이다.

여기서 말하는 포용은 우리가 일상적으로 사용하는 의미가 아니다. 이 포용은 그 사람과 함께 마음 헤아리지 않기 상태로 들어간다거나, "맞아, 아기는 정말 골칫덩어리야. 너의 팀장은 정말이지 악당 중의 악당이다"라는 말로 그의 느낌이나 의견에 동조한다는 뜻이 아니다.

하지만 우리도 '냉정'을 유지하며 그에게 마음 헤아리기 상태로 돌아오라고 요구할 수는 없다. 가령 그에게 현실을 직시하라며 이렇게 권하는 경우다. "아기 좀 봐요, 얼마나 사랑스러운가요?", "팀장이 평소에는 당신을 잘 대해주잖아요." 마음 헤아리기 상태로 돌아오라고 요구하는 것은 그 사람에게 아무런 도움이 되지 않는다. 이는 물에 빠져 허우적대는 사람에 비유할 수 있다. 금방이라도 물속으로 가라앉을 것만 같은데, 누군가가 물가에서 이렇게 말한다. "주위를 둘러봐요. 2m도 안 되는 거리에 큰 나무토막이 있어요. 내가 하는 걸 봐요. 나처럼 물을 헤치고 가면 나무토막을 붙잡을 수 있어요." 이런 말은 결코 틀리지는 않지만, 이제 곧 물에 빠져 죽을 것만 같은 사람에게는 전혀 도움이 되지 않는다.

여기서 포용하는 사람이란 그의 옆에서 하소연에 귀를 기울여주고, 그의 느낌을 이해해주며 마음의 여유를 느끼게 해주는 사람이다. 그래서 잠시 마음 헤아리지 않기 상태로 퇴화한 사람도 천천히 본래의 상태로 회복할 수 있다.

• 마음 단련 11: 안전 공간 만들기

그렇다면 여기서 문제가 생긴다. 만약에 우리가 신뢰할 수 있고 안전감을 주는 사람을 지금 당장 찾을 수 없다면 어떻게 할까? 나를 좀 더 빨리 마음 헤아리기 상태로 회복시킬 수 있는 다른 방법은 없을까?

이때는 마음속에 일시정지 버튼(제3장 참조)이 있다고 상상하라. 그 버튼을 누르고 현재의 상황에서 벗어나는 것이 가장 간단한 방법이다. 여기에 깊은 심호흡을 한다면 훨씬 효과적으로 일시정지 버튼을 누를 수 있다.

때로는 정서가 지나치게 격앙되거나, 혹은 당신이 맞닥뜨린 상황이 분노나 불만을 불러일으키거나, 수치심이나 공포심에 빠져 정서적으로 나약한 상태에 놓인다면, 일시정지 버튼을 누르는 것만으로는 안전감을 얻을 수가 없다.

이러한 상황에 대처하기 위해 평소 마음이 안정된 상태에서 꾸준한 단련을 통해 마음속에 자기를 위한 안전 공간을 만들어야 한다. 극단적인 정서에 휩쓸렸을 때는 먼저 내면의 안전 공간으로 후퇴할 수 있다. 그 공간에서 충분한 안전감을 얻고 나면 우리는 상대적으로 평온한 정서 상태로 돌아가 마음 헤아리기를 진행할 수 있다.

일상적인 단련

평상시 다음의 단련을 연습하라.

먼저 일정한 시간 동안 그 누구의 방해도 받지 않는 편안한 장소를 선택하라. 그곳에서 앉든 드러눕든 상관없다. 당신이 쾌적하고 편안한 자세를 취하라.

깊게 심호흡을 하라. 두 눈을 감거나 혹은 실눈을 떠도 좋다. 잠시 동안 외부 환경의 영향에서 벗어나 자기 내면의 세계로 들어가라.

계속해서 심호흡을 하며 천천히 느껴보라. 자기의 머리, 얼굴, 목, 어깨, 가슴, 늑골, 팔뚝, 손, 배, 엉덩이, 허벅지, 무릎, 종아리, 발꿈치, 발바닥을 천천히 하나하나 느끼며 온몸의 힘을 빼라.

당신이 가장 편안하고 안전한 장소를 상상해보라. 실제로 존재하는 어떤 장소이든 당신이 상상해서 만들어낸 공간이든 상관없다.

이곳은 당신이 보호받고 있다는 느낌을 주는 장소이다. 또한 당신에게 기쁨을 주는 장소이다.

이곳에 잠시 머물면서 이곳의 모습을 둘러보라.

이곳에 색깔이 있는가? 만일 있다면 어떤 색깔인가?

이곳에 소리도 나는가? 소리가 난다면 어떤 소리가 들리는가?

이곳에 냄새가 나는가? 냄새를 느낄 수 있다면 어떤 냄새인가?

이곳에서 당신은 안전하고 보호받고 있다는 느낌을 만끽할 수 있다.

이곳의 주인은 당신이라는 사실을 잊지 말라.

언제든지 마음속의 이곳으로 돌아와 잠시 휴식을 취할 수 있다.

이제는 자기의 발바닥부터 시작해서 천천히 위로 올라가며 하나하나 느끼면서 깨어나라. 천천히 당신의 신체를 눈뜨게 하라.

천천히 눈을 떠라. 서두를 필요는 없다. 신체와 마음의 평온한 느낌을 좀 더 오래 느껴도 좋다.

주의사항: 먼저 상술한 내용을 기록하라. 느릿한 리듬으로 진행하는 것을 잊지 말라. 그다음에는 눈을 감고 위의 내용을 소리 내어 말하며 전체 과정을 연습하라.

제 5 장

마음 훈련:
내면의 성장을 위하여

1. 훨씬 협조적인 자아

● 내전을 치르는 자아

왜 우리는 가끔 아무것도 하지 않는데도 지쳐서 힘들다는 느낌이 들까? 원인은 하나다. 바로 우리 내면의 세계가 지금 전쟁을 치르는 중이기 때문이다.

자아는 본래가 하나의 통합적인 존재다. 물론 인간은 복잡미묘한 존재이기에 우리의 내면 역시 각기 다른 부분이 있어서 자주 충돌이 일어난다. 이는 레스토랑에서 저녁식사를 하는 것에 비유할 수 있다. 메뉴에 실린 요리는 한결같이 맛있어 보인다. 하나씩 모두 맛을 보고 싶지만 식사량에 한계가 있고, 또 요리를 모두 주문하기에는 지갑이 얇다. 그럴 때는 그중에서 가장 먹고 싶은 요리만 선택해야 한다.

하나의 통합체로서 우리 마음속의 각기 다른 부분이 서로 협상하여 얻어낸 방식으로 선택을 할 수 있다. 하지만 때로는 협력을 거부할 때도 있다. 자아의 각 부분 간에 분열이 일어나고 서로 양보를 하지 않아서 우리 영혼 내부에서 크나큰 전쟁을 벌이기도 한다. 때로는 일시적인 무력 충돌로 그치지만, 때로는 끝도 없는 내전 상태에 빠지기도 한다. 그러할진대 어떻게 우리가 지치지 않을 수 있겠는가? 날마다 대규모의 에너지를 소비하며 전쟁을 치르는데 배길 수 있겠는가?

그렇다면 마음속에서 벌어지는 대표적인 내전의 종류를 한번 살펴보자.

자기 의심, 내적 소모

대부분의 사람이 한때 자기 의심을 하던 시기가 있었을 것이다.

사실 자기 의심 자체는 매우 건강하다. 만일 자기 의심을 완전히 부정한다면 우리는 그를 '에고마니아'라고 부를 수 있다. 여기서 '부정'이라는 단어를 사용했지만 그것이 '자기 의심을 한 적이 전혀 없다'는 뜻은 아니다. 제아무리 자기 확신에 사로잡혀 잘난 척하는 사람일지라도 한때 어느 정도는 자기 의심에 빠진 적이 있을 것이다. 다만 그들은 '부정(의식적 혹은 무의식적 부정)'하는 방식으로 자기의 경험에서 그 느낌을 배제했을 것이다.

건강한 자기 의심은 우리가 한층 이성적이고 겸손한 태도로 빈틈없이 사고할 수 있도록 도와준다.

지나친 자기 의심에 사로잡혀 모든 것을 부정하지 않는 이상, 우리 내면에는 이러한 자기 의심을 사유할 수 있는 충분한 공간이 있다. 그러면 우리는 마음 헤아리기 방식으로 자기반성, 자아 탐색을 진행할 수 있다. 이처럼 건강한 자기 의심이 없다면 우리는 발전할 수 없다.

따라서 내가 여기서 말하는 건강한 자기 의심은, 특정한 정의에 국한되어 자신을 제한하지 않고, 자기를 염려하고, 또 자신의 미지의 부분에 대해 호기심을 갖는 것을 가리킨다.

만일 호기심을 건강한 자기 의심으로 간주하는 환경이라면, 내적 소모로 이어지는 자기 의심의 환경은 사실 호기심이 아니라 긴장과 불안, 공포가 될 것이다.

이러한 내적 환경은 확산성을 띠어서 그 사람이 무슨 일을 하든 전전긍긍하고 위축되게 한다. 그래서 항상 이러한 걱정에 사로잡히게 한다: 내가 이렇게 해도 될까? 방금 내가 한 말이 잘못된 것은 아닐까? 다른 사람들은 어제 내 행동을 엉뚱하다고 느끼지 않았을까? 이 옷차림으로 모임에 참석해도 될까? 그곳은 내가 가도 되는 곳일까? 방금 내가 주문한 요리를 동료들이 싫어하면 어떡하지? 아니면 내가 너무 비싼 요리를 주문했나? 모두 A 정식 요리를 주문했는데, 나만 B 정식 요리를 주문하면 너무 유별난 걸까?

크고 작은 일마다 이러한 걱정이 따라다닌다. 그들의 생활 전체가 시종일관 이러한 희미한 불안감으로 휩싸여 있다. 이런 불안감은 그다지 눈에 띄지도 강렬하지도 않을 수 있지만 항상 그림자처럼 따라다닌다. 그래서 그들은 어떤 일을 고민할 때 소모하는 에너지가 크지 않더라도 누적되는 불안감으로 내적 소모가 극대화된다.

내적 소모를 일으키는 자기 의심은 자신에 대해 지나치게 많은 생각을 하게 만든다. 자기 의심이 심각해질 때는 사사건건 생각하고 고민하게 된다. 이런 생각은 끝이 없어서 멈출 수가 없다.

그들은 끊임없이 생각 속에서 되새김질을 한다. 그래서 대부분의 에너지를 과거에 쏟아붓게 된다. 그들은 지나간 일에 대해 이렇게 계속 생각한다. '내가 그 일을 할 때 어떤 부분에서 문제가 있었을까?' 또 항상 이렇게 후회한다. '그때는 왜 그 생각을 못 했을까! 만일 다시 그 일을 할 수 있다면 분명히 잘 할 수 있을 텐데.' 그래서 또 다른 한편으로는 미래에 대해 상상하느라 에너지를 소비한다. 미래에 그 일이 다시 일어난다고 상상하고, 그 일을 어떻게 실수 없이 완벽하게 잘 할 수 있을지 반복적으로 상상한다. 이처럼 반복적인 회상과 예행연습에 대량의 에너지를 소모하기 때문에, 시간의 차원에서 봤을 때 그들은 과거 혹은 미래에서만 살 뿐 현재에 머물 때가 드물다.

안타까운 점은 그들의 생각이 지나치게 과도할 뿐만 아니라 대부분 무의미하다는 것이다. 왜냐하면 그들 내면의 공간이 비어 있기 때문이다. 머릿속은 온통 '내가 왜 그랬지?(과거) 난 어떻게 해야 하지?(미래)'라는 생각으로 가득 차 있어서 현재의 일에 할애해줄 마음의 공간이 없다. 그래서 비록 그들의 머릿속은 '나, 나, 나'로 가득하지만 그 '나'는 항상 불안감에 휘둘리고 있다. 그들은 완벽한 '나'를 원하면서도 정작 가장 중요한 현실의 진정한 '나'를 위한 건설적인 사고는 하지 못한다.

자신이 좀 더 나은 사람으로 변화하기를 바라는 것이 설마 건설적인 일이 아니란 말인가? 그렇다. 마음 헤아리기를 통한 건강한 자기 의심은 보다 나은 방향으로 나아가기 위한 과정이다. 그러나 마음 헤아리기 상태에서는 '최고'만이 존재한다고 여기지 않고 완벽함만을 요구하지도 않는다. 그저 '보다 나은 나'는 어떤 모습일까에 대한 호기심으로 가득 차 있을 뿐이다. 그래서 목표를 세우고 희망찬 발걸음으로 전진한다.

반면에 내적 소모를 하는 자기 의심은 자기가 '완벽한 나'가 아니면 어떡하지 하는 걱정과 근심으로 가득 차 있다. 그들의 마음 지도에서는 불완전함을 받아들이지 못할 뿐만 아니라 불완전함을 매우 두려워한다. 이러한 두려움은 마치 그들의 꽁무니에 괴물이 뒤쫓아오는 것과 같다. 괴물에게 잡아먹힐까 두려워서 그 공포감을 동력으로 삼아 전진한다.

양자 모두 앞을 향해 나아가지만, 그들을 전진하게 해주는 동력은 완전히 다르다.

만약에 우리가 이 두 종류의 '전진'을 여행에 비유한다면, 마음 헤아리기를 통한 건강한 자기 의심은 즐거움을 실컷 누릴 수 있는 여행이다. 다음 장소에는 어떤 볼거리가 있을까 하는 기대감으로 가득하다. 길가의 마을도 살피고, 여기저기 피어난 들꽃도 들여다본다. 얼굴을 스치는 산들바람도 만끽하고, 그 바람 속에 깃든 냄새도 맡을 수 있다.

반면에 내적 소모를 하는 자기 의심은 일종의 재난으로부터 살아남기 위한 피난과도 같다. 모든 에너지를 '반드시 살아야 해. 저 무시무시한 괴물에게 잡아먹히면 안 돼'라는 생각에 쏟아붓는다. 그러할진대 주변 풍경을 돌아볼 여유가 어디 있겠는가? 이 때문에 내적 소모를 많이 하는 사람들은 무의식중에 이런 말을 한다. "너무 힘들어. 잠깐만이라도 드러누워 잠 좀 잤으면 좋겠어", "난 그냥 누워 있기만이라도 했으면 좋겠어. 조금이라도 쉴 수 있게." 피난을 하는 상태이기 때문에 어디로 가야 할지도 모른 채 그저 죽기 살기로 그곳에서 탈출하려는 생각뿐이다. 이러한 '도망'으로 말미암아 우리의 몸과 마음은 지칠 대로 지쳐서 그저 안전한 장소를 찾아 도망을 멈출 수 있기를 바라게 된다.

그러나 만일 완벽해야만 괴물에게 잡아먹히지 않는다면, 우리는 멈춰설 수가 없다. 그저 죽기 살기로 도망쳐야 한다. 더 이상 도망칠 힘이 없게 되면 그저 자포자기한 채 쓰러질 수밖에 없다. 이런 의미에서 '비자발적인 경쟁'이나 '아무것도 하지 않는 자포자기'나 둘 다 두려움에 휘둘리는 것은 똑같다.

파괴적인 자기 비판

글자 그대로에서 느껴지듯 자기 비판은 자기 의심에 비해 파괴력이 훨씬 크다.

'비판'이라는 단어 자체는 중립적이라서 반드시 나쁜 것은 아니다. 가끔 사람들이 심리학적인 기술을 터득한 뒤에 좀 더 정신적으로 자유롭기는커녕 오히려 매사 전전긍긍하며 조심하는 모습을 보곤 한다. 그들은 남들에게 비판을 듣는 것 자체를 절대적으로 용납하지 않으며, 동시에 함부로 남을 비판하지도 않는다. 마치 '비판'이라는 두 글자가 들어가면 무조건 상처를 준다는 듯이. 이 책에서 내가 수십 번 마음 헤아리기를 강조했던 만큼 당신도 이제는 충분히 판단할 수 있을 것이다. '절대로', '절대로 할 수 없어', '분명히' 등은 모두 마음 헤아리지 않기 표현이라는 사실을 말이다(나는 이 책을 읽는 당신에게 마음 헤아리기를 진행하고 있다).

만약에 우리가 말하는 '비판'이 사실에 입각하여 옳고 그름을 따지는 것이라면 나름 건강하다고 할 수 있다.

파괴적인 비판과 자기 비판은 사실에 입각하여 옳고 그름을 따지는 것이 아니라 어떤 특정한 일 때문에 그 사람 전체를 부정하는 것이다. 심지어 우리가 과거에 경험했던 비판(파괴적인 비판)은 수치심을 동반하는 것들이었다. 말이 비판이지 정확하게 표현하자면 '폄하', '트집 잡기', '욕설' 등에 가까웠다.

우리 마음속에서 내전을 치르는 자기 비판은 대단히 파괴적이다. 때로는 진짜 칼이나 총으로 공격을 받는 느낌마저 든다.

우리는 이런 현상을 자주 본다. 타인이 우리를 평가하는 데는 매우 민감하고, 심지어 타인의 중립적인 언행조차도 자기를 악의적으로 공격하고 상처를 주는 거라고 여긴다. 그래서 이에 대해 겉으로는 반항을 하지 않더라도 마음속으로는 그를 거부한다. 분노하고 상처를 받았기 때문이다.

때로는 내면적인 언어로 자기 자신을 맹렬하게 공격하기도 한다.

다음의 현상에 대해 생각해보라. 이는 타인의 공격은 용납하지 않으면서도 정작 자기 스스로에게 상처를 주는 사례이다. 우리가 스스로에게 주는 상처는 타인이 주는 것보다 더 가혹할 때가 많다.

- 어제 늦게 잠이 들었어. 난 정말 쓰레기야.
- 난 어제 밤새도록 일을 해야 했는데, 그러질 못했어. 난 정말 쓰레기야.
- 오늘 늦잠을 잤어. 난 정말 쓰레기야.
- 충분히 수면을 취했어야 했는데, 난 스스로를 돌볼 줄 몰라. 난 정말 쓰레기야.
- 그 일을 완벽하게 처리하지 못했어. 난 정말 쓰레기야.
- 난 또다시 사람들한테 미움을 받고 있어. 난 정말 쓰레기야.

이처럼 '자기가 스스로를 때리는' 현상은 우리의 내면 세계를 온통 상처투성이로 만든다.

때로는 파괴적인 자기 비판이 상술한 내용과는 다르게도 진행되는데 고통스럽게 하는 것은 마찬가지이다.

우리는 자기를 매우 가혹하게 대하기도 한다. 그러한 가혹함은 공기와도 같다. 만일 주의를 기울여 분석하지 않으면 자기가 그토록 가혹하게 스스로를 대한다는 것을 알아챌 수 없다.

자기를 가혹하게 대하는 가장 전형적인 모습은 이렇다. 어떤 일을 해내면 그것은 당연한 일이고, 만일 그 일을 해내지 못하면 매섭게 비판을 받아야 할 일이라고 여긴다. 이런 상태에서는 성취감을 거의 느낄 수 없다. 내면에서 진심으로 우러나오는 자부심, 자신감, 자신이 가치가 있는 사람이라는 뿌듯함을 느낄 수가 없다.

이러한 가혹한 자기 비판 아래서 우리의 마음은 잠재되어 있던 '나는 좋지 않다'라는 마음의 지도에 휘둘리게 된다. 그래서 무슨 일을 하든 항상 단점, 나쁜 점, 부족한 점에 초점을 맞춘다. 자기의 장점과 자기가 일군 성취를 제대로 바라보지 못한다.

'성취'를 거창한 단어로 생각할 필요는 없다. 성취라고 해서 위대한 업적을 가리키는 것은 아니다. "반걸음, 한 걸음이 쌓이지 않으면 천 리 길에 이르지 못한다"라는 말이 있다. 여기서 옛 성현이 말하는 '반걸음'은 기껏해야 아주 작은 걸음이라는 뜻이다. 우리가 말하는 성취가 바로 이 반걸음이다. 단단하고 충실한 작은 걸음으로 앞을 향해 내딛을 때마다 우리는 새로운 고지를 점령할 수 있으며, 이는 한결같이 대단한 새로운 성취이다.

이른바 '논할 가치도 없는' 사소한 일이 실상은 매우 중요하고 축하할 만한 큰 성취이다. 물론 여기서 말하는 축하는 내면의 느낌일 뿐 실제로 뭘 한다는 뜻은 아니다. 끊임없이 스스로를 축하해주면서 우리는 자부심을 느낄 수 있고, 또 진정한 자기 가치감을 쌓아갈 수 있다.

내면 충돌

사람은 누구나 '내면 충돌'을 일으킨다. 인간은 본래 복잡한 동물이기 때문이다. 그러나 때로는 내면 충돌이 너무 커서 우리에게 큰 영향을 미칠 때가 있다. 심지어 우리의 행동력에도 직접적인 영향을 미친다.

어떤 일이 생겼을 때 우리는 "할까?", "하지 말까?", "그래도 하자", "에 잇, 관두자" 사이에서 반복적으로 헤맨다. 그러다 결국에는 모든 힘을 그 방황에 쏟아붓고 끝나기도 한다.

때로는 자기를 지나치게 통제할 때도 있다. 그래서 의식적으로 자신을 위한 규칙을 만들고, 그 규칙대로 일을 처리할지의 여부를 결정한다. 그러나 내면의 다른 한구석에서는 그 규칙이 통하지 않고 다른 생각을 하게 된다. 그래서 두 생각이 서로 치열하게 대립하기 때문에 우리가 갈팡질팡 방황하는 결과를 낳는다. 혹은 우리가 주관적인 감각으로는 이미 결심했어도 행동이 따라주지 않을 때도 있다.

다이어트를 예로 들어보자. 아마 많은 사람이 단식을 통해 다이어트를 할 것이다. 일찍이 1940년대에 진행되었던 유명한 '미네소타 기아 실험'이 있다. 이 실험은 사실상 단식을 통한 다이어트의 허상을 깨뜨렸다.

미네소타대학의 생리학자 안셀 키스는 음식물과 인간 행동의 관계에 주목했다. 그리고 1944년 11월부터 1945년 10월까지 기아 문제를 연구하며 이 실험을 진행했다. 안셀은 실험 참가를 원하는 100여 명 이상의 지원자들 가운데 건강 상태가 가장 좋은 젊은 남성 36명을 선발했다. 실험은 총 4가지 단계로 이뤄졌다. 처음 12주 동안에는 참가자의 식사량과 운동량을 제한했지만, 대신 평상시와 비슷하게 매일 3,200칼로리의 식사를 제공했다. 그다음 24주 동안은 매일 1,560칼로리 정도의 단조로운 식사만 제공하며 반 기아 상태로 혹독한 다이어트를 진행했다. 그리고 마지막 8주는 재활 기간으로 칼로리와 음식의 양을 점차 늘렸다.

키스 박사는 이 실험을 토대로 《인간 기아 생물학》이라는 연구 보고서를 완성했다. 후세 학자들은 생리 변화 방면에서 이 논문을 집중적으로 인용하고 있다. 가령 체중이 큰 폭으로 줄었다가 다시 큰 폭으로 늘어났을 때 이 논문의 연구를 인용한다. 그런데 인용할 때 생리적 변화를 언급하기도 하지만 대부분 개괄적인 설명에 그치기 일쑤다. 가령 굶주리면 기력이 없거나 우울하거나 쉽게 분노를 일으킨다는 등의 내용이 그렇다. 이렇게 인용된 생리적 변화는 우리가 연구 논문을 읽지 않더라도 대충 짐작할 수 있는 내용이다. 내가 보기에 이러한 인용은 정말로 중요한 심리와 행동의 변화를 소홀히 했다는 생각이 든다. 당시 실험 참가자들이 겪은 심리와 행동의 변화는 일반 사람이 상상하기가 힘들 정도였다.

심리와 행동의 변화 측면에서, 실험 참가자들에게 나타난 가장 보편적인 변화는 머릿속이 온통 먹거리로만 가득 찼다는 것이었다. 그들의 마음속 메모리가 온통 음식물로 가득 찼던 것이다. 머릿속이 온통 "밥, 밥, 배가 고파요!"로 뒤덮여 있어서 일상적이고 익숙하던 활동도 점점 힘들어졌다. 그들의 일상적인 대화, 독서(예전에 한 번도 읽지 않았던 요리책, 메뉴, 음식

관련 카탈로그), 심지어 꿈조차 모두 음식물과 관련된 것이었다.

실험에 참가하기 전에는 요리에 대해 아무런 흥미도 없었던 사람들이었다. 그런데 그중 40%가 실험이 끝난 뒤에는 요리사가 될 계획을 세웠다. 실제로 훗날 참가자 중 3명이 요리사로 전업했다.

그들은 음식과 관련된 것들을 사서 쟁이기도 했다. 요리책이나 레시피를 만들고, 커피메이커, 전기 스토브, 기타 주방용품을 수집했다. 이러한 수집은 음식물과 관련이 없는 분야까지 확산되었다. 가령 작은 소품, 헌책, 입지도 못하는 헌 옷도 닥치는 대로 모았다. 심지어 쓰레기통을 뒤지는 사람도 있었는데, 그는 자신의 변화된 행동을 참을 수 없어서 자발적으로 실험을 중단하고 정신병원에서 치료를 받았다.

참가자들은 제한적으로 공급되는 음식물을 어떻게 나누면 아껴 먹을 수 있는지, 또 어떤 복잡한 의식을 치르고 식사를 할지에 대한 계획을 세우는 데 하루의 대부분의 시간을 할애했다.

참가자들은 음식을 맘껏 먹을 수 없었기에 커피와 차를 대량으로 마시기 시작했다. 그들의 소모량은 실로 엄청나서 나중에는 매일 최대 9잔까지 제한을 해야만 했다. 그러자 이번에는 껌을 씹기 시작했다. 실험자는 한 사람이 하루에 껌 40통을 소비하는 것을 발견한 뒤 또다시 수량을 제한해야만 했다.

이는 기아 상태로 있던 실험 기간에만 그치지 않았다. 회복기에 접어들어 음식물 섭취량이 늘어났어도 상술한 이상 행동은 지속되었다. 심지어

3개월의 회복기가 끝난 이후 마음껏 식사를 할 수 있는데도 밥을 먹고 나면 곧바로 허기가 진다고 불평을 늘어놓는 이도 있었다.

사실상 이들 참가자는 우울함이나 초조함을 느꼈고, 또 쉽게 화를 냈다. 그들이 겪은 정서적 문제는 이 책에서 간단히 설명한 것보다 훨씬 심각했다. 참가자 중의 두 사람은 심각한 정신분열 증세를 일으켜서 중도에 대학병원 정신병동에 입원하기도 했다.

회복기에 나타난 정서적 문제는 식사량의 제한이 없어져도 사라지지 않고 수주가 지나도 계속되었다. 그중 일부는 아주 심각한 상황이 발생하기도 했다. 참가자 중 한 사람은 회복기에 정상적으로 식사를 하기 시작하고 2주 정도 지나서 일기에 자신이 인생에서 가장 심각한 우울증을 겪고 있다고 고백했다. 그리고 그러한 우울증에서 벗어나는 유일한 방법은 실험을 끝내는 것이라고 여겼다. 그런데 어떻게 해야 실험에서 빠질 수 있을까? 그가 생각한 유일한 방법은 자기 손가락을 자르는 것이었다. 그래서 그는 잭을 이용해 자동차를 들어 올린 뒤 그 아래에 자기 손가락을 올려놓았다. 그 결과 손가락 세 개가 바스러지고 말았다.

우리는 여기서 일부 참가자들이 자유롭게 음식물을 섭취하지 못한 탓에 거의 미치광이 수준까지 이른 것을 볼 수 있다. 음식을 마음껏 먹을 수 없자 그들의 머릿속은 온통 먹거리 하나로만 채워져서 그들의 사유 범위는 점점 좁아지기 시작했다.

스스로 손가락을 부러뜨린 사람만 해도 그렇다. 그는 좀 더 온화한 방식으로 실험을 중단할 수 있는 방법을 생각해내지 못했다. 그는 이미 마음 헤아리기 능력을 상실했기에 이런 생각을 하지 못했다. '이 실험은 자발적으로 지원하는 형식으로 진행하기 때문에 나는 마음대로 실험을 중단할 수 있어.' 실험자가 그들을 강제로 가두지도 않았고, 또 중간에 실험을 중단한 다른 참가자도 있었는데 말이다. 이렇듯 사람이 마음 헤아리지 않기 상태에 놓이면 정상적인 사고를 할 수 있는 마음의 공간이 없어진다. 그래서 그가 최종적으로 생각해낼 수 있는 것은 자기에게 위해를 가하는 방식으로 고통에서 벗어나는 방법뿐이었다.

음식물에 대한 수요는 다른 원시적인 수요와 똑같아서 강력한 힘을 발휘한다. 그래서 이러한 힘을 억압했을 때 나타나는 고통을 얕잡아봐서는 안 된다. 당초 이 실험에 참가했던 참가자들이 본래는 건강 상태가 양호한 건장한 남성이었다는 사실을 잊지 말자. 이들은 남다른 의지력도 지니고 있었기에 이 시험을 견뎌낼 수 있었던 것이다. 극단적인 방식으로 자기에게 위해를 가하는 등 그들이 한 행위에 함부로 왈가왈부해서도 안 된다. 마땅히 그들의 입장에서 그들이 실제로 얼마나 심각한 괴로움과 고통을 당했는지 생각해봐야 한다.

내가 이 실험을 예로 든 이유는, 한편으로는 당신에게 이런 사실을 알려주고 싶어서이다. 일련의 극단적인 환경에서, 가령 자기에게 어떤 일을 강제적으로 하도록 강요할 때 우리는 일종의 괴롭힘을 당하는 상태에 빠진다. 우리는 때로 사람은 강인하고, 자율적이며, 자기가 하기 싫은 일도 하도록 강요할 수 있어야 한다고 굳게 믿는다. 그러나 그럴 경우 우리는 두 개의 '자기'로 나뉘어 내전을 치르게 된다. 하나의 '자기'는 억압자이고, 또 하나의 '자기'는 비억압자가 된다. 때로는 '억압하는 자기'가 '억압받는 자기'를 너무 가혹하게 핍박하기도 한다. 그 결과 '억압받는 자기'는 반항하지도 못하고, 마음 헤아리기도 진행하지 못하게 되어 몸과 마음이 쇠약해지는 결과를 초래한다.

또 다른 한편으로, 우리가 자기를 억압하면 종종 정반대의 결과가 나온다는 사실을 깨달았으면 한다. 가령 당신이 다이어트 계획을 세웠다고 가정해보자. 당신이 음식물에 손을 대지 말라고 스스로 혹독하게 채찍질을 할수록 음식에 대한 갈망은 커지게 된다. 이는 흐르는 물길을 막으면 막을수록 점점 물이 불어나 결국에는 홍수와 같은 재난을 초래하는 것과 똑같은 이치이다.

우리의 대뇌는 대단히 많은 에너지를 소비하는 기관이다. 우리의 대뇌가 총명하면서도 바보 같은 구석이 있는 것은 최대한 절전할 수 있는 방법을 찾아내기 위해서다. 그래서 우리가 자기의 대뇌에게 "너는 ……를 하지 마"라고 명령을 내리면 우리의 대뇌는 "하지 마"라는 명령은 듣지 못하고 하지 말라고 하는 그 대상에만 집중하게 된다. 가령 내가 이런 말을 했을 때다.

"너는 절대로 호랑이의 모습을 상상하지 마!"

이럴 경우 당신은 호랑이를 상상하지 않으려고 애를 쓸 것이다. 하지만 당신이 한 번도 호랑이 사진을 본 적이 없을 때를 제외하고는, 자기를 억제하면 할수록 머릿속에는 온통 호랑이의 사진만 떠돌아다녀 어떻게 해볼 도리가 없게 된다.

그래서 대뇌의 활동 측면에서 봤을 때, 우리는 자기의 욕망을 '봉쇄'하는 방식으로 스스로에게 장애물을 만들어서는 안 된다. 그런 방식으로 자기를 규율하면 효과를 얻을 수 없다.

• 단결하여 함께 괴물을 무찌르다

우리의 내면은 분리되어 있다. 왼쪽으로 가는 마음도 있고, 오른쪽으로 가는 마음도 있다. 심지어 서로 싸우는 마음들도 있다. 그러할진대 외부 환경의 어려움과 싸울 에너지가 어디에 있겠는가?

자기와 자기가 싸운다고 가정해보자. 누가 승자가 될 수 있을까? 때로는 어느 한쪽의 자아가 승리하는 것처럼 보일 때도 있다. 가령 이럴 때다.

• 손톱을 다 뜯을 정도로 괴로웠지만 나는 한 달간 다이어트 식단을 지켜냈어!

얼핏 보기에는 다이어트의 승자처럼 보일 것이다. 물론 이것 역시 하나의 성취를 달성했다는 점은 부정할 수 없다. 성취감을 느낄 수 있고, 또 나를 자율적으로 규제할 수 있다고 생각하는 자아는 자랑스러워할 만하다. 그러나 반대편의 자아 역시 우리 자신이다. 반대편의 자아는 존재감조차

희미해서 지나치기 십상이지만 "그것은 매우 고통스러웠어!"라고 외치고 있다는 것을 알 수 있다. 이 표현에서 주어를 사용한 것처럼, 마음 헤아리지 않기 상태에서는 반대편의 자아를 이화(異化)하여 '그것'이라고 부르는 경향이 있다. 마치 나에게 속하지 않는 부분처럼 말이다.

그러나 우리가 '그것'으로 이화한다고 해서 반대편의 자아에서 벗어날 수는 없다. 마치 우리가 반대편 자아를 '그것'이라며 소홀히 하고 멀리하려고 애써도 나의 영혼 내부에서 그 자아가 작용을 하는 것처럼 말이다.

앞의 질문을 다시 한번 살펴보자. 자기와 자기가 싸우면 누가 승자가 될 수 있을까? 나의 영혼 속에서 가장 크고 전체적인 부분을 차지하는 '나'는 승자가 될까, 패자가 될까? 다시 말해서 각 부분의 자아의 수익과 손실의 총합은 어떠할까? 이것은 제로섬 게임이 아니라 양쪽 모두 손실을 입는 '네거티브섬 게임'이 될 것이다.

자기와 자기가 싸우는 것은 《사조영웅전》에 나오는 '쌍수호박(雙手互搏)'이 아니다. 소설 속 주백통이 자신의 왼손으로 오른손을 때리며 싸우는 것은 그저 놀이에 불과할 뿐이다. 비록 그는 도화암의 동굴 속에서 15년을 갇혀 살았지만, '늙은 장난꾸러기'였기에 살아남을 수 있었다. 바꿔 말하면, 비록 외부에서는 죄수처럼 갇혀 살았지만 그에게는 충분한 내면 공간이 있었다. 그래서 자기 스스로와 노는 법을 터득하며 15년의 고통을 견딜 수 있었다. 그의 내면 세계는 대부분 단결을 이뤄서 외부의 '적'과 싸웠던 것이다.

우리의 자아는 비록 각기 다른 부분으로 구성되어 있지만 마땅히 하나로 결속된 통일체로서 존재해야 한다. 자아의 각 부분이 완전히 획일적으로 하나가 되려고 애쓸 필요는 없다. 그러한 인생은 지나치게 단조로워서 삶의 재미를 잃기 마련이다. 대신 '서로 다르면서도 조화를 이루듯이' 자아의 각 부분이 협력하여 그 합계가 최소한 '0'보다는 커야 한다. 그래야만 외부 환경의 수많은 난관을 헤쳐나갈 추진력을 얻을 수 있다.

이 점을 깨달았다면, 방법 중의 하나로 이 책의 마음 단련을 일상적으로 연습해보라. 마음 헤아리기 능력을 길러서 가장 관건이 되는 순간에 일정한 내재적 공간을 유지할 수 있어야 한다.

• 마음 단련 12: 마음챙김 연습

이 책을 읽는 과정에서 당신은 우리의 수많은 번뇌가 모두 과거와 미래에서 온다는 사실을 깨달았을 것이다. 어떤 일을 자기가 잘 처리했는지 걱정하고(과거), 내일 보고서의 피드백이 나쁘면 어떻게 할까 긴장한다(미래). 주문한 밀크티를 막상 받고서는 후회하고(과거), 이렇게 마셨다가 또 살이 찌는 건 아닌지 걱정한다(미래). 자세히 살펴보면 수많은 걱정과 고민들이 한결같이 과거 혹은 미래에 관한 것이라는 사실을 알 수 있다.

이러한 번뇌에서 벗어나는 방법은 현재에 충실하며, 현재를 성찰하고, 현재를 마음껏 누리는 것이다. 먼저 밀크티를 사서 돈이 아깝다는 마음과 살이 찔지도 모른다는 걱정은 잠시 내려놓고 밀크티의 달콤한 맛을 만끽해보라. 여기서 잠시 내려놓는다는 것은 그 느낌을 부정하라는 뜻이 아니다. 그 돈이 아까운 마음과 살이 찔지도 모른다는 걱정이 현재 당신의 밀크티에 대한 느낌에 영향을 주고, 또 마음속 메모리는 아까운 마음과 걱정으로 가득 채워져 있다. 그 결과 당신은 밀크티의 달콤함을 느낄 수 없을뿐더러 도대체 어떤 맛인지 주의조차 기울일 수 없게 된다.

그렇다면 구체적으로 어떻게 해야 현재를 살아갈 수 있을까? 가장 관심을 많이 받는 방식 중의 하나가 마음챙김이다. 마음챙김은 인지행동 치료의 제3의 물결로 불리고 있다. 이 방법은 수많은 뇌과학 연구를 통해 그 효과가 증명되었고, 특별한 도구 없이도 쉽게 익힐 수 있다.

마음챙김은 명상이나 가부좌와는 달리 종교성을 강조하지 않는다. 나는 한때 일본의 마음챙김학회 이사장 후사코 고시카와 교수의 문하에서 마음챙김을 연구한 적이 있다. 그녀는 항상 마음챙김을 할 때 두 가지 핵심을 잊지 말라고 강조했다. 바로 관찰과 수용이다. 이 두 가지를 명심하면 마음챙김을 터득할 수 있다.

일상적인 단련

마음챙김은 여러 가지 연습 방법이 있다. 요가를 할 때 호흡법을 통해 자기 성찰을 하는데 이것도 마음챙김 연습 방법 중의 하나이다. 마음 헤아리기, 마음챙김, 요가의 호흡법, 복식 호흡 등 서로 관련된 방법들이 대단히 많다.

나는 비교적 게으른 편이어서 주로 일상생활에 마음챙김 연습을 접목시킨 방법을 추천한다. 이런 방법은 특별히 시간을 내서 따로 연습을 할 필요가 없다. 가령 마음챙김을 하면서 양치질을 하거나, 마음챙김을 하며 청소를 하거나, 혹은 마음챙김을 하며 샤워를 하는 식이다. 단지 '감지'와 '수용', 이 두 가지 핵심 요령만 잘 수행하면 된다.

그렇다면 구체적으로 어떻게 해야 할까? 도대체 감지와 수용은 어떻게 해야 한단 말인가?

마음챙김을 하며 밀크티를 마시는 행위를 예로 들어보자.

먼저 천천히 지금부터 이어지는 자신의 모든 동작 하나하나를 감지한다. 불필요한 설명은 빼고 최대한 동작을 간략화했기 때문에 당신은 자기의 리듬에 맞춰 진행할 수 있다.

밀크티 잔을 들어 올려 그 무게를 느껴본다.

찻잔을 입가로 가져간다. 아마 밀크티 향기를 맡을 수 있을 것이다. 그 차향을 느껴본다.

이제 천천히 한 모금 마신다. 이때 밀크티가 당신의 입안에 스며들었을 때 어떤 촉감을 느끼는가? 밀크티의 온도와 맛은 어떠한가? 그 맛을 자세히 식별할 수 있는가? 밀크티가 당신의 혀에 닿고, 이어서 목으로 넘어갈 때의 느낌은 어떤 차이가 있는가? 천천히 밀크티 첫 모금의 느낌을 느껴보라……

이런 식으로 감지할 수 있다.

수용은 다음을 가리킨다. 우리가 마음챙김을 할 때 현재에 충실하다 보면 각양각색의 느낌을 받고, 심지어 잡념도 생겨난다. 이러한 것들은 모두 중요하지 않다. 그것들의 존재를 있는 그대로 받아들이면 된다. 대신 그 어떤 평가도 해서는 안 된다.

가령 당신은 밀크티가 맛이 없다는 느낌을 받을 수 있다. 이는 비록 판단의 요소가 들어 있지만 당신의 느낌이라고 여길 수 있다. 이때 수용의 태도라면 "에이, 밀크티를 사지 말았어야 했는데, 너무 후회돼", "이건 순전히 첨가제투성이야. 돈이 너무 아까워"라고 평가를 해서는 안 된다. 그러한 평가나 사고 판단은 잠시 내려놓아라. 만일 밀크티가 맛이 없다면 계속해서 맛없는 느낌을 누리면 된다.

날마다 5분의 시간을 투자해서 마음챙김 연습을 해보라. 만일 5분이 길다고 느껴지면 1분으로 줄여도 상관없다. 중요한 것은 꾸준히 연습하는 것이다.

2. 한층 선명한 자아

• 모호한 자아

"너 자신을 알라"라는 격언은 우리가 평생 탐구해야 한다. 이는 결코 쉬운 일이 아니지만 종종 우리를 끌어당기는 흡인력이 있다. 아마도 많은 사람들이 한 가지 혹은 여러 가지 방법으로 자기를 이해하려고 시도해봤을 것이다. 글쓰기로 자신의 영혼을 매만지려는 사람도 있고, 심리상담사를 통해서 자아를 탐색하는 사람도 있으며, 각종 성격 테스트 등의 도움을 받아 자기를 이해하려는 사람도 있을 것이다. 가령 우리는 정신역동학 분야의 심리상담사를 통해 영혼의 심층적인 부분을 탐색할 수 있다. 그러나 이런 방법은 많은 시간과 정신력이 소모되고, 또 비싼 상담료를 지불해야 한다. 한편 인터넷상의 각종 성격 테스트를 통해 상대적으로 빨리 자기에 대해 알아갈 수 있다. 그러나 이런 방법을 통해 얻는 결과는 너무 간략화되어 있고, 한계성이 있다. 이 방법으로는 자기가 진정으로 흥미를 갖는 부분, 또 자신의 가장 독특한 부분을 제대로 확인할 수 없다.

심리상담을 배우는 학생들과 그들의 업무에 대해 토론을 할 때, 나는 종종 그들에게 내담자로부터 어떤 인상을 받았는지 물어보곤 한다. 일부 내담자는 외관상의 모습은 잘 설명할 수 있지만 정작 심리적인 측면의 '생김새' 혹은 심리적인 측면의 '윤곽'조차도 모호한 경우가 있다. 나는 이러한 부류의 내담자를 이렇게 표현한다. "그의 '형상'을 상상할 수 없을 정도야", 혹은 "나는 그 사람이 마치 '그림자'처럼 느껴져서 정확히 파악하기가 힘들어." 나는 학생들에게 그러한 부류의 내담자와 상담을 할 때는 마음 헤아리기 방식으로 그들과 교류를 하라고 조언한다.

어쩌면 당신은 이렇게 생각할 수도 있다. '심리상담은 나와는 전혀 상관없는 단어야. 난 정신적으로 아픈 데도 없어.' 그러나 본질적인 측면에서 봤을 때 심리상담은 오직 병리학과 관련된 작업이 아니라 '한 사람을 인식하는' 작업이다.

우리는 누구나 자아를 인지하는 데서 사각지대가 있다. 그래서 타인이든 나 자신이든 완전히 간파하고 이해할 수는 없다. 이 책에서 우리는 마음 헤아리기를 통해 자기를 좀 더 많이 이해하고 선명한 자아를 가질 수 있기를 기대한다.

그렇다면 먼저 전형적인 마음 헤아리지 않기 상황을 살펴보자.

일시적 혼란

한시에 이런 구절이 있다. "이 산속에 계시지만 구름이 짙어서 어디에 계신지는 모르겠습니다." 우리는 누구나 매우 곤혹스러운 상황에 처했을 때 자기가 어떤 위치에 놓여 있는지 잘 모른다. 혹은 자기가 왜 이러는지, 왜 이러한 행동을 하는지조차도 잘 모른다.

그러나 우리가 마음 헤아리기를 진행한다면 그러한 곤혹을 참아낼 수 있고, 더 나아가서는 그 곤혹으로부터 더 이상 괴롭힘을 당하지 않을 수 있다. 여기서 내가 그러한 곤혹을 최종적으로 해결할 수 있다고 말하지 않는 이유는, 인생 자체가 한계성과 풀 수 없는 수수께끼로 가득하기 때문이다. 그러나 마음 헤아리기를 통해 우리는 그러한 불확실성과 우리의 한계성을 있는 그대로 받아들일 수 있다. 다만 곤혹을 해결하지 않는다고도 말하지 않는 이유는, 우리가 마음 헤아리기를 진행하면 어느 정도는 우리의 곤혹을 해결할 수 있기 때문이다.

앞의 시 구절을 다시 예로 들어보자. 가령 당신이 구름이 짙게 깔리고 휴대폰마저 연결이 안 되는 어느 깊은 산속에 있다고 가정해보자. 당신은 여러 장의 풍경 사진을 찍을 수 있다. 산에서 내려가면 인터넷을 뒤져서 당시 당신이 길을 잃은 구체적인 위치를 찾아보기 위해서다. 이는 당신이 마음 헤아리기를 통해 방법을 생각해내는 것이다. 여러 정보를 수집해서 '내가 어디에 있고 어떻게 됐는지'를 이해하기 위해서다. 이러한 과정에서 당신은 어느 정도 곤혹스러움을 풀 수 있다. 비록 여전히 자기가 있는 위치의 좌표나 명칭을 모르지만, 당신의 마음속에서는 이곳의 모습을 상상하고 개인적인 의미를 부여하고 있다. 산에서 내려가면 어쩌면 당신이 제아무리 노력을 해도 당시 당신이 있었던 장소를 객관적으로 파악하지 못할 수도 있다. 그 수수께끼는 영원히 풀 수 없을지도 모르며, 또 앞으로 평생 그곳을 다시 가보지 못할 수도 있다. 그러나 당신은 친구에게 그 장소를 생생하게 설명할 수 있다. "그날 엄청나게 아름다운 산속에 들어갔어. 그곳에는……." 이런 방식으로 당신 친구와 당신 자신을 다시 그곳으로 데려갈 수 있다. 이렇게 그 경험은 더 이상 나를 괴롭히지 않고 의미로 가득하게 된다.

만일 그 곤혹스러운 상황에서 자신이 마음 헤아리기를 멈췄다는 사실을 발견한다면(물론 그러한 점을 발견하는 데도 일정한 마음 헤아리기 능력이 필요하다), 지금까지 배운 비결을 떠올리며 자기를 일깨워라. 먼저 일시정지 버튼을 누르고, 소용돌이처럼 당신을 어지럽게 하는 혼란한 상황에서 잠시 벗어나라. 내면의 안전한 공간 속으로 돌아가 자기가 어떤 상황인지 사유하며 마음 헤아리기 능력을 회복해야 한다. 우리 내면의 안전 공간(만일 기억이 나지 않는다면 276쪽의 마음 단련 11을 참조하라)은 항상 우리를 따라다니는 고정점이라고 할 수 있다. '구름이 짙게 깔려 어디인지 알 수 없는 곳'에 있어서 자기의 위치를 찾을 수 없을 때(그것이 물리학 측면이든 혹은 심리학 측면이든), 우리는 그 고정점으로 돌아가서 자기의 현재 위치를 다시 찾을 수 있다.

어리벙벙함은 정상적인 상태이다

항상 얼핏 보기에 정신이 몽롱한 듯 혼란스러운 사람들이 있다. 만일 당신이 그중의 하나라면, 아마 이런 표현을 많이 사용했을 것이다.

- 아이고, 내가 밑도 끝도 없이 이걸 샀네……
- 난 왜 생각도 없이 저 일을 한다고 대답했지?
- 난 내가 왜 그런 말을 했는지 기억이 안 나.

자기를 어리벙벙하다(혹은 기타 비슷한 단어)는 표현으로 정의하는 사람들이 있다. 가령 이렇다. "아이고, 필요도 없는 물건을 내가 왜 밑도 끝도 없이 샀지? 정말 대책이 없구나. 누가 어리벙벙한 사람 아니랄까봐." 이러한 표현으로 자기를 정의하는 순간, 그는 자신에 대한 호기심을 멈춘 채 더 이상 자신에 대한 마음 헤아리기를 하지 않게 된다. 이때는 "나는 어떠한 사람이다. 그래서 나는 이러했다"라는 궁극적인 답안이 만들어진다.

우리는 대상이 자기 혹은 타인이든, 혹은 환경이든 상관없이 항상 궁극적인 답안으로 사유 활동을 끝내려고 한다. 예컨대 이와 같다. "그는 그러한 사람이다", "저런 사람은 인간쓰레기다", "요즘 나는 운세가 나쁘다", "우리 같은 놈들은 모두……", "내가 바로 미루는 병에 걸린 사람이다", "나는 정말이지 기억력이 엉망진창이야."

궁극적인 답안으로 사유 활동을 끝내는 것이 나쁘다는 말은 아니다(어떤 일이 완전히 나쁘다고 여기는 것은 마음 헤아리지 않기이다). 때로는 그렇게 하는 것이 필요할 때도 있다. 가령 신속하게 분류해서 빠른 결정을 내려야 할 때 혹은 반드시 신속하게 현재 상황에서 벗어나야 할 때이다.

그러나 이러한 방식은 우리가 자기를 이해하는 작업을 멈추게 한다. 물론 신속한 분류 방식 역시 어느 정도는 자기를 인식하는 데 필요하다. 그러나 그렇게 하면 자신의 무한한 가능성과 다채로운 모습을 축소하게 된다. 가끔 이런 방식으로 일련의 확신감을 느꼈다면 그것 역시 내면에서 필요로 하는 것이다. 우리는 어쩌면 일생 동안 이러한 확실성을 찾고자 하는 수요와 일련의 불확실성을 용인하는 두 지점 사이에서 방황하는지도 모른다. 그러나 만일 우리가 시종일관 확실성에 사로잡혀 사유 활동을 차단한다면, 우리는 마음 헤아리기를 통해 좀 더 풍성하고 좀 더 심층적인 자기를 이해할 수 없다.

그렇다면 어떻게 해야 마음 헤아리기를 회복할 수 있을까? 영원토록 이 야기에 마침표를 찍지 말고 자기에 대한 호기심을 유지해야 한다. 예컨대 "아이고, 난 왜 이러지? 정말이지 나는 어리벙벙한 사람이야"라고 이야기 했다면, 줄거리는 아직 끝나지 않았다. 우리는 계속해서 질문을 할 수 있 다. "근데 난 왜 어리벙벙하지? 나는 다른 모습의 사람일 수도 있잖아? 만 일 지금 내가 확실히 어리벙벙한 사람이라면, 난 어떻게 해서 그런 사람이 됐지?" 이처럼 어떠한 질문이든 우리가 자신에 대한 호기심을 잃지 않는 다면 '나'의 이야기를 계속해서 써내려갈 수 있다.

다시 말해서, '어리벙벙하다'는 것은 단지 자기 몸에서 일어나는 현상 일 뿐 결코 나 자신과 동일하지 않다. 이런 하나의 현상을 자기와 분리시 킨 뒤 호기심을 갖고 자기와 '어리벙벙한 모습'을 바라볼 때 이야기의 내 용은 크게 달라진다.

어쩌면 입버릇처럼 내뱉었던 '어리벙벙하다'는 그저 자기 세뇌일 뿐, 객 관적으로 분석했을 때 자기가 결코 어리벙벙하지 않다는 사실을 발견하 게 될 것이다.

혹은 내가 어리벙벙한 사람이 확실하지만, 그것은 생리적인 어려움으 로 생긴 증상이라는 사실을 발견할 수도 있다. 나는 어쩌면 정신이 산만 하거나 혹은 성인 ADHD(주의력결핍 과다행동장애)일 수도 있다.

혹은 어리벙벙하고 정신이 곧잘 흐리멍덩한 상태에 있는 것이 사실 자신의 정서와 크나큰 연관이 있다는 사실을 발견하게 될 것이다.

<참고>

성인기에도 ADHD(주의력결핍 과다행동장애)가 발생할 수 있다. 이는 일종의

신경발달장애로서, 증상은 대뇌가 성숙하면서 점차 사라질 수도 있고, 성인

이 돼서도 지속될 수 있다. 중등도 이상의 성인 ADHD를 방치할 경우 우울

증이나 불안장애 등의 2차 질환을 동반할 가능성이 높아진다. 따라서 성인

ADHD가 의심된다면 정신건강의학과에서 정확한 진단과 치료를 받아볼 필

요가 있다.

원인이 무엇이든, 중요한 것은 우리가 마음 헤아리기 활동을 지속해야

한다는 점이다. 행동의 뒤편에는 온전한 심리 상태가 있다. 어리벙벙하고,

잘 기억하지 못하고, 밑도 끝도 없이 엉뚱한 일을 하는 것도 모두 우리의

행동이다. 사실 '밑도 끝도 없이 엉뚱한 일을 하는' 행동도 항상 우리 내

면의 어떤 원인에서 기인하는데, 단지 그 원인을 쉽게 찾지 못할 뿐이다.

만일 우리가 포기하지 않고 자기에 대한 이야기를 써내려간다면 행동 뒤

편의 심리 상태를 발견할 수 있다. 그러면 '어리벙벙한' 우리는 자기에 대

해 더욱 선명하게 인식할 수 있을 것이다.

어리벙벙한 원인을 발견한 뒤에는 변화를 선택할 수 있고, 또는 변화하

지 않는 것을 선택할 수도 있다. 만일 얼핏 보기에 어리벙벙한 것도 괜찮

다고 여긴다면, 알면서도 모른 척 계속해서 어리벙벙해 보이는 모습으로 지내도 상관없다. 어떤 인생을 선택하든 개인의 자유이다. 다만 자기가 왜 그러는지를 명확하게 파악하고 있다는 전제 아래 우리는 비로소 자주적으로 자유를 선택할 수 있다.

몸과 행동은 두뇌와 다른 이야기를 한다

때로 어떤 문제에 대해 우리의 머리는 아직 아무런 생각도 하지 않거나 어떤 느낌도 받지 않은 것 같은데, 우리의 몸이나 행동이 다른 이야기를 할 때가 있다.

저속한 표현을 쓰고 싶은 것은 아니지만, '몸은 솔직하다.' 이 말을 만일 다른 사람을 조종하기 위해 사용한다면 그야말로 악랄하기 짝이 없을 것이다. 하지만 사실 이 말 자체는 합리적인 요소가 있다.

우리는 어떤 생각이나 느낌을 의식 범위 밖으로 숨기고 싶어 할 때가 있다. 가령 "아이고, 이 문제는 너무 어렵다. 난 더 이상 고민 안 할래. 게임이나 할 거야"라는 방식으로 자기를 해방시키려고 시도하는 경우다. 혹은 우리의 과거 경험에서 "저런 생각들은 해봐야 아무 소용이 없어", "울어봤자 소용없어" 등의 말을 끊임없이 들으면서 일련의 생각이나 느낌을 숨겨야 한다는 것을 배웠을 것이다.

앞에서 언급했던 대로, 우리의 몸은 여러 가지 다른 부분으로 나뉘어 있다. 우리는 어떤 특정한 사물에 대해 감각이 있는 부분을 이화시키고,

심지어 "내가 생각하지 않으면 그건 존재하지 않는 거야"와 비슷한 방식으로 그것을 의식하지 않을 수 있다. 그러나 그것을 완전히 소멸시킬 수는 없다. 그렇게 숨긴 느낌은 마지막에는 머리를 거치지 않고 우리의 몸과 행동으로 표출된다.

가령 매우 곤란한 문제에 맞닥뜨렸다고 가정해보자. 이런저런 생각을 해봐도 방법이 떠오르지 않아 결국에는 "됐어, 잊어버리자"라고 결정을 내린다. 그러고서는 휴대폰을 들여다보고 동영상을 보면서 바쁘게 시간을 보내며 곤란한 문제를 잊어버린다. 마지막에는 그 일을 까마득하게 잊고 다시는 떠올리지 않게 된다.

하지만 얼마 지나지 않아 당신은 불면증에 시달리게 된다. 이유가 무엇인지 모르거나 혹은 아마도 자신에게 걱정거리가 있어서 불면증이 생겼을 거라고 생각하면서도 정작 그 걱정거리가 무엇인지는 모른다. 왜냐하면 당신은 그 곤란한 문제와 그와 관련된 느낌을 모두 의식 밖으로 숨겼기 때문이다. 그래서 그 부분에 대해 마음 헤아리기를 할 수가 없다. 이때는 두뇌와 몸이 아무런 상관관계 없이 각자 자기 일을 한다. 예컨대 두뇌가 이렇게 말한다. "난 괜찮아. 아무 일도 없어." 하지만 몸은 이렇게 말한다. "난 정말 안 좋아. 잠도 안 와." 이렇게 두뇌와 몸이 각자 다른 이야기를 하는 것이다. 불면, 위궤양, 구강궤양, 현기증, 불규칙한 심장박동 등이 자주 볼 수 있는 몸의 표현이다(물론 이런 증세는 진찰을 받을 필요가 없다는 말이 아니며, 진짜 생리적 문제가 존재한다는 사실을 배제하는 것도 아니다).

한편 우리의 꿈도 다른 이야기를 하는 '전문가'이다. 두뇌 밖으로 내쫓긴 생각은 자주 우리의 꿈을 통해 나타난다. 때로는 분장을 하여 다른 방식으로 표현하기도 하고, 때로는 꿈에서 직접적으로 공연을 하기도 한다.

가끔은 이러한 생각과 느낌이 행동으로 표출되지만, 자기가 왜 그러한 행동을 하는지 모를 때가 있다. 행동이 표현하는 내용과 우리의 두뇌가 분리되어 서로 연결되지 못하기 때문이다.

일본 소설가 이사카 고타로의 작품 중에 〈아이 러브 유〉라는 매우 인상적인 단편소설이 있다. 이야기의 주인공인 젊은 여성은 매번 실연을 당할 때마다 그 어떤 감정의 동요도 내비치지 않는다. 하지만 실연을 당하고 난 뒤에는 항상 여행을 떠난다. 여행을 갈수록 점점 먼 곳으로 떠나고, 또 여행 기간도 점점 길어진다. 그러다 마지막에는 영원히 고향을 떠나고 만다.

만약에 우리에게 관찰자의 눈과 마음 헤아리기를 진행할 수 있는 대뇌가 있다면, 겉보기에는 종잡을 수 없고 엉뚱하기만 한 행동에서 하나의 규율을 찾아낼 수 있다. 그리고 그 규율적인 행동 뒤편의 마음 세계를 추측할 수 있다.

행동으로 나타나는 표현 중 자주 볼 수 있는 것이 정서적 섭식이다. 예컨대 이런 말을 하는 사람들이 있다. "난 일정한 시간 간격을 두고 자꾸 뭔가가 먹고 싶어. 분명 배도 안 고프고, 또 그런 음식을 즐겨 먹지도 않는데도 통제가 안 돼. 뭐라고 설명할 수 없는 힘이 자꾸 음식을 먹게 만들어."

우리가 몸과 행동으로 느낌을 표현하는 데 습관이 되면, 그렇게 표출된 내용을 우리 내면 세계와 연결시키는 일이 결코 쉽지 않다. 왜냐하면 이러한 작동 자체가 우리의 두뇌를 피하기 위해 이뤄진 것이기 때문이다. 우리의 두뇌가 "나는 알고 싶지 않아"라고 의사를 표시했기 때문에 우리 몸이 그런 느낌을 내쫓으려고 시도하는 것이다.

　우리가 상대적으로 안전하다고 느낄 때만이 천천히 그 느낌을 되찾아 올 수 있다. 그 과정이 매우 어렵더라도, 나는 여전히 자기에 대한 호기심 이 그 시작점이라고 생각한다. "나는 알고 싶지 않아"라는 생각에서 탈출 할 수 있다면, 우리는 마음 헤아리기 상태로 되돌아가서 "나는 왜 이러 지?", "내가 왜 이렇게 됐지?", "분명 내가 모르는 원인이 있을 거야"라고 호기심을 품게 된다. 미지의 자아에 대한 이해는 바로 이 지점에서부터 시 작된다.

● 자아에 충실하다

이런 말을 하는 사람이 있다. "자기를 명확하게 파악해서 뭐 해요? 피곤하 기만 하지. 어리병병하게 한평생을 살아가는 사람도 얼마나 많은데, 딱히 나쁠 것도 없잖아요. 요즘 사람들은 생각이 너무 많아서 탈이야."

　그렇다면 나는 또다시 이렇게 대답할 것이다. 한 사람이 자기의 삶을 어떻게 꾸려가는지는 자기의 선택이다. 저마다의 삶의 방식은 모두 존중 받을 가치가 있다. 다만, 그것은 자기가 누리고 싶은 삶이어야지 그러한 생활에 꼼짝없이 갇혀서 살아가는 삶이어서는 안 된다. 만일 생활이 고통스럽고 충분한 자원도 없다면, 우선은 살아가는 것이 가장 중요한 문제가 된다. 하지만 만약에 우리의 생활이 숨을 제대로 쉴 수 없을 만큼 각박하지만 않다면, 숨을 쉴 수 있는 공간을 활용하여 마음 헤아리기 사고를 하는 것도 수지맞는 일이라고 생각한다. 왜냐하면 자기가 왜 이러는지, 자기가 어떤 모습인지를 우리가 명확히 알고 있어야만, 수동적으로 세파에 밀려 살아가거나 두려움 때문에 도망치듯 살아가지 않고 자유롭게 선택을 할 수 있기 때문이다.

2016년도에 나는 어느 그림 전시회에서 카일 스코어라는 화가와 개인적인 대화를 나눈 적이 있다. 카일은 미국의 대통령 장학금 최연소 수상자로서, 22세의 나이에 하버드대학에서 심리학계의 최고 전문가이자 다중지능이론 창시자인 하워드 가드너의 문하에서 심리학 박사 학위 과정을 밟았다. 심리학 관련 종사자로서는 그야말로 "우와!" 하고 탄사를 내뱉을 만한 경력이다(이는 당시 나의 반응이었다). 하지만 마지막에 그는 학업을 중단하고 화가로 전향하는 것을 선택했다. 동종업계 종사자로서는 참으로 안타까운 일이었지만, 우리는 그날 오랫동안 대화를 나누었다. 그때 나는 카일의 이 말에 큰 감동을 받았다.

"만약에 내 그림을 좋아하는 사람이 있다면 나는 그것만으로도 매우 기쁘다. 하지만 내 그림을 좋아하지 않더라도 나로서는 어쩔 수 없다. 나는 그저 그렇게밖에는 그림을 그리지 못하고, 또 그것이야말로 나의 진실한 화법이기 때문이다."

그의 말은 준비된 변명이 아니었다. 당연히 그는 자신의 그림에 대해 많은 생각을 했겠지만, 그의 말은 우리가 대화하는 과정에서 자연스럽게 흘러나왔다. "만일 다른 사람들이 지금의 내 모습을 좋아한다면 나도 대단히 기뻐하며 타인으로부터 사랑받는다는 느낌을 실컷 누릴 것이다. 만일 다른 사람들이 싫어한다고 해도 나를 바꾸려고 일부러 무언가를 하지는 않을 것이다. 지금 이 모습이 바로 나 자신이라는 것을 잘 알고 있기 때문이다. 사랑을 받든 받지 않든 나는 나 자신을 명확하게 알기 위해 노력하며 진실한 나의 모습을 그대로 받아들일 것이다." 이러한 생각은 그야말로 인간 청량제라고도 불릴 만하지 않은가?

카일의 말에서 나는 '충실'이라는 단어가 떠올랐다. 이는 에릭 에릭슨이 '자아 동일성'을 논할 때 했던 말이다. '충실'은 우리가 자아 동일성(내가 누구인지를 아는 것)과 동일성 혼란(내가 누구인지를 모르는 것) 사이에서 몸부림치는 과정에서 형성되는 역량성을 의미한다. 그리고 이는 다른 사람에게 충실하는 것이 아니라 자기에게 충실하는 것을 의미한다. 충실감은 점점 진실한 자기를 확립시킨다.

에릭슨의 이론 중에 자아 동일성의 탐색은 평생 지속되는 작업이다. 우리는 어떤 특정한 순간에 나는 누구인가에 대한 궁극적인 답안을 찾아 그 그림에 마침표를 찍을 수 있는 것이 아니다. 마음 헤아리기를 지속적으로 진행하는 과정에서 호기심을 갖고 자아에 대해 질문하며 이야기를 써 내려가야 한다. 이러한 과정에서 우리는 끊임없이 자기를 인식하게 되고,

그렇게 자아의 윤곽이 점점 선명해진다. 충실성을 갖게 되면 진실한 자기를 과감하게 수용하고 지켜낼 수 있다. 동시에 그 자리에서 빙빙 맴돌며 제자리걸음을 하지도 않게 된다. '자신의 현재 모습을 수용하면서도 제자리걸음을 하지 않는', 이러한 모순적인 마음 상태를 유지하는 것이 바로 마음 헤아리기의 특성이다.

• 마음 단련 13: 자기에 대한 호기심

마음 헤아리기는 타인에 대한 이해와 관련되어 있고, 또 '나'에 대한 이해와도 관련되어 있다. 나는 어떤 체험을 했는가? 나의 내재적 심리 상태는 어떤 모습인가? 전반적으로 봤을 때 나는 어떤 사람인가?

자기에 대해 지속적으로 호기심을 품고 열린 마음으로 자기의 가능성을 탐색하는 것이 마음 헤아리기의 중요한 태도이다.

아마도 당신은 다른 방법으로 자기를 인식하려고 시도했을 것이다. 그렇다면 이번에는 좀 더 흥미로운 방식으로 당신에 대한 인식을 시도해보라.

상상 연습

편안하고 쾌적한 장소에서 그 어떤 방해도 받지 않고 시간을 보내보라. 앉은 자세도, 누운 자세도 상관없다. 당신이 편안하다고 생각하는 자세를 취하면 된다.

깊게 심호흡을 하라. 두 눈을 뜨거나 혹은 살짝 감은 상태에서 외부 환경의 영향을 받지 않고 자기 내면의 세계로 들어가보라.

생각을 해보라. 만일 색깔로 당신 자신을 형용할 수 있다면, 당신은 어떤 색깔인가?

그 색깔에 대해 자세히 상상해보라. 그 색깔이 당신의 뇌리에 떠오른다면 잠시 그 색깔에 집중하며 그 색채와 농도를 느껴보라.

이제 그 색깔 속에서 하나의 포인트가 있다고 상상하라. 그 색깔과 포인트에 집중하면서 느껴보라. 시간이 얼마나 걸리는지는 상관없다. 당신이 원하는 만큼 시간을 들이면 된다.

시간이 충분하다고 생각된다면 눈을 떠도 된다. 이제는 당신이 상상했던 그림과 느낌에 대해 사유해보자.

1. 당신은 왜 그 색깔인가?

_____

_____

_____

2. 그 색깔은 무엇을 상징하는가?

_____

_____

_____

3. 그 색깔에서 당신은 어떤 생각을 떠올렸는가?

_____

_____

_____

4. 그 색깔 속에서 포인트를 봤을 때 어떤 느낌이 들었는가?

_____

_____

_____

5. 당신의 실제 경험과 체험 중 그 포인트가 상징하는 것은 무엇인가?

_____

_____

_____

후기:
이야기는 계속되고 있다

이 책은 인간 상호작용에 관한 책이지만, 그보다 앞서 자아 성장에 관한 책이라고 할 수 있다. 비록 타인의 행동 뒤편의 내면 세계에 관해 이야기 했지만, 우리 자신을 좌표 원점으로 삼았기 때문이다. 또한 비록 관점을 바꿔서 생각하려고 시도했을지라도, 이 역시 나 자신이 사유 활동을 펼치는 것이기 때문이다.

그런 의미에서 나는 당신에게 고생 많았다고 말해주고 싶다.

비록 나는 이 책을 읽은 당신을 잘 모르지만, 당신은 분명 자신의 인생을 위해 큰 노력을 기울이는 사람일 것이라 생각한다. 당신은 아마 호기심 어린 눈길로 자기를 둘러싼 이 세계를 관심 있게 바라보고, 때로는 난관에 부딪혀 곤란함을 겪기도 했을 것이다.

이 책을 선택한 이유는 아마도 인생의 가장 중요한 순간에 자신을 도울 수 있기를 바라서, 혹은 난관에 부딪혔을 때 좀 더 강인하고 여유롭게 헤쳐나가기 위해서일 것이다.

어쩌면 당신은 삶에 지쳐서 이 책을 빌어 잠시 쉬며 가장 좋은 인생의 해답을 찾을 수 있기를 바라는지도 모른다.

그러한 당신을 도와주기 위해 이 책에는 마음 단련 코너가 있었다. 이 마음 단련을 하기 위해서는 많은 시간과 연습이 필요하다. 부디 당신이 이 책을 다 읽은 이후에도 꾸준히 연습할 수 있기를 희망한다.

이야기 하나 들려줘요, 미스터 퓨.

어떤 이야기를 들려줄까, 얘야?

해피엔딩으로 끝나는 이야기요.

이 세상에 그런 일은 없단다.

해피엔딩이란 건 없어.

그냥 엔딩만 있을 뿐이지.

- 재닛 윈터슨, 《등대지기》 중에서

이 책은 비록 끝에 이르렀지만, 당신의 이야기는 영원히 끝이 없을 것이다. 항상 호기심 어린 눈길과 열린 마음으로 당신의 이야기를 계속 써 내려가길 바란다.

진정한 당신의 모습을 사랑하면서.

마지막으로 이 책을 기획·편집하고, 나와 함께 마음 헤아리기 성장의 여정을 함께해준 황원차오(黃文橋)에게 감사의 뜻을 표한다. 그녀의 격려와 적극적인 추진력이 없었다면 이 책을 출판할 수 없었을 것이다.